王国志◎编著

穷养富养不如放养

天津科学技术出版社

图书在版编目(CIP)数据

穷养富养不如放养/王国志编著. —天津:天津科学技术出版社,2011.4

ISBN 978-7-5308-6258-2

Ⅰ.①穷…　Ⅱ.①王…　Ⅲ.①家庭教育　Ⅳ.①G78

中国版本图书馆 CIP 数据核字(2011)第 047727 号

责任编辑:石　崑

责任印制:白彦生

天津科学技术出版社出版

出版人:蔡　颢

天津市西康路 35 号　邮编 300051

电话(022)23332398(事业部)　23332697(发行)

网址:www.tjkjcbs.com.cn

新华书店经销

天津新华印刷三厂印刷

开本 710×1000　1/16　印张　20.25　字数 280 000 千字

2011 年 5 月第 1 版第 1 次印刷

定价:32.80 元

不要以爱的名义阻碍孩子成长

前段时间，我买了一棵芦荟，放到家中，唯恐它长得不好，就每天给它浇一次水，隔天往花盆里上一次肥。心里想着，这下水也足了，肥也足了，应该长得好了吧。

可是，没过几天，芦荟竟然蔫了，叶子都发黄枯萎了，看着自己辛辛苦苦种养的芦荟变成这个样子，心里很是着急，就去找懂花的朋友咨询。

这位养花高手听了我介绍养花的情况，微微一笑，对我说："问题就出在你对花太关心了，芦荟不喜欢过多的水分，即使长时间不浇水也没有问题，你浇水过多，反而使它的根都腐烂了。"

听了养花高手的话，我似有所悟。

有经验的园丁种树养花，要做到三点：第一，根苗要健康茁壮；第二，要将根苗种在阳光充足、土壤条件合适的地方；第三，底肥要施足。这几点做好之后，剩下的事情就相对容易了。只要适当地浇水和施肥，遇上霜冻、虫害等紧急情况时采取必要措施，基本上树苗都会长得又高又直。如果总是放心不下，时时刻刻无微不至地关照树苗，并不一定能让树苗长得更快更好，弄得不好还会拔苗助长，甚至会像我种的芦荟一样"枯萎"。

其实，养育孩子又何尝不是同样的道理呢？

现在孩子都是独生子女，所以父母都对孩子关怀备至，唯恐受一点委屈。他们不让孩子动手做任何事，对孩子本来能做的事加以包办代替，把孩子当作婴儿一样看待，无微不至地关心爱护：他们在乎孩子衣服穿多穿少，饭吃多吃少；他们对孩子察言观色，看到孩子脸色不好，就担心孩子不快乐，一定要向孩子问个究竟，没完没了地问，没完没了地安慰孩子；他们担心孩子“近朱者赤，近墨者黑”，就限制孩子与同伴交往；他们生怕孩子会犯错误，一看到孩子尝试去做一件事，他们就会想象出各样的负面因素，用它们来浇灭孩子内心里的“动机火花”……

父母对孩子的过度保护，增强了孩子的依赖心理，阻碍了孩子成长的渴望，以及为了成长而进行的各种尝试。结果就是把孩子培养成了纯洁的天使——纯洁无瑕，黑白分明，循规蹈矩，容不得模糊，接受不了阴影，不愿经历生活的艰难，不能承受负面的情绪。这样的孩子，进入同伴的群体，简直被看成是“天外来客”。在同伴的眼中，他们太幼小，常常被这样对待：“你是小孩子”、“不懂”、“不跟你说”、“一边去”。这时，他们会感到茫然无措，不知道什么地方出了问题。这样的孩子，正是因为太“好”、太“纯净”，只适合在天堂般的环境里生活，遭遇这个世界一些无法避免的脏污，他们会感到痛苦，不安全，无所适从，想找一个地方躲起来，这个世界让他们时常感到没法生存。

极端一点地说，对孩子的过度保护，就像过度关心所养的花草一样，只能使他们枯萎发蔫，最终在过于丰富的水分和肥料的包围之中死去。

所以，我们要学会放手，要学会让孩子自由成长。

现在推崇“穷养儿，富养女”，其实，不论“穷养”，还是“富养”，并不是单纯从物质上对孩子关注，更多的是对孩子精神的培养。

“穷养”不是说一定要破衣烂衫，残羹剩饭；“富养”也不是说一定要锦衣玉食，山珍海味。“男孩穷养”的本质是让男孩子从小多历练，“劳其筋骨，饿其体肤，”多明白生活的艰辛，使其坚毅挺拔，能吃苦耐劳，将来才可肩负重任；“女孩富养”的实质是用相对富足的物质保障带来精神上的呵护，培养女孩优雅的气质和良好的修养，长大后才不慕虚荣、不贪小利，明智而有主见。“穷养”、“富养”，培养的都是孩子自身的能力。

应该说，不论是“穷养”或是“富养”，其实质就是“放养”。

所谓放养，原本是指让动物离开人类的掌握，脱离家庭养护、圈养，回归到大自然中，让它们更具有本质的生存状态。

前言

“放养”教育，就是尽量让孩子们能在自然属性、社会属性多一点的地方进行感性及理性的练习及指导，学会“自己的事，自己负责，自己解决”，养成凡事积极自主、自我行动的习惯。

孩子的成长需要独立性、责任心、选择能力、判断能力。一个孩子如果长大了还是只会背诵知识，听话被动，等着别人帮他作决定或做事情，那他进入社会就算不被欺负，也不会被重视。孩子要在这样的社会里生存、竞争、成功，就必须学会自主选择的能力。

就像树苗的种子里有长高长直的基因一样，大多数孩子都想做父母心中的好孩子，而且都有一定的自律和自我管理的能力。如果我们在为他们设定基本界限的前提下，少些控制约束，少些越俎代庖，少些婆婆妈妈，多给他们空间和自由，让他们自己去磕磕碰碰，他们的自我意识会觉醒得更早，他们的性格会更加坚强，他们的能力也会得到更充分的发展。一句话，他们会成长得更加茁壮。

在为人父母的经历中，有多少时候我们对孩子过度的爱成了他们成长的障碍。以爱的名义，我们为孩子遮风挡雨，有时也挡住了他们展望未来的视线；以爱的名义，我们给孩子搭筑暖巢，有时会忘了寒冷也是一种不可缺少的生活体验。

我们牵着孩子的手走了一程，该放手的时候还是得放手，再爱，我们也不能够陪伴他们一生。

不管做父母的多么渴望自己的孩子成材，多么希望自己的孩子成龙成凤，多么想自己脸上有光。但是说到底，做父母的，最希望的是孩子在成长的路上，有健康相伴，有快乐相随，能够自己独立自主生活，这才是最重要的。

穷养还是富养？我们一起来放养吧！

目 录

序 言
克服“管”孩子的冲动

第一章
放养不是放任自流

第二章
放手，让孩子自由成长吧

第三章
让孩子有一颗独立的心

第四章
给孩子一个自由成长的空间

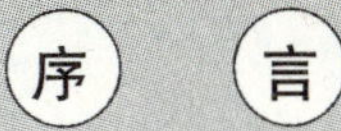

克服“管”孩子的冲动

控制欲望强的父母，总是担心孩子冻着，于是孩子不冷还给他强加衣服；担心孩子学坏，于是孩子和“坏孩子”说一句话就会暴跳如雷。在这样的父母看来，孩子的自发行为中有太多的可能失序行为的发生，于是他们努力控制。但最终他们收获了最大的失序——孩子叛逆成为一个他们所惧怕的“坏孩子”。

——心理学家　武志红

再管管，孩子就真的完美了吗？

有些父母对于孩子要求非常严格，总是将孩子紧紧地局限在自己的控制范围之内，他们总是希望自己的孩子能够更加完美，大到学习成绩，小到走姿坐姿，父母们无不希望自己的孩子能够胜过其他的孩子。

在父母心目中，在这个充满机会和竞争的社会里，应该一代更比一代强，子女的经济状况、社会地位甚至容貌都应该比自己的父母要好。如果连自己的父母都比不上，那么，孩子的人生就不能算是成功的。

可怜天下父母心，父母“望子成龙”“望女成凤”的愿望可以理解。但是这种愿望却往往给孩子带来巨大的压力，使孩子陷入一种精神桎梏。父母们如此追求完美，那么，孩子就真的会变得完美吗？我们来看看下面这个故事吧！

阿卡是一头猎豹，时常受到狮子和花豹的欺负。狮子有力量，而花豹非常灵敏，当阿卡猎食成功之后，他们常常会将阿卡的猎物抢走。所以，当阿卡有孩子以后，就决心将自己的孩子培养成最优秀最完美的猎豹，既有狮子的力量、花豹的灵敏，还要有自己的速度。

阿卡的孩子米西出生了，因为负载着母亲的期望，所以，米西的童年里根本没有欢乐，每天早上一睁开眼就要开始5公里越野。因为阿卡知道，猎豹的最大缺点就是耐力奇差，所以阿卡想要通过5公里越野提升米西的耐力。

猎豹的体温会随着运动量的加剧而急剧攀升，以极速奔跑一分钟，体温马上就会上升到40℃，所以米西只能跑一会，就要停下来歇一阵子，跑一段，再歇一阵。让他感到心惊胆寒的是，每当他停下来，他就会听到母亲的怒吼，不得不打起精神来继续奔跑。

在阿卡的残酷训练之下，米西发现慢跑体温就不会上升，只要以不超过40公里的速度前进，体温就不会上升，他就可以很轻松地跑完5公里。但是阿卡从来就不会慢跑，因为猎豹的本能就是以120公里的时速去追赶猎物，这是猎豹的看家本领。所以她不知道自己的儿子变成了猎豹家族中第一头会慢跑的猎豹。

除了跑步之外，米西还得训练爬树。没过多久，它爬树的动作已经可以和花豹相媲美了。

阿卡成功了，长大之后的米西体格达到了妈妈的两倍，他健硕而不笨拙，在树上行动如履平地，而且耐力惊人。阿卡心里非常高兴，她已经将自己的儿子培养成了新的草原之王。

米西离开妈妈开始了自己的独立生活。几个月后，阿卡在草原上遇到了自己的儿子——可是已经成了一具尸体。米西在练出了耐力的同时，却失去了猎豹赖以生存的高速奔袭能力，只会慢跑，却忘记了如何冲刺。他的爪子适应了抓抠树皮，却失去了极佳的抓地性能，用力过猛就会打滑。妈妈残酷的训练，使米西变成了一头只会四平八稳地慢跑的猎豹，一头失去了速度的猎豹，尽管看起来健壮威猛，但是却没有能力抓捕猎物。被妈妈寄予了厚望的米西就这样被活活地饿死了。

阿卡怎么也想不通，为什么自己塑造出如此完美的儿子竟然会被饿死？

阿卡没有想明白，很多父母更没有想明白。虽然这只是一个故事，但是同样的事情却几乎在所有的孩子身上发生着。在家长看来，孩子离成功只有一步之遥。他们聪明可爱、有趣活泼、近乎完美。只要再多一点点努力，多一点点鞭策、激励，再多做一点儿……一切都会大为不同。在每个父母的心中，自己的孩子离“完美”就差一点点，他需要的只是一点点“逼迫”，就可以成长为最出色的孩子。

父母的高度期望，加上聪明、善解人意的孩子由于惧怕父母，或者想要讨父母的欢心，就会努力按照父母的期望努力。“你的钢琴弹得棒极了，只要每天再多弹一段时间，你就一定会成功。”

父母们更关心孩子“有可能怎么样”而不是他“已经做到了什么”。正是由于这样的想法，父母对于心目中的“完美孩子”不仅要求越来越高，甚至达到了变态的地步，一些本来是正常的行为也会被家长看成是一种很不好的习惯。

父母的殷切期望是可以理解的，但是对于失败或意外的结果，父母们却从来都没有考虑过。不要以为阿卡的例子只会在故事中出现，事实上，就在我们的身边，就有很多的“米西”。

李超菊是湖北某重点中学的骨干教师。由于职业的缘故，李超菊十分重视对儿子的早期智力开发，儿子三四岁的时候，他的智商和学识就明显超过了其他同龄孩子。

李超菊让孩子提前入学，5 岁的孩子就被送到市里最好的小学，李超菊还为孩子制订了一套强制教育计划。为了实施这套计划，他在家里下了死命令，除了偶尔让孩子看一会动画片儿，其他的电视节目一律不准看。孩子也没有辜负爸爸的期望，6 岁的时候就能够背诵几百首唐诗。

一次偶然的机会，李超菊看到有人自己教儿子，仅仅花了 4 年时间就让孩子学完了从小学到高中的全部课程，并且考上了北京大学的少年班。李超菊决定让孩子退学，自己在家教育孩子，他决心打造一个完美的神童，也要让自己的孩子考上北大少年班。

为了完美的儿子，李超菊不惜辞去了工作，开始实施自己的“天才培养计划”。李超菊花费了大量的时间改编现有的教材，严格制订了四年的教学计划，按照高中生的课程，为孩子同时开设了语文、数学、英语、物理、化学、生物、历史、地理、政治等九门课程。孩子每天的学习分为四个时段：早晨两节课，上午五节课，下午五节课，晚上四节课，课余时间还要背诵英语单词、数学公式等。

为了让儿子成才，李超菊不惜使用打骂等体罚手段，如果儿子犯了错误，就会被罚不准睡觉不准吃饭，甚至用教鞭抽打。有一次儿子做错了一道题，就被罚站，甚至连解手也不准去，最终孩子拉了一裤子，李超菊还说：“拉到裤子里就给我站着上课，就不会再犯错误了！”

在这样无情的管教下，孩子终于受不了父亲的残酷教育，选择了离家出走。所幸被追回来。最后，孩子的妈妈为了儿子的教育问题和李超菊大吵一顿，两人最终选择了离婚，孩子归母亲抚养。

父母想要使自己的孩子更完美一点，这本来无可厚非，但是如果不考虑孩子的承受能力一味地施加压力，不管是利用训练或仅仅是压力使孩子走向“完美”，造成的后果就是孩子自信力的丧失和自我价值的贬低。用外力改变孩子们的生活对于父母来说，并不是一件难事，但在促使他们变得更加“完美”之前，请先停下来思考一下，往长远之处多想一下：这样做是否真的对孩子有益？是否真的会让孩子更加完美？

当孩子靠自己了解到应该做什么，怎么去做，并且努力实现时，他才会真正感受到成功的快乐。用爱和包容对待我们的“近乎包容”的孩子。让他们自己去干，总有一天，他们的成功将会超乎你的想象。

孩子不可能生活在真空中

有的父母总是担心孩子的健康，所以什么都不让孩子摸，这也不准孩子玩，那也不准孩子动，理由就是脏，会得病的。

为了保护小孩子的屁股，要从日本网购原装进口的湿纸巾，要给家里桌子椅子的边边角角装上护套，在地面铺上塑料垫或者厚地毯，制造人为的柔软空间。当小孩喝奶粉之后出现一两次轻微抓挠，立即谨慎地换上抗过敏奶粉，哪怕价格接近普通奶粉的两倍，每个月为这个疑似过敏症状多花几百元。所有水果都尽量榨成汁或者削皮去核再给孩子吃，儿科医生说正是因为孩子吃的食物太精细而咀嚼不足，牙床发育迟缓，以至于语言能力发育推迟。我们为小孩买了真皮篮球，但当他接连两次把膝盖蹭破皮之后，他的篮球生涯可能就此提前结束了。听说有的幼儿园提供有孩子的全天候监控录像，就立即去报了名，这样理直气壮让孩子成为《楚门》真人版。我们看到游泳教练直接将自家小孩扔水里，小孩在水里挣扎，尽管教练一直在负责地看护着，还是恨不得当场跟教练拼命。

大部分孩子都在过度保护中成为“易碎品”，脑门上被家长贴着四个字：“小心轻放”。现在家长有超强经济实力，他们为孩子提供了一流的生存环境。去香港买奶粉、网购日本的原装纸尿裤这些都成为“常规动作”。有家长担心自来水水质不好，对宝宝健康有害，全家从不使用自来水，宝宝喝的纯净水，68 元一支；家里煮饭用的水低档一些，28 元一支。有的家长担心买到的鲜奶品质不够好，甚至专门带着大冰箱去香港买鲜奶。有家长担心空气不好，雇了 3 个保姆分工打扫，家里务必时刻一尘不染，甚至进入孩子卧室中都要先用 84 消消毒，试图为孩子制造无菌环境。

但是，这样的“过度保护”真的是在保护孩子吗？真的就能够让孩子生活在“真空”中吗？

朗朗是一个聪明可爱的男孩子，今年三岁了，这不，一开学，妈妈就把他送进了一家最好的幼儿园。可是，令朗朗妈妈没有想到的是，朗朗只要一进幼儿园，不是出现湿疹，就是感冒、腹泻。更奇怪的是，回到家就很快好起来。

朗朗的妈妈说，朗朗身体十分好，上幼儿园之前很少生病。但是，自从今年进了幼儿园，生病不断：进幼儿园的第一天，身上出现了大量红疙瘩，医生诊断是过敏性湿疹。家人赶紧将孩子接回家，湿疹很快就得到缓解，几天就消失了。几天后，他们又将孩子送进幼儿园，这一次孩子全身瘙痒，还长出脓包疮，只得又回家。

为何出现这种状况？医生经过询问发现，朗朗的妈妈有洁癖，她总担心孩子接触了不干净的东西会生病，所以给保姆定下很多条规定：除孩子的爸妈及婆婆爷爷外，不准任何人触摸孩子；每天必须给孩子换干净衣服；不能让孩子随便和同小区孩子玩耍；最忌讳接触泥土等“脏”东西……

医生总结道：由于孩子长期生活在“无菌”环境中，接触的微生物太少，导致自身免疫力低下，一旦与外界“亲密”接触，就会生病。

实际上，何止一个朗朗，现在这种患儿越来越多，尤其是生活在都市里的幼儿更易患这种病。医学上一直提倡“卫生假说”，即人是伴随病菌和病毒等病原体长大的，病原体会让人生病，但它同时也有助于人体自然防御系统的健康发展。

孩子需要健康的生活环境，并不是让孩子生活在没有细菌的真空环境当中。父母们应该意识到，孩子除了加强身体锻炼、注射疫苗等方式以外，应该让他们在一定的“脏环境”中生存，通过与细菌的适当接触，让身体“认识”细菌，最终建立起战胜细菌的免疫功能。

人的抗病能力就像防卫能力一样，是逐渐养成的，出生就打疫苗，是主动形成抗病能力；与土壤、绿色植物、各类微生物打交道，是被动方式接触细菌和病毒，让身体逐渐认识它们，最终形成抗病能力。

小孩子之所以容易生病，不是天生的，而是被父母“保护”出来的。小孩稍微冷一点，就捂得严严实实的，怕冻着，不可以地上爬，不可以玩泥，怕脏。

父母越是心疼，孩子就越是娇贵。这看似爱孩子实际是害了孩子。孩子的抵抗力是在跟病菌、冷空气等抗争中成长的，每生一次病，靠自己恢复他的抵抗力就增加一分。就如水痘，基本上每个孩子都会得，抗生素是无效的，一般情况下孩子会靠自己的抵抗力战胜这些疾病，于是身体有了记忆，一定年限里就不再感染。

不管父母如何焦虑，全面监控小孩是不现实的，你能保证监控他一辈子吗？你打算如何让他培养应对危机的能力呢？

所以，要想孩子健康，父母就要舍得放开自己的手，让孩子到大自然中去，提高其自身的抵抗能力。

艳艳出生时被误诊为缺血缺氧性脑病，才出生的小人儿就被抱去做CT、抽血、拍X光片等检查，折腾了30多个小时后被输着氧气转到一家大医院，又是拍片又是验血，最后确诊为肺炎。治疗十天后妈妈才抱到了自己的女儿。如果要说运气和福气，那真的只能叹息了，可怜的艳艳根本就没能吃到初乳，在医院接受了超过她体重的抗生素，出生6斤2两的孩子十天后回到妈妈身边时只剩下五斤多。

艳艳妈妈并没有因为女儿出生时的苦难而将艳艳“重重保护”起来。在抱到女儿的第一天起，就决定帮她尽快建立她自己的免疫系统。当时正好是春天，于是艳艳妈妈每天清晨带女儿出去逛半个小时，傍晚出去逛半个小时，风雨无阻；每天三次用冷水帮她擦头颈，并用冷毛巾给她捂鼻子。开始的时候水温稍高于自来水，慢慢地过渡到用常温冷水。艳艳的妈妈给艳艳定的穿衣标准是比成人多一件布衫；即使是在冬季漫天大雪的时候，仍是按照这个标准出门，一点都不动摇。

很多人都觉得艳艳的妈妈不可思议，但是就是这样一个出生时饱经磨难、险些夭折的女孩子，第一年并没有比别的孩子多生病，第二年生病频率大大降低，从两岁到十一岁，只输过一次液，原因是胃肠型感冒，维生素B吃下就吐，所以只能靠挂水来止吐。

蒙特梭利说，不必要的帮助就是对儿童的压制。所以，为了孩子的健康成长，请父母们放开自己的双手，将孩子从“真空”中解放出来，给孩子一个自由成长的空间，让孩子长得更强更壮更聪明！

让孩子将调皮进行到底

很多父母眼中“好孩子”的标准就是“乖”，他们要求孩子听自己的话，不要有那么多出格的事情，不能做一个调皮的孩子。殊不知，调皮是孩子的天性，如果孩子失去了调皮的天性，就如同小鸟不能歌唱，小溪不能流动一样的死气沉沉。试问，那还是一个可爱的孩子吗？

宁铂是很多父母心目中的榜样，也是很多家长心中的痛。宁铂是一个早慧的少年大学生，是中国科技大学少年班最早的学生。据当时的报道，宁铂2岁半时已能够背诵30多首毛泽东诗词，3岁时能数100个数，4岁时学会400多个汉字，5岁上学，6岁开始学习中医和使用中草药，8岁能下围棋并熟读《水浒传》。所有人都认为他是一个天才，可以成为一个大科学家，但是他现在却出家了。

究其原因，是因为他找不到自己的位置，早早地退出调皮的童年，让他在心理上出现了各种问题。有媒体采访宁铂，他说：“我说不上是谁害了我，可是，我没有过童年，当同龄人在玩泥巴调皮撒欢儿时，我已成了公众人物，内心的孤独可想而知。如果可以重新选择，我想过一个充满欢笑的童年。”

由此可见，失去童年对一个孩子是一件多么痛苦的事情。不知道有多少家庭，为了让孩子有修养，有所作为，就逼迫孩子去上各种辅导班特长班，在家里，还要守这种那种规矩，这不能做那不能玩。现在的条件都很优越，但是却没有几个孩子感到快乐，好像生下来就是为了成名成家，要将所有的历史重任一肩挑起来似的。想一想，一个没有时间调皮和撒欢儿的孩子，长大了回忆起自己的童年，会留下什么有趣的回忆呢？肯定会感到自己是一个没有快乐童年的人。这真的有点太可怕了。

没有一个孩子天性不是淘气捣蛋的，但不能将此作为孩子的缺点，顽皮之中往往蕴含着创造，是孩子智慧发展的原始动力。

调皮的孩子总是生龙活虎，他们似乎有数不尽的鬼点子，即使再平淡无奇的生活，他们也能从中找到乐趣，想出新奇的玩儿法。调皮的男孩子野性十足，调皮的女孩子十分灵巧。他们都有共同的特点：聪明伶俐，顽皮好动，思维活跃，好奇心强，喜欢尝试。如果每一位家长和教师能正确地对待孩子的顽皮行为，进行科学指导，那么，在孩子成长的道路上，在顽皮之中激活和培养孩子的智慧，可能是孩子成才之路上的第一桶金。

川川虽然只有三岁，却淘气得要命，用他妈妈的话说，就是“给他一架梯子，他能爬到天上大闹天宫去”。一岁多的时候，家里所有的东西几乎都被川川破坏个遍；电视遥控器被川川当做惊堂木砸得支离破碎；手机里的电池、SIM卡随时都有被川川拆掉的可能，不过川川就牛在拆掉之后还能够将它们恢复原状；将电脑上的每个按钮按过一遍……

川川的妈妈对儿子的行为早已习以为常，从来不加以干涉，即使儿子将自己的手机弄坏了，也没有抱怨一句，只是不再用新手机了。因为她知道，川川从这种淘气中，学会了很多东西：

川川能自己拿着爸爸妈妈的手机熟练地找到自己喜爱的游戏；能自己打开电脑在网上找到自己想看的视频；家中的花花草草，都被他伺弄得生机勃勃……

川川是幸福的，因为他有一个理解他的、纵容他调皮的妈妈。川川有时候真是调皮，他打个哈欠都要倒立着打，看起来很滑稽。但妈妈总是以一种欣赏的眼光看着他，总是心想，川川真是个可爱有趣的孩子，他长大了以后，给他讲小时候的事儿，他应该会感到很幸福，因为他有一个好妈妈，肯纵容他的一些不可思议的动作。

孩子的天性就是要调皮捣蛋。即使天生爱静的孩子，在他的天性里也有调皮的一面，作为父母要保护好这种天性，而不是为了让孩子看起来更有修养而去呵斥。只有在小时候将孩子的天性尽情释放，孩子长大了才会用一种正常的心态来看待世界，才能够健康快乐地成长。试想一下，如果宁铂小时候能够有一个调皮快乐的童年，也许他的人生道路就会是另一番景象。

当然，有时候孩子可能会调皮得过火，这个时候应该肯定孩子积极的一面，以商量的口吻提出一些建议。如果孩子能从父母那里得到尊重和理解，哪怕是一句欣赏的话，一次轻轻的抚摸，一次坦诚的交流，孩子就会变得听话、聪明、能干、有创造性，从而为他以后的发展打下较为坚实的基础。

规矩太多会压抑孩子的天性

俗话说，“没有规矩不成方圆”，细数生活中的细节小事，不难发现：人管孩子，事倍功半；规矩管孩子，事半功倍。规矩就像一根无形的指挥棒，时刻告诉孩子不该做什么、该做什么、怎么做，管孩子最见效。一旦有了这根指挥棒，父母就不必整天焦头烂额、苦口婆心、劳心劳神，更不必为了孩子失去自我、不得抽身。

随着孩子一天天长大，孩子需要了解他们周围世界的规则，他们需要别人对他们的期待；他们和别人怎么相处；他们能够把一件事做到什么程度，如果他们做得过头了，会发生什么；他们需要用一些方法来衡量自己不断增长的技巧和能力。

必须的规矩是必要的。但是现在条件好了，孩子们都成了父母心目中的宝贝，为了孩子长大有出息，无不给孩子立下了很多的规矩，比如不许要陌生人的东西，不能自己过马路，出去玩儿时不能离开父母的视线，不能够大声说话，吃饭不能发出响声，要斯文，不许剩菜剩饭……等等。

但是，孩子毕竟是孩子，活泼好动是他的天性，如果用太多的规矩来约束孩子，就会压抑他的天性，使孩子失去他们的天性，变得死气沉沉起来。

在小区的游乐场上，一群小孩子在快乐地玩耍。乐乐也和大家一起游戏，本来大家玩得好好的，可是乐乐的妈妈却在远处不时地给孩子一点管教，有时候甚至是莫名其妙的，搞的乐乐玩起来缩手缩脚的，非常拘谨。如果他妈妈不在场还好一点，越是在场，乐乐就越拘谨。

有一次，小区里搞维修，拉了一堆沙子堆在那里，孩子们很少看见沙堆，所以都兴高采烈地在沙堆里玩。结果乐乐的妈妈远远瞧见乐乐在玩沙子，就大吼了一声："乐乐，你给我起来，别跪在沙上。多脏呀！"乐乐吓得赶紧站起身，拍拍身上的土，然后接着玩。小孩子一玩得高兴，就忘记了妈妈的话，又跪下去了。结果乐乐妈妈在远处又是一声大喝，孩子吓得赶紧又站起来。玩沙子站着怎么玩呀？自然少了许多的乐趣。不知道乐乐的妈妈是否从孩子的角度想一想，乐乐有没有体会到玩沙子的乐趣？

其他的孩子，在沙堆上尽情地堆呀，撒呀，回家的时候，抖了抖身上的衣服，头上衣领里，沙子哗哗落下来，结果大家都大笑起来：下金子了！每一个人脸上都洋溢着幸福的笑容。当然，除了乐乐。

乐乐妈妈是小学教师，把规矩看得太重。诚然规矩的作用是无穷的，但是如果所谓的规矩是以牺牲孩子的童年或者是压抑孩子的天性为代价，这规矩又有什么用呢？很多孩子在小学受到太多的束缚，身心和思维被框在过多的框架里，对学习失去了兴趣，对生活没有好奇。树木成长都需要修理，但过分的修理，可能会把一棵参天树的幼苗修成了盆景！

乐乐妈妈完全忘了，玩起来忘乎所以是童年孩子的一种快乐，不就是衣服脏了点吗，换了洗洗不就得了。太多的规矩，使乐乐失去了多好的和朋友一起玩耍的机会。

有一篇文章是这样写的：看一个小孩的家庭，看他的吃饭状态就可以看出来：规规矩矩吃饭的小孩，平时肯定受到了太多的约束；虎头虎脑地吃的，想吃什么就拿过来大吃的，孩子活泼的天性还没有被扼杀，而那些追着小孩喂的家庭，可怜的孩子的胃和天性都要受苦了……

过分的限制只会扼杀孩子的好奇心和创造力，是不利于孩子的成长的。父母过分地限制只会使孩子对自己的能力产生怀疑，导致自卑心理。当他来到一个新的环境就会感到恐惧，惶惶不安，遇到需要由自己去解决的事时，会感到束手无策。他们只会机械地模仿，不敢想也不敢动，只会等着别人的指令和帮助。可以预见，这样的孩子长大以后，往往会缺乏主见，习惯听人摆布，社会性发展差，难以适应、控制和改造环境。在充满挑战和竞争的社会中是很难有所作为有所创造的。

相反，没有受到过度的压抑，会使孩子变得自信、开朗、富有创造性和探索精神。

为了充分发挥孩子的天性，父母可以在家中开辟一个专门的场所，例如一个单独的游戏室，一张小床，或者只是用椅子围出的一小块空地。在这里为孩子准备充足的物品，让他有机会充分发挥自己的探索精神和创造能力，又可以使他远离危险。这样做既满足了孩子的需要，又减轻了家长的负担。

和乐乐相比，乓乓就幸福多了，他吃饭时狼吞虎咽，拿起筷子就吃，回到家里尽情地玩耍，在床上自得其乐地又蹦又跳。而这一切，乓乓的母亲从不干涉，使乓乓每天都过得非常快乐。

孩子需要管教，需要规矩，但是要从孩子的实际出发制订规矩，要遵从以下几个原则。

1. 定好规矩，但是首先把规矩的道理讲清楚，不是盲目地服从。

2. 在规矩内孩子有完全的自由。

3. 违背了规矩孩子将受讲好的惩罚。

4. 规矩越少越好，才能起到启发的作用。

让孩子经历真实的生活

很多父母总是希望能够给孩子创造更好的环境，给孩子更好的教育，让孩子远离疾病，远离挫折，远离失败，总之，远离那些对于孩子成长不利的一切因素，一句话，恨不得让孩子生活在童话世界里。

现在很多都是独生子女家庭，只有一个孩子，为孩子创造一个好的生活环境的心情可以理解，但是孩子真的能够游离在真实的生活之外吗？

有一位母亲，她的女儿读小学四年级，偶然一次，她读到了女儿的作文，写的是女儿一次放学回家第一次独自过马路的经历。女儿写道："放学了，我像往常一样穿过街道，渐渐放慢了脚步，身旁没有了牵我的那只大手，眼前的马路不免使我心生畏惧。看着马路上飞驰而过的'铁马'，我呆呆地站住了。这时，一位陌生的阿姨从我身后走过来，就在她向马路迈出第一步时，回头望了我一眼，接着说：'跟我来吧！'我迟疑了一下，便随着阿姨走下了人行道………如今，阿姨长什么样我已经模糊了，只记得她有一头飘逸的长发，穿一件红色的夹克。但阿姨给我的关爱，一直停留在我的记忆中。"

看了女儿的作文，这位母亲才知道女儿当时过马路的踌躇，心里不由得酸酸的。

父母总是希望把孩子包裹起来，生怕孩子出一点差错，但是这样，恰恰使孩子们失去了适应环境的能力，使他们无法面对真实的环境。

孩子远离生活，远离社会，这根本就是不可能的。一个不能融入社会的孩子，长大后如何在社会上生存、立足、成长，再说，一个孩子迟早要融入社会，要面对社会。然而，社会中的各种陷阱、各种话题、各种诱惑无时无刻不在侵蚀着幼小的心灵，而孩子不可能游离在社会之外，父母做的，就是让孩子早日经历真实的生活。

这位母亲是明智的，她看到女儿的作文以后，就下定决心让女儿有能力独自过马路。她先是让她一个人上奶奶家，让爸爸在20米开外偷偷地跟着，观察她能不能自觉靠边走，会不会进路边的小店停留，会不会只顾低头走路，不懂得察看前面的路况。到奶奶家只有七八分钟的路程，而且不用横穿马路。几趟下来，“考试”合格，于是，母亲就牵着女儿的手一边过马路一边给她讲解怎样避让车辆，不能在马路中间突然快跑等常识，练了几天之后，再让女儿牵着自己的手，让她带着自己过马路。现在孩子过马路再也不像以前那样心里充满恐惧了。

教育观念的进步、对教育重视程度的提高，并不意味着要把教育与生活绝对割裂开来。对于一个孩子来说，成长的过程就是生活的历程。如果我们把所有孩子该经历的生活、该承担的责任都剥夺掉，把孩子的交友、休闲、运动、责任都修剪掉，只是把孩子放在一个玻璃瓶中去圈养，孩子的生活中只有学习与作业，我们怎么期望孩子成为一个心智健康活泼的人。自私、冷漠、狭隘，不懂得感恩，不知道体谅别人，不能够承担责任，更不会宽容……当我们批评孩子的时候，也许要回到生活中去反省。

“妈妈，我要自己洗脸”、“妈妈，我要自己穿衣服”，每个孩子都曾经非常渴望自己做事，渴望自己控制自己。“不行，你洗不干净。”“不用，只要你好好学习，别的不用你管。”如果我们一次又一次地剥夺了孩子的这些渴望，孩子就成了什么也不愿做，什么也不会做的“残疾人”。

幸福和成长来源于行动。让他们去体验创造的过程、探索的过程、追求独立的过程。只有让孩子自己去尝试，才能树立起他们的自尊和自信。

对于以朝夕相处的家庭生活为媒介的家庭教育来说，最好的方式就是寓说教于细节，寓教育于生活，让孩子经历完整真实的生活，教育生活化应该是家庭教育遵循的原则，也是家庭教育的主流。生活上如此，学习上也是如此。

19 世纪的德国，有一位普普通通的砖窑厂的烧砖工，他经常把儿子带到砖厂去玩，孩子在观察父亲堆砌砖瓦的劳动中，很自然地发现了数概念和形概念的关系，并由此产生了浓厚的数学兴趣。他从 19 岁开始就发表了一系列有重要价值的数学论文，30 岁时首创了“解析几何”的理论体系。这位烧砖工的儿子，就是 19 世纪伟大的数学家高斯。高斯在接受《莱茵报》记者采访时说，“数学并不神秘，它来源于生活，又服务于生活。如果我儿时不去砖厂玩耍，就不可能与数学结缘，也就不可能有今天的成就。”

一个有着旺盛创造力、良好行为习惯、健康人格的孩子不可能在纯粹的“教育真空”中被造就出来，教育也不是被抽象出来供人把玩欣赏的东西。父母绞尽脑汁为孩子营造的“教育真空”可能正是导致教育失败的原因。行为习惯生活化、健康人格细节化、创造力社会实践化应该是家庭教育的潮流。

还是把孩子放到广阔的生活实践中去吧，用人际关系的活泼、实践活动的生动、家庭生活的丰富去熏陶滋润孩子的心灵，让孩子在做一个好学生、优秀人才之前，先做一个合格的家庭成员。

家长不是家里的统治者

每位做父母的所做的一切无不都是为了自己的孩子好，但是利用家长权威压制孩子，用自己的思想去统治孩子，不仅会葬送孩子的前途，也会害了自己。

2000 年新年伊始，浙江金华发生了一起“徐力杀母”的事件，引起了中国教育界的震动。17 岁的徐力由于父亲长期在外工作，从小到大基本上是在母亲的悉心照料下成长的。母亲工资不高，就帮别人加工毛线衣赚点钱供儿子读书，让孩子过着“吃穿全包，一心读书”的生活。

但是这种幸福生活却让徐力承受着巨大的精神压力。母亲要求儿子成绩好，逼儿子一定要考前 10 名，有一次他考了第 18 名，就被狠狠打了一顿。徐力喜欢踢球，母亲却说：“你再踢球，我就打断你的腿。”徐力想看看电视休息一下，母亲却反复唠叨：“考进 10 名才有资格看电视。”徐力的母亲还经常到学校去，监视儿子是在学习还是在玩。有时徐力多玩一会，晚 10 分钟回家，妈妈就会又打又骂。重压之下的徐力感到母亲对自己管得太严，而且母亲提出的目标无法实现，深感委屈和压抑。

徐立生活在一个非常压抑的环境中。他在家里没有秘密，没有自由，没有属于他这个年龄的快乐，而造成这一切的，正是他的母亲。强烈的占有欲和过高的期望值，使徐母对儿子的爱扭曲了。她把儿子看做是自己的私人财产，以为生下了他就拥有了他，他的一切行动都要听从自己的指挥，甚至将自己的意志强加给他。正是在这种错误心理的驱使下，徐母成了家里的统治者，把对儿子的爱，扭曲成监视和压迫，使儿子在生活中失去了自由，人格尊严也受到严重伤害。

据徐力爸爸回忆，有一天晚饭后，徐力的母亲对他说："去看看宝贝儿子在干什么。"这个时候是学生饭后时间，他母亲猜测儿子可能在操场上。他们来到操场上，徐力果然在那里，他看到母亲后吓得绕着操场跑了几圈，然后一个劲地向母亲表白："我没玩，我没玩。"

徐力母亲对儿子的看管、监视、打骂，促使徐力一步一步走向毁灭。最终，发生了一幕人间悲剧。

可以说，家长的权威教育害了徐力的母亲，也害了徐力。

其实像徐力母亲这样的家长不在少数。有位女孩在电视上看到对徐力事件的报道后，对妈妈说："妈，我怎么越看越觉得你像徐力他妈呀?"妈妈说："那你也用铁榔头把我打死算了!"女孩对母亲说："我不会像徐力一样把您打死，可你的确像徐力他妈!"

很多父母们总是打着"都是为了孩子好"的幌子，来统治孩子的想法。父母们总认为自己的观点才是对的，而孩子的想法是错的。殊不知，家长们总是将自己的观点强加于孩子身上。在不知不觉中，处处伤害着孩子自由思考的能力和创造力。

父母大多承受工作和生活双重压力，拼命赚钱养家，努力为孩子的成长创造物质条件，难免下意识地认为自己是家中权威，自以为对孩子的一切管教都是为了保护孩子不走或少走弯路，因此孩子应该无条件服从自己。父母不明白，孩子再小，人格也是独立的，虽然由父母把他们带到人世，但谁也无权主宰孩子的思维，漠视孩子的感受。

父母作为一个家庭的核心骨干，引领着家庭及其成员的发展方向，换言之，父母的生存品质决定着家庭的兴衰荣辱，影响着孩子的身心健康。但父母不能代替孩子成长，不能剥夺孩子自由。每个孩子都有自己的权利，大到确定人生理想，小到选择食物喜好。父母要引导的只是不同的年龄阶段，孩子要承担相应的责任。

很多父母总是想要在孩子面前保持一种统治者的权威，要求孩子对于自己言听计从。其实，往往是害怕在孩子面前失去自己的权威。要知道，父母的威信并不是源于孩子的绝对服从，或者对于孩子的支配，而是一种相互配合的亲密关系。要做到这一点，就要了解、信任孩子，尊重孩子的选择，并给予适当的指导和帮助，不拿父母的权威去指责孩子或呵斥孩子。

我们提倡“放养”，这个“放”字的背后不简单，“放”字的背后是父母与孩子之间和谐的亲子关系，是父母对孩子的深入了解和理解，是父母擅用表扬和鼓励工具，是父母的榜样示范为孩子的成长指明方向，如此等等。归结起来，再看教育孩子的分寸问题，父母之所以会觉得不好把握，并且常有失当之处，最核心根源其实在于走不出观念误区。所以做父母的，一定要学习科学的教子理念，学会心平气和地对待孩子，营造家庭的民主氛围，所谓严而不苛，爱而不娇，做父母的要好好领悟其中深意。

放养的孩子更优秀

不少父母总担心放任孩子去自由玩耍，会使孩子从小缺少管教，怕孩子和别的小伙伴玩耍染上“坏”习惯，长大了就更没法教育了，所以，就总是把孩子锁在家中，“大门不出，二门不迈”，就像古时的千金小姐一样“养在深闺人未识”。

在传统的教育观念中，乖孩子就是好孩子，好孩子就是要循规蹈矩；不为人先，不为人后……于是，多少家长恨不得把孩子放在眼皮底下，24小时监护。结果，在这种环境下成长的孩子，缺乏自信和勇敢，缺少付出和挫折教育。

这些家长不知道，实际上放养的孩子更优秀。高女士的儿子毛毛在两岁时，她曾经尝试教儿子认字，一天教几个，全部可以记住。但孩子不知道学习认字的目的，所以放弃了这个“教学计划”，决定采用“放养”的方式教育孩子。

高女士认为“放养”，就是让孩子自由自在地玩耍，没有那些条条框框的。高女士幽默地说，现在的人都爱养狗、遛狗，人家溜的是狗，说不好听点，我们溜的是孩子。小时候我在大自然中放牛，现在要在大自然里放养孩子。

于是她开始让毛毛在外面野，每年假期专门送回东北老家乡下去

"野"，打野仗，堆雪人，扔泥巴，爱干什么干什么，甚至学会乡下骂人的土话。

现在毛毛已经上学了，没有学坏，既不打架，也不骂人，仍旧是很爱学习的小神童。

经过几年的实践，高女士认为放养的孩子比圈养的孩子更优秀。她还总结了放养孩子的几大优点。

第一，适应能力强。

毛毛初入园的时候，第一天就好像是老同学似的，完全没有陌生的感觉，做母亲的急得不得了，他却显得落落大方，表现得非常自然，跟着同学们就去吃饭，去听老师讲课。仅仅一个星期毛毛就适应了幼儿园的生活。

今年五一，毛毛跟着奶奶、舅舅去参加活动，参加的是创意宝贝的活动，小家伙居然在老师的指导下表现得非常出色，老师都没说怎么做，她就知道怎么玩。奶奶在一旁都非常惊讶毛毛的适应能力和思维活跃度。

第二，思维活跃。

放养的孩子还有一个突出的优点就是思维活跃。

有一次，社区搞活动，毛毛跟着老师做游戏，毛毛很快就能按老师说的去做，老师奖励了毛毛几张贴画。晚上毛毛随意地画，画出的东西，妈妈都没猜出是什么，他居然说得头头是道。

毛毛的思维活跃还表现在看书等其他方面。一般看益智书，都不用妈妈告诉毛毛，他就自己会做。

第三，想象力丰富。

毛毛随意地画，能从画中讲出故事。放养的孩子，思维不被拘束，想象着他所见到的一切事物。某次毛毛跟爸爸聊天，说要喝光昆明湖的水，这可真够有想象力的。

第四，记忆力超强。

毛毛喜欢什么，妈妈从不干涉，有一段时间，毛毛喜欢上唐诗，结果给她读过的唐诗，她都能记得，还不会说话的时候，他就能够用手指出他读过的诗。在毛毛一岁多一点的时候，有一次，妈妈给毛毛买了一张英语挂图，每天教毛毛认26个英语字母，想不到，一两天时间，毛毛竟然将所有的字母都认下来了。虽然不会说话，不能够读下来，但是你只要给她读出来，他就能够准确地把正确的字母找出来。

第五，语言发育特好。

两岁后的毛毛就能说会道了，而且说起来很有谱，甚至能跟他爸爸比吹牛，居然吹的比他爸爸还厉害。毛毛看完一本画册后，能够一字不差地转述整个故事。妈妈讲一个故事，晚上睡觉的时候毛毛就能够讲出来。

第六，身体特棒。

放养的孩子每天都出去疯玩，奔跑，见多识广，跌倒了自己爬起来，妈妈从来不扶，在孩子腿上绑个护膝，摔了，他自己就爬起来继续追妈妈。放养的毛毛最喜欢赤脚在路面上行走，草坪上打滚，所以身体倍棒。

放养不是放任自由

放养并不是完全地放手不管，只是给予孩子充分的、无条件的信任，让孩子按照自己的速度和规律成长。在放养的环境中，孩子更加放松，更愿意去探索自己想要探索的东西。放养的小孩更需要父母的引导，要关注孩子的行为但是不要干预，要引导小孩的天性。

——网友

“放养”不是“放任”

“放养”并不是不教养。有的父母把“放养”当“放任”，整天忙于工作、事业或打工赚钱的家长，为孩子提供的只是生活上的保障，而对于孩子的内心世界一概不闻不问……教育专家认为，在现代社会，家庭中应尽量避免封闭式、隔绝式的“圈养”，也应摈弃无拘无束、放任自流式的“放养”——这都易导致孩子的合群性、合作性缺失，最容易形成“问题儿童”。

放养并不等于放任。放养并不意味着让孩子自由散漫缺乏教养，“放养”是有的放矢，是牵在手上的风筝，该放手的时候就要放手让其迎风前行，该收手的时候就要把线收回来以免误入歧途。

任何事情都有一定的规则，如果超出了范围，那都是适得其反的。“放养”教育同样如此。“放养”要给孩子自由，让孩子充分发展，但是如果过度就会造成孩子目中无人，以自我为中心，反而有点得不偿失了。

哲哲的父母都是博士，夫妇俩都认为，国内的孩子从小被家长管得太死，无论在学习上还是性格上，孩子承受的压力都比较大。他们决定任孩子个性发展，不设杠杠不打压。

结果，儿子平时根本没有什么规则意识，在家直呼爸爸妈妈的名字，在学校则是直呼老师的姓名，老师上课时，经常站起来说老师讲错了；除了体育是班上第一外，各科成绩均甩尾；不是班干部，却特别爱插手管班级事务，班干部意见非常大……

有一次，哲哲在看电视的时候，把音量放得非常大，整个楼道的人都能听得到，哲哲的父母别说休息了，连说话都听不见。可还没有说两句，哲哲就火了："这是我的自由，你们无权干涉！"哲哲的母亲刚要再说两句，哲哲就躺在地上，又哭又叫，说妈妈干涉自己的自由，闹得哲哲的父母一点办法也没有。

哲哲的父母从小由着儿子个性发展，从不强求他做不喜欢做的事，结果多年下来，放养的结果却是：孩子成了学校、家庭以及社区中有名的个性狂人——没有任何规则意识，目中无人，将谁都不放在眼里。

哲哲的父母很无奈也很困惑，这放养到底是对还是错呢？为什么自己的孩子会"放养"成一个"个性狂人"呢？

不论是什么教育方式，都不是绝对和无原则的。如果只注重"放养"，而忽视了对孩子规则意识的教育和影响，就会造成孩子规则意识的缺失。

其实，"放养"本没有错，但是，放养也不是毫无原则的。"放养"，是一种有目的、有规划的养育。这种"放养"是给孩子充分的自由，孩子能通过自己的努力办到的事情，做父母的都要尽量让孩子自己去尝试，去探索，从孩子学走路，学说话，自己吃饭，自己洗简单衣服，自己刷牙等等开始，都放手让孩子自己学着做。

孩子毕竟还小，对事物的判断理解认知能力还很不健全很不完善，这都需要我们做父母的给予正确的引导，文明其精神，指导其决策。给予孩子真善美的正确理念，激发他的兴趣，引导他自主自发地去认知去探索，这远比强制性地逼迫孩子被动学习效果要好得多。

父母在让孩子做尝试的情况下一定要根据孩子的年龄和能力，让孩子在安全和有规则的环境下成长，该遵守的规则一定要遵守，否则就会造成孩子不服从管教，以自我为中心，这样在孩子长大后会更加难以管束，就像哲哲一样。

从哲哲的情况来看，孩子只是行为习惯很随性率真，并无很大的过失。哲哲的父母不妨和学校老师紧密配合，对孩子多鼓励，帮孩子逐渐建立规则意识，慢慢树立集体的概念，但是在此过程中，不能硬性打压孩子的个性，否则就失去了“放养”的意义。

溺爱不是放养

很多人一提起溺爱孩子，就会想起这样的情景：孩子在家庭中的地位高人一等，尽量给孩子最好的待遇，什么好的东西都尽量给孩子，孩子提出的要求尽量满足，处处特殊照顾，什么都由父母来做……

由于父母的溺爱，三四岁的孩子还要喂饭，还不会穿衣，十几岁的孩子还不会做任何家务事，不懂得劳动的愉快和帮助父母减轻负担的责任，这样包办下去，必然失去一个勤劳、善良、富有同情心的能干、上进的孩子。

需要父母注意的是，包办孩子的一切是一种溺爱。在“放养”孩子的时候同样会出现溺爱。

我们提倡放养，不要对孩子有过多的限制，尽量给孩子一个自由的空间，让孩子自由成长。但是，自由并不是让孩子无所顾忌，有求必应。放养也不是什么事情都顺着孩子，那不是放养，而是溺爱。

有些父母认为放养就是放开双手，尽力满足孩子的一切要求，孩子要什么就给什么。有的父母为了让孩子不受委屈，还给孩子很多零花钱，孩子得到满足就更轻易了。

如此的“放养”，孩子必然会养成不珍惜物品、讲究物质享受、浪费金钱和不体贴他人的坏性格，并且毫无忍耐和吃苦精神。

还有的父母认为“放养”就是一切随着孩子的性子来，想要怎么样就怎么样，允许孩子的饮食起居、玩耍学习没有规律，要怎样就怎样，睡懒觉，不按时起床吃饭，白天游游荡荡，晚上看电视到深夜等。

这样的孩子长大后缺乏上进心、好奇心，做人得过且过，做事心猿意马，有始无终，没有秩序，懒散成性。

当今做父母的大都知道溺爱孩子有害，但却分不清什么是溺爱，更不了解自己家里有没有溺爱。

水太多，人被水淹没了就会被“溺死”，如果父母的爱流横溢泛滥起来，那也会“淹没”孩子的，这就是溺爱。溺爱是一种失去理智、直接摧残儿童身心健康的行为。

父母的过度放纵，已使越来越多的孩子出现了近乎极端的叛逆行为，这些孩子甚至被定义为“儿童溺爱综合征”患者。

今年只有13岁的晓丽曾经多次离家出走，并且她每次离家出走都会长达几天。

有一次，晓丽要妈妈给自己买一件非常时尚前卫的衣服。妈妈认为那件衣服太过于新潮，不适合学生穿着，就没有同意，结果晓丽同妈妈大吵了一架，说妈妈不爱自己，没有眼光，就是一个土老帽！吵完之后就离家出走了。

妈妈几天都没见到晓丽，都快要急疯了，直到在警察的帮助下，才在晓丽一个朋友处将晓丽找到。

令人意外的是，晓丽并非出生在充满暴力、辱骂和低教育背景的家庭，而是成长在一个充满爱的家庭———她的父母都受过良好教育，对晓丽的任何要求都给予满足，对她的行为更是非常包容与理解。却不料，这种做法使晓丽变得极为叛逆。其实，这是一种“儿童溺爱综合征”的典型表现，父母对孩子的过度放纵正是导致这种现象发生的根本原因。

大教育家高尔基说过：“溺爱是误入孩子口中的毒药。如果仅仅为了爱，连老母鸡都能做到这一点。”溺爱是低层次的爱，真正的爱是理智的高尚的爱。专家将父母对孩子的溺爱称为“甜毒品”，虽然表面上香甜可口，但其实就像毒品一样，会对孩子的成长造成不良影响。溺爱甚至可能会造成孩子精神混乱并且对任何规矩都存在逆反心理。

放养绝对不是溺爱，绝不是一味地满足孩子的欲望，不是一味地听凭孩子自己决断。而是和孩子做朋友，蹲下和他平等的对话。让孩子知道父母很尊重他信任他，同时也让他明白他也应该尊重和信任父母。要让孩子知道，不管他有什么要求都可以提出来，大家一块商量论证，能同意的能站得住脚的要求，父母一定会理解并且予以大力支持。但是如果是不合理的要求，父母一样可以否决并扔进垃圾箱。同样的对于父母的日常决定和行为，孩子也可以提出意见，如果孩子认为父母做得不好而确实如此的话，父母要道歉并改正。但是对于父母正确的意见建议和决策，孩子也得无条件的支持并且坚定地执行。孩子虽然小，但是也需要信任、理解、尊重和认可的。

“放养”的孩子更需要引导

“放养”最重要的就是放手让孩子自己去做，但是“放养”并不是撒手不管，随着孩子率性而为。毕竟孩子还是孩子，各方面的经验还不足，很多地方还需要父母的引导。

从美美上学的第一天起，美美的妈妈就开始了自己的陪读生涯：每天定时陪女儿复习功课，定时给她检查作业，和她一起背诵课文，一起做算术。妈妈陪读的效果果然不错，美美的成绩每次都跑在全班同学的前头。妈妈看在眼里，自然心里乐开了花。

但是，妈妈慢慢地发现，美美越来越依赖于妈妈的陪伴。有时候，妈妈没有时间，美美竟不知如何开始学习，怔怔地坐在书桌前干等着妈妈过来指导自己。

美美的妈妈心里有点担心了：自己教给孩子的不过是书面上的一些知识，想方设法让她掌握的也是那点儿东西，可孩子最需要的是良好的学习习惯和自立能力，这将是她终生受用的东西，自己这个做妈妈的却没有教给她。

所以，美美的妈妈决定放手，让女儿自己去适应学习生活：让女儿从今天起，自己写作业，自己检查，自己背课文，自己收拾书包，总之，以前妈妈替她做的那些事，都要女儿学会自己做。

女儿虽然不大乐意，但还是很配合，放了学自己就坐在书桌前认真地写着。有时候妈妈偷偷地跑去观察，看她极认真的样子，妈妈也放下了心。

但自从放手以后，女儿写作业的时间明显拖长了，常常要到很晚才能写完。为了不让女儿继续有依赖心理，妈妈狠着心不去为她检查作业，而是等到第二天老师批改完了才看一下。女儿的作业本上红叉明显多起来，以前总是红红的“优”字，这会儿竟全成了“乙”。女儿从一年级开始就学着写作文，在妈妈的帮助下，每次她的作文都被当作范文在班上读，可自从妈妈放手，她的作文很少再有这种待遇了。

美美的学习成绩下滑的很厉害，甚至美美的老师都打电话来询问。对于美美出现的情况，老师劝告美美的妈妈：放手可以，但放手不等于放任，一下子松手不管，孩子就会摔倒。

知道了问题出在哪儿，于是美美的妈妈就改变了以前全放手的做法，还是让美美独立完成作业，但有时间的话会找一些好看的故事书和美美一起读，让她体会阅读的乐趣。晚饭后带美美到野外散步时，还和以前一样随时和她回忆当天的学习内容。女儿又快乐起来，因为她尝到了成功的喜悦，在她看来那才是真正的喜悦。尽管女儿的作业偶尔还会有红叉，但她充满了自信，因为那一个个大红的对号是她自己努力的结果。她作文里的言语尽管充满稚嫩，可那毕竟是她自己一句一句想出来的。

放手让孩子自己去做，孩子要独自去承担，由于孩子的能力所限，所以错误不可避免。这时候就需要父母的引导，让孩子找到正确的做事方法。但是，要注意的一点是，父母的引导并不是包办，父母只是给孩子指出做事的方法，而不是替孩子去做事。

父母不要怕孩子做错事，孩子在做的过程中出现错误并不可怕，孩子正是在错误中成长起来的。父母要相信孩子有成长的能量，而且他们也希望健康成长，只不过还没有找到一个合适的成长方式，所以需要父母的引导，而不是老盯着他们的错误，老盯着他们的问题，让他们觉得不如人。

做父母的不可能陪着孩子一直走下去，总要有放手的时候。放手不放任，给孩子一片独立的成长空间，与孩子保持一个恰当的距离，又在适当的时候给予他们及时的提醒与帮助，这样的父母才算真正的合格。

放养，父母责任更重

有人说，中国的孩子很累，中国的父母更累。有一位记者对某校两个班级80名学生家长作了调查，结果发现57个家庭将月收入的一半用在了孩子身上；60名家长表示，为了孩子自己再苦、再累也值得，为了孩子放弃自己的爱好是值得的；75名家长表示，孩子在左右着自己的喜怒哀乐。

父母的确是无私的，是伟大的。为了孩子不惜牺牲自己的爱好，自己的喜怒哀乐也被孩子操纵着。一生为子女打拼，一生为子女忙碌，一生为子女挣钱，时时、事事、处处为子女着想，心里唯独没有自己。

和这种方式比起来，“放养”似乎要省心的多，很多父母认为“放养”孩子就可以把自己解放出来了，教育孩子会变得更省事。

其实，这些父母想错了，对孩子“放养”，当家长的并不轻松，甚至远比对孩子“圈养”更让人费心劳神，更需要有耐心。

“放养”孩子，孩子更自由了，接触的东西更多了，所以遇到的问题也会越多。这个时候就需要父母对孩子多加引导。怎么“放”，何时“放”，如何引导，父母要仔细揣摩孩子的心思，还得找到解决的办法，这些都是要动脑子的，放养看似轻松，实则身不累心累。

“放养”不是简单的撒手不管，而是要在“放养”的过程中让孩子懂得道理，学习知识。如果只是简单地撒手不管，这样做父母的确很省心，很简单，但是，孩子的教育就收不到应有的效果。

有两家比邻而居的邻居，各有一个两岁的孩子，大小相差不超过两个月，他们的教育都奉行“放养”的教育方法。可是，一家只是让孩子自由地玩，而不加以任何干涉，结果只会玩，语言能力也不好，更不要说识字了；而另外一家同样重视孩子“放养”，但是，在“放”的过程中，会非常花心思教育孩子，所以，他们家的孩子磊磊语言流畅，举止得体，热爱学习，人见人爱。无论从智力上、语言上，还是身体发育上，都显得非常优秀。我们来看看他是怎样被“放养”出来的。

有一次，小区里的孩子都在小广场上玩。两岁多的小孩子，不会聚集在一起玩，而是各自玩乐，还没有什么群体意识概念。磊磊看到那些小朋友蹲在地上玩沙子，于是他也和小朋友一样，开始玩沙子。

20 多分钟后，磊磊开始把沙子铲起来到处扬洒，还差点扬到一个小朋友的头上。磊磊的妈妈看他玩沙子，也玩得差不多了，就和磊磊说是否要玩踢球，磊磊说好。于是妈妈就和磊磊开始在旁边踢球。磊磊总喜欢把球往草丛里踢，然后让妈妈去拣出来，每次踢进去后还自己说：磊磊是个“小坏蛋”。而其他孩子，还都在玩沙子，互相铲土，或者把沙子铲到自己的桶里面。

大概玩了 20 分钟球，妈妈看磊磊有点累了，那里又有风，他正好在看旁边小朋友骑过来的小车。妈妈问他是不是要骑车，他说要。妈妈就让他自己爬上去，他很费劲地上去后，妈妈在后面推他走，嘴里叫着左转弯，右转弯，打直了，于是磊磊跟着妈妈的口令，看着前方，骑车独行。因为他一直不会蹬脚蹬子，妈妈在他骑车时，一只手推车，另外一只手弄他的脚，让他习惯蹬的动作。

一个上午，磊磊的妈妈带着磊磊玩了三个活动，一个是沙子，一个是足球，一个是骑车。而那些放任孩子的父母，在一旁聊天，他家的孩子却玩了一上午的沙子。

在回家的路上，磊磊妈妈还让磊磊认了车牌和商店的招牌，大概复习了10来个字和字母，也算是附带的收获吧。

很多家长带孩子，一说要“放养”，就容易走到另外一个极端——放纵。孩子想怎么玩耍就怎么玩耍，完全让孩子像野草一样地成长，而自己却不愿费脑筋去教育孩子。浪费了孩子成长的好机会不说，还养成了很多不良习惯，这就有点不值得了。

我们不提倡“圈养”孩子，但是在放任的同时，也需要费点心思，努力培养孩子的良好习惯，根据孩子的状况，找到适合孩子的正确“放养”方式，才是真正的“放养”，这也正是各位家长的责任。

做孩子人生的楷模

很多父母总是想要找到教育好孩子的“灵丹妙药”，殊不知，这副“灵丹妙药”就是自己。

孩子是最善于模仿的，他们通常通过模仿来认识这个世界。孩子不具备辨别是非的能力，如果给他们一个好的榜样，他们就会朝好的方向发展，给他们一个不好的榜样，他们就会朝不好的方向发展。

有一位教育学家说过：“教育孩子的实质在于教育自己，而自我教育则是父母们影响孩子最有力的方法。”

中国有句古话叫做：“近朱者赤，近墨者黑”。小孩子的好品质是在受感染、被熏陶中潜移默化形成的，而不是靠枯燥、粗暴的说教训斥培养的。父母就是一面时刻立在孩子眼前的镜子，孩子们常常是通过“照镜子”的方式，在不知不觉中“修改”自己言行的。父母的一言一行都要给孩子做好表率，这样孩子才能跟在父母后面学习他们的优点，改正自己身上的缺点。

从前有一对中年夫妇对年迈的父母很不孝顺，他们把老人撵到一间破旧的小屋里居住，每顿饭用小木碗送一些不好吃的东西给老人。一天，他们看到自己的儿子在雕刻一块木头，就问孩子刻的是什么，孩子说：“刻木碗，等你们年纪大时好用。”这对中年夫妇猛然醒悟，赶紧把自己的父母请回正屋同自己一起居住，扔掉了那只小木碗，拿出家里最好吃的东西给老人吃。小孩因此也转变了对他们的态度，从此一家三代和睦生活。

可见，父母的榜样对孩子的影响有多大。“好雨知时节，当春乃发生；随风潜入夜，润物细无声”，家庭教育的好坏，就如这春雨一般，都是“润物细无声”的。榜样的力量是无穷的，对于孩子来讲，这一点尤其重要。家庭是孩子最基本的生活和教育单位，父母是这个教育单位里的老师，一言一行，一举一动，都有可能成为孩子的效仿对象。无数事例证明，孩子最初的行为习惯都是从父母身上学来的。因此，面对孩子，父母要特别重视榜样的巨大影响作用，时时处处为孩子树立好的榜样。

所以，父母抱怨孩子的时候，应该先反问自己：让孩子好好学习，我好好学习了吗？让孩子天天向上，我天天向上了吗？让孩子刻苦用功，我刻苦用功了吗？让孩子排前几名，我上学的时候排前几名了吗？让孩子必须有出息，我有出息了吗？让孩子遵纪守法，我遵纪守法了吗？如果连自己都做不到，或者不想做的事情，而要求孩子必须做到或者去做，那么，这样的教育能成功吗？

一个孩子的学习态度如何，道德品行如何，与其父母的榜样作用有着直接的关系。有人说，在很多情况下，有什么样的父母，就有什么样的孩子。父母爱学习，孩子就爱学习；父母爱劳动，孩子就爱劳动；父母乐于助人，孩子就乐于助人；父母能够干出一番事业，孩子就能干出一番事业。这样的看法虽然有点太绝对化了，但却一定程度上证明：父母是孩子的老师，言传身教是最好的教育。

就像一位教育专家所说的那样：“要让孩子爱你，你要先爱孩子；要让孩子对你负责，你要先对孩子负责；要让孩子学会忍耐、宽容，你要先对孩子耐心、宽容；要让孩子有一种积极健康的人生态度，你自己必须积极健康。一切全为因果，就这么简单。”

有一位母亲，大家都夸她的孩子懂事，都想要她讲讲教育孩子的秘诀。但是这位母亲想了半天，却实在说不出自己的秘诀是什么。其实，这位母亲教育孩子的秘诀就是她自己。这夫妻俩为人特别友善，待人接物十分热心，别人有困难总是伸手相助，而且两口子都是教师，回到家里不是看书查资料，就是写教案判作业。他们的孩子从小受父母的影响，耳濡目染，自然受到熏陶，学习十分出色，也非常愿意帮助人。

由此可见，父母的言行对孩子的影响深远。父母想使孩子成为怎样的一个人，自己就得先成为那样的人，至少应当为孩子做出努力的榜样。

著名教育家马卡连柯说："父母对自己的要求，父母对自己家庭的尊重，父母对自己每一行为举止的注重，就是对子女最首要的，也是最重要的教育方法。"

"父母是孩子的镜子"，"孩子是父母的影子"。所以在日常具体生活中，父母要时时刻刻严格要求自己，事事都给孩子起榜样作用。

父母和孩子接触最早、最多、时间最长，因而是孩子学习的最直接、最具体的榜样。父母的一言一行，犹如一本没有文字的教科书，会潜移默化地对孩子产生终生的影响。在孩子面前，父母的思想品德到生活小节，都不是小事。父母的一言一行，一举一动，孩子都会看在眼里，对父母产生崇敬，并以父母为榜样模仿效法。所以，父母的行为是对孩子最好的教育。

平等对待孩子

有的父母总是抱怨自己的孩子脾气怪，犟得很，不让他做的事情偏要做，要不就哭啊、闹啊……

这样的孩子的确让父母头疼。但是，父母也要静下心来想一想，真的全都是孩子的错吗？

人与人之间经常需要进行思想上、感情上的平等交流，每一个成长中的孩子，即使是刚刚学步的孩子，也都有这种渴求。要做到平等地对待孩子，父母首先就要抛弃那种居高临下与孩子谈话的姿态，要蹲下身子，以平等的态度对待孩子。

周周是一个还不到两周岁的孩子，前一段，由于天气变冷，没有及时添加衣服，周周感冒了，妈妈带着周周去医院看病回来，带回了一包感冒药。

妈妈刚开始给周周吃药，周周怎么都不肯吃，妈妈没有办法，就用手捏着周周的鼻子，强行把周周的嘴打开，然后往里面灌药。周周痛苦地使劲挣扎着，脸憋得通红，药喝下去又吐了出来。周周妈妈看到自己的孩子这样，也很痛苦，可是，为了周周早日好起来，也没有办法。

吃过第一次药后，周周再也不肯吃第二次药了。只要见到妈妈去拿药瓶子，就赶紧去找姥姥，生怕被逼着灌药。周周妈妈看到孩子这个样子，心里也很难受，决定改变自己的做法。她把周周抱到自己的怀里，轻声对周周说：“宝贝，你看，妈妈也不愿给你吃这么不好吃的药，但是，如果不吃药的话，宝贝的病就不会好，就会发烧、咳嗽，多痛苦呀，如果不吃药，就会越来越严重，还要去打针，那就更难受了。宝宝是最坚强的，我们只喝两勺药，很快就完了，一点事也没有。我知道宝宝是最棒的，你说好不好?”

周周认真地考虑了一会儿，含着泪点了点头。妈妈就把药拿过来，用勺子给周周往嘴里喂。感冒药的确很不好喝，周周皱着眉头，闭上眼睛，张开嘴巴，让妈妈往嘴里喂药。妈妈赶紧把药喂进去，周周痛苦地闭着眼睛，含着泪把药吞下去了，妈妈赶紧舀了一勺水让周周喝下去，心里很感动，两岁的孩子竟能明白妈妈的心思，配合喝药了！就这样，周周主动地喝药，感冒很快就好了。

还有一次，周周的眼睛得了结膜炎，眼睛红肿红肿的，从医院给周周开了一支眼药膏，刚开始的时候周周也是不配合，拼命地扭动身体，不让妈妈给自己点眼药。妈妈又给周周讲点眼药的道理。周周尽管还是有点害怕，但是躺在床上，一动也不动，睁大眼睛，坚持让妈妈给自己点完了眼药。

周周的妈妈很明智，她把周周当作一个平等的人来看待，所以周周就很理解妈妈做的一切，就很愿意配合妈妈来吃药点眼药。

我们用平等的态度，用希望了解、希望倾听的态度与孩子们谈话，就是向孩子表示我们尊重他们的能力，尊重他们的独立性，孩子就会接受。因为再小的孩子也会理解父母的。

很多家长有这样的想法，认为纡尊降贵会降低孩子心目中的威信，害怕以后孩子会不服从管教。然而，事实恰好相反，在那些没有得到平等对待的孩子的眼中，没有父母的威信，却有恐惧和仇恨。长期面对父母的“家长式”权威，他们很可能形成怯懦的性格，造就冰冷的内心。这样的结果显然不是父母想要的。

许多父母不愿与孩子平等相处，是因为对平等的理解出现了偏差。其实，家长和孩子之间的平等是相对的。

平等不是让大人跟孩子一样生活，而是让大人做好自己应做的事。父母和孩子所处的位置不同，但彼此之间却是平等的，大人没有特权。

小青小时候眼睛有些问题，妈妈带她去医院做检查。在检查眼底的时候，由于病人较多，轮到小青的时候已经快要下班了。做检查的大夫也许要急着下班，就非常粗暴地让小青的妈妈紧紧地抱着小青的脑袋，想要强行给小青做检查。小青被大夫和妈妈的行动吓住了，她拼命地哭，拼命地闹。那位大夫一看没法检查，就把小青带到一间小黑屋里，就像摆弄一只可怜的小鸡一样，把小青摁在一张小床上，让小青的妈妈死死地按住小青的脑袋，并用胳膊压住小青的身子。小青就像一只待宰的羔羊，一动也不能动，非常恐惧，想要反抗，却没有力量，任由大夫去摆弄自己的眼睛。

那一刻，小青的感觉一定像是进了屠宰场，或者被魔鬼所控制，这次检查给她心理上留下了严重的阴影，从那以后，只要是见到穿白衣服的人，她就害怕，就会哭闹；只要进到狭小的空间就非常惊慌，立刻就要离去，否则就大哭不止，甚至连幼儿园都不敢去。

可眼睛不能不复查，为了照顾小青的情绪，妈妈给小青换了一家医院。这位大夫是一位和蔼的阿姨，她给小青做检查的时候，看到小青表现得很紧张、很害怕，就拿出玩具逗小青玩，还给小青讲了一个好听的故事，看到小青完全放松下来，不再害怕，才向小青提出检查的要求："宝贝，阿姨想要用仪器看一下你的眼睛，可以吗?"小青也非常懂事地点了点头。大夫顺利地完成了复查工作，而且以后每次复查都很顺利。

从小青对两次检查的不同态度，我们可以看出来孩子对平等的认识。再小的孩子，也知道别人对自己的尊重，也知道别人是否平等对待自己。

当我们像面对知心朋友一样，向孩子请教一个问题，与孩子商量决定一件事时，可以想象他一定非常兴奋。因为他感到自己存在的重要，他尝到了平等相处的快乐。把孩子当作平等的伙伴、交心的朋友，可以产生意想不到的效果。

现在的孩子大多是独生子女，在很多方面他们是孤独的，缺少朋友的关心，这就要求父母担当朋友的角色，分享他们的喜怒哀乐。孩子游玩的时候，蹲下身子，甚至趴着和他们一起玩耍；孩子进步的时候，与他们一起分享成功的喜悦；孩子不开心的时候，认真聆听他们的烦恼。当然，父母有的烦恼也可以拿出来与孩子一起商量，让孩子为父母排忧解难。

父母要想逾越和孩子之间的鸿沟，就必须放下架子去和孩子交朋友，去了解透视孩子的内心世界，父母不妨遵循“父母＋朋友＋老师”这样的思维方式来试试，如果孩子能把你当成知己和一面镜子了，你们的关系就会更加融洽。孩子对一个谦逊忠厚的朋友是不会隐瞒自己的，因为教育本来就意味着伴随和支持。

只要父母放下架子，做平等对待孩子的父母，成为孩子的良师益友，就一定会走进孩子的心灵。

让孩子多了解父母

“你长大后自然就知道了”、“大人的事小孩子别问”……一直以来，在不少家长的观念中，孩子就应该与成人世界“划清界限”。

其实，这是教育的一个误区，孩子只有越多地了解父母，父母才能够越多地得到孩子的认同，从而使家庭关系更加和谐，但是父母一般很少让孩子了解自己的世界，却希望孩子对自己无所隐瞒。这种不平等的关系往往会成为和孩子沟通的一道屏障。

已经读研究生的晓珊至今记得，自己读初中时曾因为一句无心的问话引发了一场家庭风波。

“为什么那么多人会离婚呢?”当晓珊抛出这个问题时，母亲的脸突然沉了下来：“你老实告诉我，是不是谈恋爱了?”

晓珊说，那段时间里，父母显得特别敏感，对给她打电话的男生刨根问底，这让她十分尴尬。“自那以后，除了学习上的事儿，我很少和父母交流。如今我长大了，他们却反过来抱怨我不愿意和他们说话，难以沟通。你说，我怎么和他们沟通呀?”

如果孩子想要了解父母的世界，询问父母“工作是不是很辛苦”的时候，父母要认真地考虑一下，应该怎么和孩子谈一谈。如果仅仅只是用搪塞的方法来回应孩子，那就等于将孩子对父母的关心推开，等于对孩子关闭了一扇了解外面世界的窗口。

事实上，让孩子多了解父母，多了解父母的世界，一方面表现了对孩子的尊重和信赖，可以让孩子觉得父母更亲近，从而增加父母与孩子之间的感情。更重要的是，如果不让孩子了解父母的世界，会让孩子对成人的世界产生误读，不利于身心健康。

不久前，在一家外企工作的韩可娇，在翻看读小学的女儿的暑假作业时发现，一篇题为《我的妈妈是“闹钟”》的作文中，女儿这样描述自己：“我的妈妈是个‘闹钟’，总是很晚回家，回家后只是让我快睡觉，然后早上叫醒我去上学……妈妈很棒，在外企上班。我以后也要像妈妈一样。”

“我不想做女儿的‘闹钟’，更不想让她将来成为我。”韩可娇说，她萌生了带女儿去单位的想法，“我想让她看到，我的办公桌上放着一家三口的照片；我想让她看到，真实的成人世界，不是她想象的那样。”

应该让孩子认真想一想，父母每天不仅要做好自己的工作，还要费尽心思照料好全家人的生活。即使面临着工作和家庭经济压力，也很少跟孩子提起，实在是很不容易。所以父母空闲的时候，可以给他们讲讲工作的情况，让孩子了解他们的艰辛。无论父母从事什么职业，都是靠自己的双手在劳动，都是凭自己的本领在吃饭，都值得孩子敬重。孩子对父母付出的辛劳越了解，才越会从心底里相信和敬重父母，才会真正想着去孝敬父母。

许先生的家境不是太好，他的儿子蒙蒙在学校学习小提琴。很多孩子在学校学小提琴的同时，父母又出钱为他们请了私人老师。因为学校教的音乐都是些皮毛，很浅显的，要上一个层次往深处发展，就必须请私人老师。教音乐的私人老师收费很高。许先生哪来这么多钱送孩子到私人老师那里学小提琴呢？所以蒙蒙只能在课堂上学，然后回家自己练习。

蒙蒙很理解父母的处境，从来不向爸爸提他的同学请私人老师练琴的事，也从来没有抱怨过自己的父母没有钱送他去练琴，当然也从未说过类似父母亲不会拉琴，不要来说我拉琴的话，而是每天放学后很自觉、很专心、很投入地练习……

到了学期结束的汇报演出，有一个最激动人心的节目，是所有的小朋友跟着老师的钢琴节奏演奏曲子。

老师演奏的节奏逐渐加快，演奏到第四遍之后，跟不上老师的节奏而停下来的孩子越来越多，老师越弹越快……最后到老师忘乎所以地“疯狂”演奏的时候，只剩下三个孩子能跟着老师一块演奏，其中一个就是蒙蒙！

从拉琴的姿势就看得出来，蒙蒙是那三人中唯一未受过私人教师专门训练的孩子。当人们发出狂风暴雨般的掌声时，许先生早已是泪流满面……

蒙蒙知道父亲的辛苦，所以用自己的刻苦和勤奋来回报父亲。如果让孩子了解父母真实的成人世界，能够促进父母和孩子之间的沟通和理解，让孩子认清自己的潜能特点，激发人生理想。孩子理解了父母，许多事情不再用你去唠叨，孩子都会自觉自愿，甚至任劳任怨地去做。

在美国，每年都有“带孩子上班日”，很多企业都会参加这个活动。这个全国性活动的目的，不仅是为了增进亲子关系，更在于给孩子一个机会来了解自己父母所从事的工作，使孩子有机会接触成人的世界。以此让孩子们从小就对父母和社会有一个正确认识。

赵小兰是美国首位华裔内阁部长，她的家庭就非常注重家人之间的相互了解。“他们会在星期天一起去做礼拜，午餐后则举行每周一次的家庭会议，大伙高谈阔论，每个孩子说出自己新的想法、收获，提出计划，并征询父母的意见。他们每年安排两次全家旅游，从选择地点、订旅馆房间，乃至吃饭的餐馆，完全由孩子负责……”

父母和孩子平等的交流，让他们知道成人的想法并学习成人的处世之道，正是这种交流帮助赵小兰成为美国第一位华裔内阁部长。

教会孩子保护自己

虽然我们一直想让孩子们相信，世界是美好的，人们都是善良的，但是，我们也要让孩子们了解生活的另一面，让他们知道世界上除了美好、善良，还有欺骗、贪婪、谎言和暴力等，这样孩子才能学会保护自己，免受伤害。

前几年，美美和爷爷一块到北京游玩，其间到长城玩了一天。美美是第一次见到长城，看到长城雄伟壮观的景象，非常兴奋，一个劲地朝前冲，一边跑一边喊："我也是好汉了！我也是好汉了！"

长城的确非常雄伟，非常壮观，美美和爷爷玩得流连忘返，几乎忘了回家的时间，直到天快要黑了，才匆匆忙忙地下山。可是下山之后，却怎么也找不到来时的公交车站。美美和爷爷沿着他们印象中的路走了很久，却没有见到他们来时下车的公交车站。当时天色有点晚了，也几乎找不到一个人来问路。当地很多开"黑出租"的司机过来极力拉拢美美和爷爷坐他们的车，保证将他们送到车站，不过价格自然不菲。但是他们都婉言谢绝了。凭直觉，美美和爷爷觉得公交车站离他们不会太远，他们当时下车后感觉没有走多远就到售票厅了，可他们来回打转，就是找不到公交车站。眼看着末班公交车发车的时间快要到了，美美一直追问爷爷："我们回不了家怎么办呀？山里是不是有老虎呀？"

为了赶上回城的公交车，无奈之下，他们只好掏高价坐上了一辆“黑出租”，这辆“黑出租”带着他们在山路上左拐右拐，转了一圈，然后拉到一个地方让他们下来，告诉他们说，前面就是公交车站。美美朝前走了几步，果然就是公交车站。不过美美有个发现，她越看越觉得眼前的景象熟悉。突然，美美叫了起来：“我们不是刚才来过这里吗?”爷爷仔细一看，果然是这样子，刚才他们只和这里隔了一道门，只要跨过这道门，拐个弯就到公交车站了。可是黑心的司机为了赚一点车费，就骗他们坐着车在山里转了一圈，又把他们拉到了大门口，只不过把他们放到了大门里边。

爷爷摇摇头很是无奈，美美也叫着：“那位叔叔是不是骗了我们呀?”

不过比起一位外国朋友来，他们似乎还算幸运了一点。他们在公交站等车的时候，有位外国朋友在打听这是不是回城的公交车站。那位朋友大概不懂英语，直冲那位外国朋友摆手。美美正想要告诉那位外国朋友这就是公交车站，这时，有一位“黑出租”司机过来，和那位外国朋友说了起来，那位外国朋友大概也是怕错过了回到市里的公交车，就急急忙忙地随着那位司机走了。过了一会，公交车过来了，美美和爷爷上车后发现，那位外国朋友已经在车上了，很明显，那位“黑出租”是将他拉到了上一个公交车站。美美很奇怪地问爷爷：“这位叔叔怎么比我们先上车呀?”爷爷告诉美美：“因为这位叔叔和我们一样被骗了！”

生活是美好的，但也是复杂多样的。我们不能只让孩子看到生活中阳光下的一面，还要看到生活的阴暗面，以及危险的一面，这样，孩子才能够更好地保护自己。

孩子是纯真的，从书本上看到的故事也大多是纯真的，他们从故事中读到过有“骗子”这样的人，却根本不知道其实身边就有这样的“骗子”。

生活是最好的老师，我们要让孩子更多地感受生活的美好，也要让他们知道生活中的阴暗面，甚至还有危险。只有这样，他们才能够保护好自己。作为父母，更有责任告诉孩子们生活的真相，树立孩子的防范意识。

这次长城之旅，也算是让美美真正见识了“骗子”。回到家里，爷爷和美美讨论了这次经历，讨论了当时他们应该还有什么更好的办法来应对这件事情，以此来防范这种盲目所带来的损失以及潜在的各种风险。美美说：“我们以后要多问问路就好了。”我们相信，美美经过这次经历，心理上就会树立起一道自我保护的屏障。

作为父母，一定要教会孩子保护自己。平日里，要抓住各种机会向孩子渗透安全、自我保护的教育。在聊天或看电视的时候，有意地向孩子介绍社会中一些拐骗儿童的实例，来扩大孩子的眼界，丰富他的社会经验；可以购买相关的图书给孩子看，要让他们深刻理解其中的内容；通过讲故事，深入浅出地讲明道理，并教给他们与陌生人交往的具体方法及注意事项：如果有人敲门时，不能马上开门，一定要问清是谁，如果是熟悉的人，再去开门；如果是陌生的人，先要告诉父母，再按父母要求去做。当不了解陌生人的情况时，不能轻易告诉他自家的地址与电话，更不能接受他人的物品，或者跟他出去玩……

不过，父母也要掌握好尺度，不要过分渲染坏人的作用，要让孩子知道这个世上还是好人多，坏人只是极少数，但是因为自己是小孩，所以必须要注意不能轻信陌生人，不能让坏人钻空子。

附：教会孩子保护自己

从孩子开始学会走路的那一刻起，父母就要逐渐教会孩子，当遭遇不测而父母不在身边时，如何让自己转危为安。

独走时有人盯梢

场景：放学后倩倩没有看见妈妈来接自己，便心想：“反正家离学校不远，我已是个小学生了，能自己回家的。”于是很自信地一个人走了。倩倩边走边玩，这时有个中年男人跟着她走走停停，等进了小区，那男人主动对倩倩说自己也住在这个小区，然后问倩倩家在几号几室……

应对方法：如果遇到以上场景，父母要告诉孩子，独自回家时，发现有成年人在后面跟着你，一定要想办法“割”掉这个尾巴。

简单的方法是，到一个离你最近的十字路口，向正在执勤的交警叔叔问个路，或者直接说后面有坏人跟着你。遇到危险的时候，让孩子懂得求助是非常有效的。如果坏人胁迫你跟他走，就惊叫着奔向人多的地方；如果知道这时家里没人，千万不要往家里跑。

遭遇有人过分亲昵

场景：熠熠在小区里玩，这时一个熟悉的叔叔从背后拍了拍她的小屁股，又摸摸她的脸，反反复复地夸她是个美丽的小女孩，还说要送给她漂亮的衣服……

应对方法：在孩子遭遇性侵犯的案例中，相当部分是熟人造成的。因为他们已经取得了孩子的信任，不再设防。所以，父母要给孩子一个原则：除了爸爸妈妈，别人都不能碰我的身体，也不要轻易暴露自己的隐私处，更不能让别人接触自己的隐私处。

此外，还要让孩子知道，不能让自己与陌生人在封闭的房间里相处，如果有人正在侵犯自己的身体，可以大声叫喊："爸爸快来呀！"以此来蒙蔽坏人，然后趁其不备，赶快逃离。

遇到有人勒索钱财

场景：有一天，上一年级的鲁鲁在校门碰到一个青年男人，莫名其妙地被他狠狠地揍了几下后，那人还穷凶极恶地逼他交出身上所有钱。结果，鲁鲁身边仅有的10元钱被抢走了。

应对方法：父母要告诉孩子的是，此时生命安全是第一位的。这种情况下绝不能逞强，钱是小事，要尽量避免自己受伤害。同时，要记住坏人的样子，事后及时报警。如果父母有事在孩子放学时不能去接他，记得要与同学结伴而行。

拒绝孩子的非分要求

今天的孩子，特别是许多独生子女家庭的孩子，得到了前所未有的爱护、照顾和物质享受，与父辈们在童年时的生活相比可谓有天壤之别。孩子们从电视上、大街上、游乐园中看到多姿多彩的繁华世界，他们的欲望变得强烈；而父母们经常不忍心拒绝孩子的要求，千方百计地予以满足，唯恐落在他人之后。但是这就是真的爱孩子吗？不知道父母们是否听说过有关杨丽娟的故事。

杨丽娟是刘德华的超级粉丝，她在十几岁的时候就疯狂地迷恋上了刘德华，她看遍了刘德华所有的影片，唱遍了刘德华所有的歌曲。为了能够有充足的时间来追星，她初中没毕业便选择了辍学，开始一心一意地疯狂追星。

杨丽娟的父母刚开始的时候也反对杨丽娟追星，但是由于害怕与女儿产生隔阂发生意外，便开始满足女儿的无理要求。杨家经济条件并不宽裕，但是为了女儿的追星梦，杨家负债累累，不惜卖掉房子来帮助女儿追星。2006 年，生活陷入极度困难的杨家已经没有任何经济能力，但是为了让女儿能够继续圆梦，杨丽娟的父亲甚至不惜卖肾来筹钱帮助女儿去香港参加刘德华的歌友会。

杨丽娟的父亲对于自己的女儿是百依百顺，不顾一切来满足女儿的追星愿望。但是最终，这位无比疼爱自己女儿的父亲再也没有力量来支撑这一切，无奈之下，选择了跳海来结束自己的生命。

杨丽娟父亲的死让人叹息。从某种意义上说，杨丽娟父亲的死，是他本人及他的家庭造成的，是他们这个家庭对杨丽娟过分溺爱导致的一个结果，是他不懂得拒绝孩子无理要求的结果。

杨丽娟的父亲是“老来得女”，对女儿自然是疼爱有加，为了让女儿杨丽娟活得“幸福”一些，对她是有求必应。正是由于杨丽娟父亲的这种做法，让杨丽娟认为她向父母提出的一切要求都是合理的、父母都必须无条件地予以满足，而杨丽娟父母也认为只要女儿需要的，父母就应当予以满足。正是这种错误的想法造成了今天的悲剧。

孩子是没有经济能力的，他的需求很自然是要靠父母来满足的。这本来无可厚非。但父母如果没有原则、没有底线，无限制地满足孩子的欲望，就会促使孩子需求恶性膨胀。

南京某高校一位教师，对儿子娇惯溺爱，要啥给啥。孩子上学他每月给10元钱零用，这在当时可不是一个小数目。可没到月底，孩子又伸手要钱，夫妻俩心想，就这么一个儿子，多花点就多花点吧，儿子要钱就再给10元、20元。儿子见钱来得容易，花钱自然就大手大脚，大肆挥霍。上初中时，每月给50元还不够花。不久，母亲晋级加了工资后，仍然给他50元时，儿子眼睛一瞪，气势汹汹地质问：“你们涨了工资为什么不给我加钱?”父亲觉得不能再迁就儿子了，坚持不再多给。可儿子这时已在外面欠下别人的债，听了父亲的话一下就火了，突然抄起一把尖刀顶着父亲的脊背逼问道：“你到底给不给？不给，我就给你放血了！”

如果当初这位教师不是过分宠爱自己的孩子，不是有求必应，也许，就不会有这样的结果了。所以，父母一定要学会拒绝孩子的“不合理要求”。

父母是孩子最好的老师，父母的任何行为都能直接对孩子起到教育的作用。作为父母，当孩子提出要求时一定要保持冷静的头脑，不能冲动地任凭孩子要什么就给什么，必须学会适当地拒绝孩子，这才是对孩子真正的爱。

当子女提出过分要求时，父母在讲明道理后，一定要坚决地予以拒绝。当然，拒绝的时候要讲究方法，要学会根据小孩的性格特点，要学会“安抚”，但拒绝的态度不应当含糊，不能让小孩非分的要求得逞。凡是小孩想要以“非常”手段达到某种要求时，就要告诉孩子，本来可以答应你的，但现在坚决不能答应，有什么事都必须和父母商量，然后才可能解决，依靠不讲理的手段——那是绝对不可能得到满足的！

有些小孩子对付大人的手段就是“一哭二闹三打滚”，爸妈不答应自己的条件，就哭就闹，甚至躺在地上打滚。很多父母一见到孩子哭闹，就会心疼孩子，有时候会觉得大人让小孩子哭闹自己很没有面子，所以，孩子一哭一闹，父母就会立即答应孩子的请求。

殊不知，孩子是最聪明的，很会察言观色，他在哭闹的时候，其实也在观察父母的反应。如果一哭一闹，父母就会答应自己的要求，他就会在心理上认为，只要哭闹，一切都会如愿以偿，以后他就会把“哭闹”当作杀手锏，来对付父母，只要父母不答应自己的条件，他就会哭闹。为什么有些孩子特别爱哭闹，而且大人劝都劝不住，这就是他在给父母施压，他知道自己这么做父母就会答应自己的条件，这也正是父母给惯下的毛病。所以，对于孩子的要求，只要是无理的要求，父母坚决不能迁就，要让孩子意识到，无理要求是得不到父母支持的，即使哭闹也不行，这样，孩子就不会再提出无理条件了。

这样的做法，看起来好像很不近人情，实际上却是对孩子发展真正有益的做法，是真正的爱孩子。这样做，孩子就会知道无理的要求家长不会答应，就会知道自己该怎么做才是正确的。

当然，对于孩子的要求，不能够无条件满足，也不能够一棍子打死。要站在孩子的角度来看待什么样的要求应该满足，什么样的要求应该坚决拒绝。如果是合理要求，就要在力所能及的范围内尽量满足他。比如，孩子很爱看书，只要是适合孩子看的，孩子提出来就可以给他买。总之，只要孩子的要求是正当的，就尽量满足。孩子也能够从父母的支持中获得自信，坚定信心。

反之，如果是不合理的要求，即使再小的要求，也坚决不能答应，不管孩子怎么哭闹，怎么不乐意，也不能答应。如果这个口子一开，孩子就会用哭闹来要挟父母。对于孩子的无理要求，可以转移他的注意力，让他慢慢平静下来。倘若孩子仍不肯罢休，可以采取冷处理，让他自己去哭一阵，待发泄完毕后，再和他讲清道理。

拒绝孩子的无理要求，最重要的一点是要做到前后一致。不能因为今天心情好，便纵容孩子一些；明天心情不好，便对孩子严格起来。这样会让孩子无所适从，也会影响到孩子的安全感。更重要的是，会让孩子觉得，大人拒绝自己不是因为自己的要求是无理的，是错误的，而是大人对自己的惩罚，这样就会使孩子对自己失去信心。

所以，拒绝孩子的要求不是因为金钱缺乏、心情不好而对孩子采取的行动，而是一个让孩子对周围环境、对行为规则进行认识的教育机会。

“拒绝孩子”是一门艺术，是矫正溺爱的有效方法。那么，父母怎样学会拒绝，使孩子既不生气又乐于接受呢？建议父母在拒绝孩子的时候，要注意三个方面。

第一，坦白告诉拒绝的理由。

拒绝孩子之前要把自己的拒绝理由坦率认真地告诉孩子，要相信孩子的认知能力。自幼明白道理和克己节制，心理上能承受一定的挫折，这对他们今后的生活大有益处。

第二，父母的意见要达成一致。

父母要注意相互之间的通气、默契，不要爸爸拒绝了，妈妈又同意了；或者父母达成了一致意见，爷爷奶奶又悄悄地予以满足，并背着父母在孩子面前唠叨，这样会造成孩子心理失衡，误以为父母不疼爱自己了。

第三，父母要信守诺言。

父母在拒绝孩子的同时，一旦答应条件，必须信守诺言，绝不可敷衍了事。信守诺言，不仅会树立自己的威信，也会让孩子感到父母是真正关心爱护自己的人。

强化孩子的责任感

生活中经常听到有家长抱怨。有的说："我家孩子真是让人操心，每天回家都不主动做作业，总是要一遍一遍地催促他才极不情愿地去做。"有的父母说："我家孩子写完作业，从来不知道自己整理书桌，写字台总是乱七八糟的，书包还要我帮他收拾，要不然第二天上学时他不是把作业落在家里，就是忘了带课本。"还有的说："孩子在家里除了那点作业，啥都不干，让他去倒个垃圾，脖子一扭：我才不去哪，为什么让我做啊？"

这种种现象所反映出来的问题就是孩子缺乏责任感：对自己不负责任、对他人不负责任。

一个人只有拥有了责任感才能够具有积极向上的动力，才能够赢得生活的幸福和事业的成功。所以培养孩子的责任感是非常重要的。

责任心是衡量一个人的重要标准，一个有责任心的人办事会更加负责，更容易取得成功，而一个毫无责任心的人办事的时候就会施奸耍滑，最终会害人害己。

对于一个孩子来说，有高度的责任心，有利于儿童合作、互助、友善、分享等积极社会行为的发展和提高。同时，责任心也会使儿童内心产生一种强烈的行为动机，促使其主动、积极地通过自己的努力尝试独立解决问题。

责任心作为一种非智力因素，对孩子的智力发展、学习的提高具有重要的影响。责任心的存在使孩子能以一种认真、负责的态度来对待自己周围的人和事，在面对任务、问题时能持之以恒地不断思考、探索，发现问题，解决问题。因此具有责任心的孩子往往能以一种认真负责、勤于钻研的态度对待自己的学习，按时完成作业，认真完成老师交给的任务，在面对问题时也会进行更多的探索、操作活动，在这个过程中，孩子的智力获得发展，学习获得提高。

国内外有关天才儿童的研究发现，他们往往比平常儿童有更多的学习责任心，认真、细致的工作态度。而这正是导致其学业突出的一个重要因素。事实证明，凡是能够有所成就的学生，都是特别有责任心的人，而那些一见到有点事情就躲的学生，大多没有什么出息。

有一个孩子，他在上中学的时候就很有责任心，对每一件事情都非常负责。那时候，学校经常晚上停电，往往正在上自习，就停电了。当时用的都是那种拉线开关，有时候拉得次数多了，就不知道电灯是开着的还是关着的，再加上有时候疏忽，往往半夜来电了，教室的灯就会亮一整晚，非常浪费。

后来，学生们早上上学的时候发现教室的灯再也没有亮过。经过了解才知道，原来这个孩子总是在半夜来电的时候，就起来查看，如果灯亮着，他就把灯关掉。

后来这位学生大学毕业后，进了一家外资企业。刚进这家公司的时候，只负责公司的清洁卫生，但是他非常有责任心，总是将自己的责任区打扫得干干净净，非常整洁。公司内规定不准抽烟，他就监督每一位进入自己责任区的人，不准他们抽烟。有一次，有一个看起来很有派头的人，在他的责任区里抽烟，他就上去制止。那人恼羞成怒，对他说："要是不让我抽完这支烟，明天就让你滚蛋！"他的回答更坚决："就是今天让我滚蛋，你也不能违反规定在我的责任区里抽烟！"后来才知道，这位原来就是公司的负责人，他是来"微服私访"的！很快，本来做清洁工的他就得到了重用，一直做到高级经理。

由此可见责任感对于一个人的重要性，因此父母不可忽视对孩子责任感的培育。

可是为什么现在许多孩子都缺乏责任心呢？我们还是先来看看父母的做法吧。

"赶紧上床睡觉，这些玩具妈妈来帮你收拾。"

"宝贝别动，小心把衣服弄脏了。"孩子不小心撒了水，妈妈就会对拿着抹布正要自己擦桌子的儿子这样说。

父母们总认为孩子还小，帮他（她）做点事是应该的。可是，很多父母在关心、保护孩子的同时，却忽略了孩子是需要学会负责任的。在父母的包办代替和过度呵护下，孩子自身的责任意识就被逐渐抹杀或淡化了。他们一方面变得自我意识很强，处处都以自我为中心；另一方面，对周围的人和事表现出漠不关心，缺乏基本的责任感。

对于孩子的责任感要从小培养，我们推崇"放养"，并不是对孩子的放任。要知道，树在小的时候能够扶直，使之挺直成长，大了你就不能扶直它，只能看着它长弯。同样道理，孩子小时的行为容易矫正，长大的时候，小时的行为就成为一种习惯，这时你要进行矫正就比较困难了。

要培养孩子的责任心，父母除了要为孩子树立一个良好的榜样之外，还要对孩子严格要求。亮亮的父亲就是这样。

有一次，亮亮从学校回家比平常晚了半小时，亮亮爸爸并没有责怪孩子，但是，他也明确地告诉亮亮："你回来晚了，就要少看半个小时的电视，来补足做作业的时间，晚上要按时睡觉。自己订下的时间表一定要遵守。"这样，让亮亮意识到了自己晚回家的后果，他就对自己的行为更加负责。

亮亮的爸爸说："有时候，做父母的内心也会在爱与公平之间摇摆犹豫，但是不能因为孩子的借口而一味地迁就他的喜好，让他逃避责任。"

著名教育家茨格拉夫人说："必须教育孩子懂得，他们不同的一举一动会产生不同的后果，那么随着时间的推移，孩子们一定能够学得很有责任感"。要培养孩子的责任感，就要从小开始培养，从日常小事开始培养，要让他以自己的能力为自己的行为负责。

小云随妈妈到朋友家去做客。在聊天的时候，不小心把水杯打碎了。小云妈妈迅速找主人要来抹布，擦去了茶几上的水，然后对女儿说："你去向阿姨道歉，然后找来笤帚，把这些茶杯碎片都清理了。"

小云妈妈做得非常对，培养孩子的责任就要从小做起。教育有三个字很重要，叫做"慎于始"，就是说一定要有一个好的开始，一开始对待孩子的方法不对，可能他一生都改不过来。那么，在日常生活中，父母该怎样培养孩子的责任感呢？

第一，让孩子养成自己的事情自己做的习惯。

一个"甩手不干"的孩子，是不会有健全的责任感的。因此，要培养孩子的责任感，父母就得注意培养孩子自己的事情自己做的好习惯，绝不能事事自己包办代替、处处替孩子承担责任。在家中，哪些事情该父母做，哪些事情该孩子自己做，又有哪些事情可在父母的指导和帮助下完成，父母应该把这些问题给孩子讲明白。对应当由孩子自己做的事情，父母应给其划定一个明确的范围，并根据孩子的不同年龄制定不同难度的目标范围。

在自己的事情自己做的前提下父母还应该让孩子明白，一个人光做好自己的事情是远远不够的，因为任何人都具有社会性，孩子亦然。在家中，孩子是家庭的一员；在学校，孩子又是班集体的一员；有责任协助家人做一些家务事，协助老师或同学做一些班集体的事，在力所能及的情况下，对家庭和集体尽到自己的责任。只有这样，孩子将来才有可能更好地为社会尽责。

第二，让孩子对自己的行为后果负责。

父母应该抓住生活中的点滴小事，来培养孩子的责任感。无论事情的结果是好是坏，只要是孩子独立行为的结果，就应该引导并鼓励孩子敢作敢当，勇于承担责任，而不是由父母替孩子提供逃避责任的机会，淡漠孩子的责任感。

第三，让孩子履行自己的诺言。

让孩子从小就学会做一个言而有信的人，自己许下的诺言，就应该尽力去履行；自己答应了别人的事情，即使不情愿做，也必须认真对待，这既是对别人负责，同时也是对自己负责。此外，还有一点很重要，要培养孩子的责任感，父母自己必须是具有责任感的人。要求孩子做到的，父母首先要做到，以身作则，给孩子做好表率，才能收到良好的效果。

第四，要求孩子做事有始有终。

良好的责任感是要靠坚强的意志力和持之以恒的态度来维持的，而这恰恰是许多孩子所缺失的。孩子好奇心很强，兴趣爱好很广泛，但是缺乏坚持性、自制力，遇到一点困难和挫折就打退堂鼓，不愿意再坚持下去。这是孩子在成长中的问题，而非孩子没有责任感。为了增强孩子的责任感，父母平时就应当注意培养孩子做事有始有终、负责到底的良好习惯。交给孩子去做的事情，要由小到大，由易到难，还要父母全程监督，发现问题及时纠正，决不允许孩子做到一半就随意放弃，直到孩子从头至尾认真地把事情做完做好。

第二章

放手，让孩子自由成长吧

“放养”孩子，培养孩子的独立能力是每位父母应该做的功课。让孩子学会独立、自主、自立，在没有亲人的保护和关爱的环境下依然可以很好地生活，是我们做父母应尽的责任。放养孩子，可以让孩子更全面，而不只是学习上的尖子。

——网友

孩子没有你想象的那么脆弱

下面这些场景，大家应该都不陌生：在一场游戏中，孩子一个人在参加游戏，而七位“家长”陪在门外。除了爸爸妈妈、爷爷奶奶、外公外婆之外，还有保姆，随身装备齐全：饮料、蛋糕、毛巾……好几大包。不过这些家长还唯恐准备得不周全：“万一需要而没有带怎么办呢?”

可怜天下父母心，他们总认为，孩子的生命是最脆弱的，因此在成长的过程中必须精心呵护，否则后悔莫及。有的家长甚至像对待病人一样无微不至地照顾孩子，他们总是想要阻止孩子自己活动，不愿给孩子哪怕一点点的自由。而且这样做的理由非常充分——孩子还小，害怕孩子有危险。

孩子真的有这么脆弱吗？有这种想法的父母们，你们肯定不会相信一个10岁的孩子能够独自出去旅行。

据媒体报道，有一位名叫马宇歌的清华大学高材生，在小学4年级放暑假的时候就一个人出去旅行。

1997年暑假，正上小学4年级的马宇歌刚满10岁，由于父母都在上班，她从北京只身去南京见一位阿姨。这个阿姨想写一本有关马宇歌成长历程的书，特别邀请她到家中作客访谈。马宇歌则借这个机会，顺便拜访了自己在大江南北的一些朋友。

第一次只身离开北京，到达苏皖两省、4400多公里、连续28天圆满的独自游历，小宇歌探索大千世界的心扉，一下子被彻底打开了。从此，她在父母的赞同支持下，利用假期开始不停地独自闯南走北。

10岁那年，马宇歌给自己拟订计划，到14岁只身走完中国内地所有省份（直辖市、自治区），实现“读万卷书，行万里路，交万名友”的非凡理想。

靠着“初生牛犊不怕虎”的这股闯劲，利用长假和周末，马宇歌在13岁那年提前完成计划，只身走完了全中国31个省的200多个地方，行程长达30万公里，交了1万余名朋友，写下40万字的随行日记。

在马宇歌去过的这些地方中，既有富裕的大城市，如上海、天津、重庆、广州、哈尔滨、温州等，也有较贫困的地区，如湖北大别山上的罗田县、青海的湟中县、宁夏的同心县；既有革命圣地，如延安、井冈山等，也有地形地貌十分独特的边陲要塞，如东北的大小兴安岭，东海上的舟山群岛、西藏、新疆、海南岛等，包括三军哨所。每到一处，小宇歌深入当地人家，与他们同吃同住，感受不同风俗民情，结交四方之士。马宇歌由此学到了书本上永远也接触不到的有益知识和本领，对一个孩子的茁壮成长弥足珍贵！

马宇歌的父亲希望孩子在行走中认识一个真实的社会，从中积累更多的人文知识；马宇歌则随着行走和思想的不断深入，越来越感觉自身渺小，只望通过行为感染更多的人和朋友，都来努力自强自立。因为生活真实的一面，其实最终是要依靠自己流汗去闯才能获得真知灼见的；别的都是过眼烟云，十分不确定，加上“道听途说”或“以讹传讹”，有些根本靠不住。

她边走边写，边走边交朋友，每次旅程结束后，把自己的日记整理出来随时发表，资助一些需要帮助的人。

马宇歌说，行万里路，始于读万卷书。马宇歌在父亲的引导下，从小喜爱阅读课外书籍，童话、文学、历史、科学、哲学、艺术、政治、社会、军事、经济等，陆续深入，中英文本方方面面尽量广泛涉猎，并且还按计划，依次完成了爸爸指定领域最值得阅读的一些书，有些长期反复阅读多达三遍，细致做了读书笔记。她看得多了，自然就有了想出去亲自领略一番的强烈念头。直至而今，马宇歌每次出行仍然手不释卷，真正是在“读万卷书，行万里路，交万名友”。

孩子们其实都有很好的自我保护意识，研究证明，孩子还是一个胎儿的时候，就已经有了各种能力，一出生便有了各种潜能，有着惊人的适应能力，他们并不是你想象中那么弱不禁风，那么不知深浅。在孩子的成长过程中，放手让孩子成长固然不容易，但只要给孩子成长的空间，孩子往往比大人想象的勇敢和有能力，他们完全可以照顾好自己，成长得更快更好。

有一位朋友，她的儿子在读小学 3 年级之前，她每天都要亲自接送，生怕孩子出一点闪失。但是有一次因为单位有事，实在走不脱。很晚才抽空去接孩子，结果孩子自己走了。因为从学校回家走路要半个多小时，她和老公找不到孩子，急得打了 110 报警。结果只是一场虚惊，孩子最后安全走回家了。

经过这件事，这位朋友反倒想开了，孩子并不像大人想的那么脆弱。从那以后，她逐渐放手，让孩子自己上学，除了下雨天，从不接送。这个朋友给儿子的最大奖励就是每天夸他。现在，这个孩子已经上初一了，自我管理能力和独立性比同龄人都强，学习也很棒。

因为某种顾虑就生硬地阻止孩子的行动，父母这样做其实是比较自私的，考虑的是自己的担忧，做决定的唯一依据就是让自己少操心，让自己放心，而不是让孩子快乐并得到锻炼的机会。

就以上学这件事来说，有的父母因为担心马路上车太多不安全，孩子读初中了还托付爷爷奶奶接送，有的也是在经历了反反复复的牵手、放手的过程后，才让孩子慢慢学会独立的。

检验父母给孩子的爱是否优质，有一个衡量的标准，那就是父母是否愿意充分对孩子放手，是否愿意推动孩子自主和独立。

凡是在孩子的事情上大包大揽，甚至在思想上也不让孩子独立的父母，他们表面上付出了很多的辛苦，其实他们的思维方式总是以自我为中心，首先考虑的是满足自己的想法，而完全没有考虑孩子的心理需求，没有意识到孩子的独立性需求。密不透风的“呵护”和“指导”，占满孩子的所有成长空间，夺走孩子一次又一次自我教育和自我成长的机会。到孩子长大之后，天性中许多潜在的能力严重“退化”后，家长又来抱怨孩子“不懂事”、“没出息”、“无能”等。

从父母的角度来看，放手让孩子自己做事，与其说是锻炼孩子，不如说是在考验父母。所以，父母应该比孩子更勇敢一点，应该比孩子更有勇气接受这种挑战。

放手不是冒险，而是让孩子通过种种实践机会，锻炼孩子的胆量和能力，从而学会防范危险。如果父母总是前怕狼后怕虎，把孩子保护得严严实实的，将来万一他真的遇到什么事，就会没有能力和勇气去面对。这如同孩子在学习走路的时候一样，父母越担心孩子摔跤，不让孩子学习走路，结果以后他就会走得更艰难。其实，孩子走路的能力超乎父母的想象。父母替孩子做事，那是很容易的，每一位父母都可以做到这一点。其实对于父母来说，最难的是不替孩子做事。

要注意让孩子有机会独立做事，独自承担责任，独自解决问题。凡是能让孩子做的父母就不要插手，凡是需要孩子独自思考的，父母就不要急于出主意。在孩子面前，父母要表现的无能一点，无知一点，以便多给孩子提供一点锻炼的机会。

孩子爱“玩”不是错

很多父母提起自己的孩子，总是抱怨不断：“我家的孩子就知道玩，一点也不知道往学习上使劲!”这话听起来好像父母非常关心孩子，是为孩子好。实际上，是因为父母不懂得孩子的天性才出现的错误想法。

对于孩子来说，玩耍是生活的重要组成部分。没有玩耍的童年是没有光彩的，也是缺少快乐的。尤其是在小的时候，玩对孩子来说非常重要。在玩中，孩子能够发现自我，使自己的情感得到更好的发展，同时也在玩中很好地认识这个世界。“玩”更是激发孩子潜能的极佳手段。孩子会将木棍当马骑，将纸飞机当火箭，拿起一根树枝就是锋利无比的宝剑……正是这些在成年人看来十分幼稚甚至可笑的行为，构成了孩子创造力的源泉和动力，成为日后成长的基石。

中国家庭教育学会副会长赵忠心说：“玩是孩子的天性，孩子小的时候，玩对他们来说太重要了。他们把成年人的生活搬到自己的游戏中，过家家、打仗、卖东西、看病、开汽车……模仿着社会生活中他们所看到的一切和他们想象的事情。”

上了学的孩子，与同龄伙伴在一起，他们会玩得层次更高，更有条理。他们因为游戏而感到充实，他们也通过游戏摆脱孤独，从游戏中积累解决问题的经验，获得成功的快乐。可以说游戏自然真切地表现出了孩子们的积极性、主动性和创造性。

一群小孩子在小区里面的游乐场上玩滑梯。由于孩子比较多，所以，一次只能上去一个往下滑。滑梯旁有五六个孩子，有四五岁的，有七八岁的。这群孩子没有家长的指挥，自发地组织起来，排队轮流登上滑梯，滑下去再回来排队，等待下一次上去滑。每个孩子都自觉地耐心等待，轮到自己玩时再上去玩，玩过一次后回到队尾。

也许是滑梯太好玩了，一名年纪小点的孩子忍不住在玩过一次之后，没有直接回到队尾，而是直接跑到滑梯的入口，要爬上去再滑一次。

这时，等待的小朋友不干了，他们全都围上来，有的把住入口，有的抱住那个犯规的孩子，然后让等待的小朋友上去，并纷纷告诉他："不要这样做，你多玩一次，别的小朋友就要多等一会儿，这对大家不公平，大家轮流来，耐心地等待一会儿就又轮到你了。"

在这些小朋友的规劝下，那个"犯规"的小朋友乖乖地排到了队伍最后边。

对于孩子来说，游戏并非是成人眼里的随意玩耍，而是一种"严肃的工作。"孩子是把"严肃"的工作与游戏过程中快乐的情绪结合起来，而成人往往只注重后者，忽略前者。

前苏联教育家马卡连柯曾说过："游戏在儿童生活中具有极重要的意义，具有与成人活动、工作和劳动同样重要的意义。"

游戏虽是孩子喜欢的活动，但游戏种类多，方式多，十分复杂，这就要孩子"会"玩。玩对孩子的成长具有重要的作用，但是现在的孩子背负着沉重的学习压力，课余时间被大量的作业和各种各样的辅导班、提高班占据了。许多父母一提到孩子的"玩"，首先想到的就是耽误学习。我们时常听到有人训斥那些爱玩的孩子："都上学了，该收收你的玩心了！""一天到晚就知道玩，真没出息！"当老师拿着孩子不理想的考试成绩与父母共同分析原因的时候，最主要的原因莫过于"孩子贪玩"了。

为了保证孩子的学习，很多父母对孩子的"玩"百般限制：放学后要赶紧回家，放假要参加各种辅导班，作业要按时完成……结果孩子一点

“玩”的时间都没有。

不让孩子玩，真的就能将孩子培养成一个合格的人才吗？看看下面的故事吧！

有一位朋友，为了自己的儿子有一个好的前途，几乎动用了所有的社会关系，终于把儿子送进了一所“重点小学”，看着儿子抱回来的奥数题和每天记作业的小本本，这位朋友觉得自己的儿子前途有保证了。

可惜好景不长。一个学期后，这位朋友发现了儿子的变化，以前儿子早上总是兴高采烈地起床，然后催着爸爸妈妈把自己送到学校，放学回来也总是不停地给父母讲些学校里发生的趣事。现在，儿子早上总要赖在床上，放学后就埋头写作业，“愁眉苦脸的时候多了，咧着嘴笑的时候少了。”这位朋友苦笑着说。

看到儿子不开心，这位朋友的心里也很矛盾。但是他觉得，自己家情况一般，而且儿子也没有令人羡慕的特长，唯一能指望的就是孩子的成绩。所以还是坚定想法，鼓励儿子：“为了将来能有个好前途，咱们现在就得吃点儿苦。”

但是有一天，当他走进儿子的房间，却发现儿子坐在桌子前面撕东西，走近一看，原来儿子撕的是一本奥数题集，纸篓里已经装满了撕得粉碎的纸片。

看着儿子烦躁的样子，这位朋友的心一下子揪了起来，他突然怀念起儿子在普通小学上学时的笑声。

他和妻子进行了深入交流，核心问题就是到底要把儿子培养成什么样的人。最终，两人达成了共识：“无论他将来做什么，如果他不能快乐地生活，我们也会很痛苦。”

于是，这位朋友决定让儿子顺着自己的个性发展。他又把儿子转回了原来的学校。儿子喜欢生物，他跟儿子一起参加了一个环保组织，在别的孩子上辅导班的时候，他却带着儿子种树、认识树种、爬山。

笑容又慢慢回到了孩子的脸上。让这位朋友感到惊喜的是，转学一个学期后，儿子主动要求报名上奥数班，因为他觉得“数学非常有趣”。

回过头来，这位朋友觉得他打赢了一场“自己和自己的战争”，“一场现在的我跟过去的我的战争。”现在每天看着儿子兴奋地告诉他自己又解决了什么难题，是他一天之中最开心的时刻。

说实话，很多人对这位朋友把儿子从费尽周折才进去的重点学校转出来很不理解，有些人劝他别太冲动了。但是他很自豪地说：“不停地参加竞赛、上辅导班确实对儿子的小升初有好处，但是他对学习越来越感到厌烦，不利于他将来的发展。”

孩子是从“玩”开始认识这个世界的。牛顿如果不是躺在苹果树下，也不会发现万有引力定律，瓦特如果不是烧开水，也不会发明蒸汽机。作为父母，要充分认识玩对孩子成长的作用，尤其是别把玩跟孩子的学习对立起来，而要多看看孩子在玩中有哪些乐趣，得到多少课堂和书本以外的收获，了解孩子的兴趣爱好是什么、想玩什么。父母要为孩子创造玩的时间和空间，多和孩子一起玩，在玩中了解孩子、启发孩子、培养孩子对生活的兴趣。

怎样才能让孩子学会玩？才能达到教育的效果呢？这就需要依靠父母的指导，但这种指导是导演，而不是干预或控制。父母的指导作用体现为孩子“玩”的支持者、帮助者、保护者和游戏时的伙伴。

第一，为孩子创设良好的游戏环境。

应该让孩子在良好的物质和心理环境中成为游戏的主人，在轻松自由的气氛中，孩子才能充分表现自我，真正让孩子享受到游戏的乐趣。父母不要因为孩子弄乱了房间，就去责备限制孩子的游戏，干预孩子的玩法，改变孩子的游戏规则。如果这样，就会改变游戏本身自由、愉快、自然及探索的特性。

第二，给予必要的引导和帮助。

对于孩子来说，游戏并非完全是其自发的活动，同样需要模仿和学习。特别对于年龄较小的孩子，就更需要父母作出适当引导，激发孩子去玩。这样孩子才可以产生想象，根据记忆、表象，运用素材去丰富游戏的内容和情节。但并不是所有的游戏对孩子都起好的作用。父母应多关心了解孩子的游戏，及时发现问题，并解决问题。如果发现孩子有不好的习惯或行为，就要及时讲清道理，说明利害，从正面引导孩子去玩。

第三，培养孩子的自主意识和合作意识。

教孩子玩时要注意培养他们的自主能力意识，让孩子养成不依赖大人，能自己独立地玩。父母总怕孩子不会玩，怕孩子摔疼摔伤，总陪在孩子身边，时间一长，就养成了依赖大人的习惯，不会自己去思考问题，也就影响到孩子人格的健全发展。

第四，鼓励和同伴一起玩。

喜欢和同伴玩是孩子的天性，父母不要拒绝别的孩子与自己的孩子一起玩。孩子是在与同伴的游戏中学会与人如何相处的。如果孩子长期与大人玩，大人会不自觉的迁就保护孩子，容易使孩子滋生霸道自负的行为，不利于孩子成长。所以父母要鼓励孩子与伙伴一起游戏，让孩子从游戏中得到锻炼，在与同伴的游戏中发展孩子的合作意识。

孩子，尽情鼓捣吧

孩子对于外部世界的探索，是从玩开始的。孩子的鼓捣，其实就是在探索这个在他们心中无比新鲜的世界。如果不让孩子鼓捣，孩子又怎么能够更加深入地了解这个世界呢？

杨振宁先生曾对清华的学生们说："中国学生不要太乖了。中国年轻人的胆子应当大一点。""中美学生之间最主要的差别，就在于西方的学生从小就不把'听话'作为一个重要的原则，而中国学生则相反。""如果对一个美国小孩说，你应当做功课，他会反问你，我为什么要做功课？而让中国的小孩做功课，他就乖乖地听着。美国小孩头脑中没有'乖乖的'这个观念。"

但是，有些父母总是喜欢孩子乖乖的，总是怕孩子把东西弄坏，所以，有些父母就把一些东西，尤其是贵重的东西藏起来，生怕孩子把这些东西弄坏了。这些父母如果看了郝鹏飞的故事，不知道会有何感想？

郝鹏飞是一个小有名气的小小发明家，他曾经多次在发明比赛中获得大奖，13岁的他前后5年多时间里，已经拥有了30多项小发明，其中有7项获得国家发明专利，并因此被誉为"小小发明王"。

他说，发明灵感多来自对生活的细心观察，第一件小发明是"双面雨刷器"。当时他上初一，一次坐公交车时，他发现下雨时雨刷器只能刷去车外的雨水，汽车挡风玻璃内的雾气，还得司机用布不断擦拭，既增加了司机的负担又影响行车安全。于是，他让妈妈帮忙买来简单的材料，自己开始琢磨制作“双面雨刷器”。

据学校老师介绍，郝鹏飞虽然不爱多说话，但却是个很爱钻研的学生，平时总爱自己琢磨，动手能力也很强，做出来的东西很细致。王老师说，郝鹏飞尤其是在电学方面有比较深的研究，不少发明创造中用到的知识都是大学课本中才有的，显然他提前自学了不少知识。郝鹏飞获得国家实用新型专利的另外5个发明是：汽车车灯损坏报警装置；带可伸缩折叠工作盒的梯子；可伸缩调节的高低床上铺护栏；四面都可吹风的竖型电风扇；四面都能放置图书并可旋转的书柜。

郝鹏飞的成功，是和他的父母鼓励他“鼓捣”分不开的。郝鹏飞的父亲是一名普通的工人。郝鹏飞从小就爱鼓捣家里的东西，经常把电话、钟表、插座或者小录音机等物件拆得乱七八糟，“研究”够了再重新装上。而这些郝鹏飞的父母都给予了足够的理解和支持。

“就是装不回原样我们也不说他，因为孩子的发展要顺其自然。”郝鹏飞的父亲说，他们对于郝鹏飞有啥拆啥的“破坏”行为从来不阻止。有时，父亲的朋友还会将自家不用的东西拿过来，“送”给郝鹏飞练手。“前几年，朋友还拿来过进口剃须刀、旧的留声机等，他都能拆开再装好。”

就这样，在不知不觉中，郝鹏飞不仅养成了勤动脑、爱琢磨的好习惯，而且动手能力也越来越强，成了远近闻名的“小小发明王”。

嬉戏玩耍、鼓捣破坏是孩子的天性，也是孩子的权利。任何人包括父母都无权泯灭孩子的天性，剥夺孩子的权利。很多做家长的怕孩子弄坏东西，或者出现差错，就制止孩子，孩子在家长的限制中慢慢就变得循规蹈矩了。

有一个孩子，什么都不会做，别的小朋友在一旁玩的时候，他却只能在一旁看着，插不上手。究其原因，就是因为他的父母小的时候什么都不让他做，怕他把东西损坏了。看见他拿起玩具，就急忙在一边看着，生怕孩子给弄坏了，看见他拿起爸爸的手机，就急忙要过来，生怕孩子给玩坏了，结果，他什么都不会做，什么也不敢做。现在他的爸爸天天说他“笨蛋”，殊不知，这个“笨蛋”就是他亲手培养出来的。

任何事情都是利弊兼存的，宽容孩子的调皮捣蛋尽管可能带来一点负面后果，但从长远看这是值得付出的代价。调皮捣蛋的孩子，总免不了磕磕碰碰，出点事故或者造成一些麻烦，一些爱鼓捣的孩子还常常会把器具搞坏，但孩子正是在这个“鼓捣”的过程中获得进步的，对此父母要宽容谅解，因势利导，而不必大惊小怪，更不应呵斥打骂。

小杰的爸爸是一个摄影爱好者，家里有不少摄影器材，不管是多贵重的东西，买回来之后，就让小杰玩，基本上小杰第一次接触这些，肯定是会弄坏的，然后他爸爸就自己修理。他修的时候小杰就在那看着，他也会给小杰讲。他从来都不怪孩子把他的东西弄坏，而是鼓励孩子动手动这些。

有一次，小杰的父亲刚花了一万多块钱买了一个单反相机，镜头就让小杰给摔坏了，这一个镜头就价值5千多元。不过小杰的父亲却什么都没有说，甚至连一句“下次注意都没有”。正是在父亲的这种“放纵”之下，小杰成了一个小小的摄影迷，摄影作品多次得奖。

陶行知先生说：“解放孩子们的手，让他们尽情去玩；解放孩子们的脚，让他们到处去跑；解放孩子们的脑，让他们自由去想；解放孩子们的嘴，让孩子们随意去唱去说。还孩子一个愉快幸福的童年，发展孩子自由自在的天性。”

对于孩子来说，周围的一切事物都是新鲜和神秘的。他们总是尝试去探索自己不理解的东西，经常通过“破坏”行为来探索新知识。例如，在游戏中，他们喜欢将玩具拆开，看看里面到底有什么秘密；他们翻箱倒柜，想看看里面到底有什么“宝物”。调皮的孩子对这类事情总是乐此不疲。

鼓励孩子“鼓捣”，就是为了利用孩子的这一行为，有意识地让孩子去思考。在日常生活中，父母要积极支持孩子的“破坏”行为，要给孩子创造“破坏”的机会，多提些问题让孩子去猜、去想。比如皮球为什么一拍就跳很高？如果把气放了，还能跳那么高吗？看到闹钟“滴滴哒哒”地走，父母可以问孩子，闹钟走的时候为什么会响呢？问过之后，父母要和孩子一起思考，带领孩子从“破坏”中寻找答案。

对于孩子最高层次的关爱，是关注孩子的能力、人格培养和丰富他们的精神世界。

要放心大胆地让孩子多动手，不要孩子一动手就制止，一见到孩子动手搞脏了衣服就大惊小怪，只有父母为孩子创造一个良好的动手环境，孩子才能够放心大胆地动手。

一个未曾犯过错误的人永远也不会成熟，就像一个从未摔过跤的人肯定不会走路一样。在孩子成长的道路上，错误和不足也同样是一笔财富。如果赏识孩子，就少给孩子一些责备，多给孩子一些宽容；少给孩子一些误会，多给孩子一些理解。这样才能解放孩子的头脑，让他们能够大胆思考；才能解放孩子的眼睛，让他们能认真观察；才能解放孩子的双手，让他们能充分尝试；才能解放孩子的嘴巴，让他们能尽情倾诉。

教育的目的不是培养“乖孩子”，有创造力、有想象力、有主见、有胆识、生动活泼的开拓型人才，才是我们的教育应当孜孜以求的目标。而大量事实已经证明，越爱“鼓捣”的孩子，成人后往往有可能成为这种人才。

让孩子到大自然中纵情玩耍

很多父母不愿让孩子到大自然中去玩，他们觉得大自然中有泥土，有很多不卫生的东西，危害孩子的健康，而且，在大自然中玩耍还不安全，容易让孩子受到伤害，这是万万不能够接受的。所以，很多父母宁愿孩子天天待在家里抱着成堆的玩具玩，或者带他们到儿童游乐城中玩耍，也不愿让孩子到大自然中自由玩耍。顶多让孩子们坐在儿童推车中，到外面呼吸一下新鲜的空气。

在大自然中玩耍真的就这么恐怖吗？大自然中的确有泥土，有很多不卫生的东西，但是，这对孩子真的就没有一点好处吗？在大自然中玩耍对孩子有那么可怕吗？

德国天才数学家卡尔·威特的父亲就是通过孩子爱玩的天性，带孩子到大自然中去观察、去感受，来培养威特善于观察、善于思考和热爱大自然的良好习惯。在威特的院子里，父亲特地为他修建了一个大的游戏场，铺着60厘米厚的沙子，周围栽有各种花草和树木。威特在这里观花、捉虫，培养了对大自然的感情。父亲还为他做了各种木块，他就用这些木块盖房子、建教堂、架桥梁、垒城墙，这种活动大大促进了威特的智力发展。威特父亲后来说："我几乎没给他买过什么玩具，而是一有时间就带他去大自然，感受自然给予他的美妙，威特总能愉快而幸福地玩着。"

卡尔·威特的成长经历告诉我们，要让孩子多与大自然接触，因为大自然给孩子提供了最佳的观察场所，在大自然中，孩子的天性得到充分释放，能力得到充分提高，大自然是教育孩子最好的天赐老师。所以威特的父亲深有感触地写道："大自然能教给人无穷无尽的知识。接触自然，不仅可以增长孩子的自然方面的知识，还会让孩子呼吸到新鲜的空气。最重要的是，接触大自然会使孩子的心地高尚。大自然中蕴藏着很多深刻的道理。"

美国教育专家萨姆·沃尔顿说："家长让孩子与大自然亲密接触，是对孩子最大的关心和爱护。大自然教会了我们知识，给予我们一切，隔绝孩子与大自然的联系是家教的最大失误。"孩子智力发展的好坏，与孩子生活的环境密切相关，也就是说，环境对孩子智力发展有深远的影响。

在自然中玩要，对于孩子的成长，就像维生素一样不可缺少，它是孩子们最喜欢的活动，是适合每个孩子人格健全发展的活动。父母随处都可发现，孩子在玩时是多么的投入，多么的快乐。虽然是玩，但却像很认真地做事。

少年时代的鲁迅是以苦读出名的，但他也很爱玩。那三味书屋后面的"百草园"，不正是鲁迅和他的小伙伴们玩耍的小天堂吗？下课之后，他常和小伙伴们在"百草园"里爬花坛、寻蝉蜕、喂蚂蚁。他还和小伙伴们划着船去看戏，在野地里烧蚕豆吃。后来，鲁迅先生在著作《朝花夕拾》里，对当年爱玩的游戏还那样津津乐道。在自然中玩耍，为鲁迅先生开阔眼界、活跃思维打下了良好的基础。

让孩子到大自然中去玩，因为大自然给孩子提供了大量的天然玩具，如落叶、树枝、小石块、沙土等等。同各种人造玩具相比，这些天然玩具既实惠，又能吸引孩子。

在大自然中，孩子们是天生的能工巧匠。他们在沙堆上挖地道、建城堡、造学校，玩得不亦乐乎，即使身上脸上满是泥土也毫不在乎；他们会对一个落在地上的树叶兴趣盎然，会对一堆小石子念念不忘，会对一个弱小的虫子产生好奇。

其实，许多父母也常常带孩子去游玩，却很少注意引导孩子认识大自然、热爱大自然。孩子除了活动身躯、呼吸新鲜空气以外，回家往往只会说：我今天去某某地玩了。这样的结果实在很可惜。

带孩子到自然中玩，是一件很好的事情，但这里面也有学问，怎样才能让孩子有所收获，父母不妨多动动脑子。比如，植物园里比比皆是的奇花异草，家长不妨让孩子认识这些花的名字，然后再比较花的颜色、形状，顺便把花的结构也讲给孩子听，让孩子自然而然地在玩中增长了知识，开阔了视野。

在孩子能充分发挥天性的时候，父母只需要做到：

第一，放手让孩子尽情地玩耍。

孩子们在玩时比父母更懂得如何利用大自然中的这些玩具。父母这时只要让孩子自由地舒展他们的个性，尽情地发挥他们的想象力和创造力。父母不要跟在孩子后面不停地喊："别碰那东西，会扎着手！""别弄脏衣服！"这样做只能让孩子扫兴。

第二，多欣赏孩子。

当孩子在玩时，找到了一块他喜欢的小石子向你炫耀时，你要夸奖孩子的眼光；当孩子做出一辆"宝马"时，父母也和孩子一样去驾驶。当孩子看到父母赏识的目光，会更有兴致地创作有创意的作品。

第三，与孩子一起玩。

当孩子找来一大堆树枝、石子时，父母可以和孩子一起来设计图形，也可以把不同的材料分类，和孩子一起玩。比如用大一点的石子造假山，小一点的石子造高速路。

第四，允许孩子把天然玩具带回家。

允许孩子把这些天然玩具带回家里与其他玩具混合使用。不要担心这些玩具把家里的地板、家具弄脏，和孩子的快乐相比，父母能否不计较这些？

带孩子到自然中去玩，既能调节孩子的生活，又有利于孩子的身心健康，丰富孩子的知识和阅历，父母放开手让孩子到自然中自由地去玩吧！

让孩子自己管理自己

不知道父母们看到下面这个报道是何感想？

某大学有位大学生几乎每天都有保姆跟着伺候，不是给他洗衣服、更换床单被罩，就是到学校来给他送饭。据记者了解，由于这位同学父母常年在外地做生意，他从小由保姆照顾，从来没离开过家，上大学是第一次离开家。在家时，一直都是衣来伸手、饭来张口，什么都不会做，现在一个人在外地，天天住校，父母不放心，保姆就跟着到学校来照顾他了。

现在的孩子绝大多数是独生子女，缺乏自理能力是一个普遍的现象，也是一个不能够忽视的问题，这不仅关系到孩子的健康成长，关系到他们家庭的幸福，而且关系到他们以后的生活和工作。你能够想象一个连洗衣做饭都不会的人，能够在事业上取得辉煌的成就？你能够想象一个连自己都照顾不了的人能够管得了别人，管得了一个大公司？

其实，孩子没有自己照顾自己的能力，根源还在于父母不能放手。父母总是担心孩子累着了，总是想方设法把孩子的一切都安排好。更不用说主动督促孩子自己的事情自己做了。前面讲的那位大学生就是因为父母怕他照顾不好自己，才再三要求给他找一个保姆的。

父母缺乏培养孩子自理能力的意识主要有几方面的原因，一方面是心疼孩子，不愿意让孩子“受苦”，怕孩子不小心磕着碰着。许多父母怕孩子自己动手，吃饭慢了怕饿着，穿衣慢了怕冻着，自己走路怕累着，自己洗脸怕洗不干净。于是父母就包办代替一切，这个不准孩子动，那个不让孩子摸，总是要自己为孩子把一切都安排妥当，结果四五岁的孩子还不会自己穿衣吃饭的比比皆是。

还有一部分父母是因为怕麻烦，有些父母说：有教孩子做事情的那些时间，自己也早替他做好了。所以懒得叫孩子去做一些事情，什么都自己给孩子做好了，图个省心。

另外一部分父母认为，孩子学习是第一位的，自理能力可有可无，等孩子长大以后自然而然就学会自己照顾自己了。

父母过多的限制和包办，无意中剥夺了孩子照顾自己的机会，结果造成孩子过分依赖父母，变得任性倔强。甚至有些自己能做的事或已学会的事在父母面前也不肯做。这些父母越是把一切困难都从孩子面前挪开，越会使孩子形成严重的依赖心理，一旦遇到困难，孩子就会束手无策，不会独立应付和自己解决。

自理能力是需要从小培养的，如果不让孩子从小就养成自己的事情自己做的习惯，那么他长大以后就很难做到这一点。你能想象一个人从小不学习，成年之后就会突然识文断字吗？培养自理能力和学习科学文化知识其实都是一个道理，要不世界上就不会出现“狼孩”了。凡是孩子能做的事情就让他自己做，父母不能为孩子“服务”一生，任何人总会有独立生活的一天。不客气地说，父母溺爱是对孩子不负责的表现，是会害了孩子的，总有一天会后悔的。

让孩子自己管理自己是对孩子最好的爱的方式。授人以鱼不如授人以渔。要教会孩子做事的方式或者方法或者思考的能力，不要剥夺了孩子们自己动手做事的机会。孩子做的好不好是孩子自己的事，一回生二回熟，三回四回就不会错了。可是如果一直不放手让孩子去做自己的事情或者孩子力所能及的事，那孩子就永远不会管理自己的生活。

父母要做的就是要相信孩子，放手让孩子自己做事情。在孩子做事出了错的时候，告诉孩子或者教会孩子，如何避免出错或者一旦出错怎么去改错。千万不要呵斥孩子，甚至跟孩子说你怎么那么笨、你是怎么回事啊、连这点儿事怎么都做不好之类的话。如果孩子错了，请对孩子耐心解释，让孩子知道错在哪里，怎么做能不错。锻炼几次，孩子就会自己做得很棒的。

琳琳今年才两岁半，现在已经每天自己洗完脸后会自己抹润肤露，会自己到饮水机上去倒水喝，自己会把奶粉一勺勺地倒进奶瓶里冲上水，会自己玩完玩具睡觉之前收拾起来，会自己搬着凳子洗自己的小杯子小碗小奶瓶，会自己穿裤子穿衣服穿外套拖鞋和袜子，会自己把光盘放在DVD机里调出动画片。最近又学会了在地上把外套平铺好，然后把两只胳膊套进去，在脑袋上一翻就穿进去了，穿外套的动作和方法让琳琳的妈妈都看傻过很多次，惹得妈妈忍俊不禁。琳琳看见妈妈高兴，就更高兴地每次都要求自己穿外套。

琳琳之所以自理能力这么强，主要归功于琳琳妈妈什么都放手让琳琳自己去做，不怕做错，就怕不做。

琳琳妈妈的观点就是：水洒了不要紧，要紧的是告诉孩子从哪里去拿什么去擦又怎样才能擦干净；奶粉洒到奶瓶外面不要紧，要告诉孩子怎么拿勺子用什么角度倒就不会撒；吃饭时不用人喂，怎么样才能不把饭吃得到处都是，为什么推盘子就意味着吃饱了；开冰箱倒饮料没关系，一定记住要把冰箱门再给关回去；喝饮水机里的水，一定记着只倒常温的那个出水开关，因为热水口出来的水会烫了手；上卫生间自己要如何脱了裤子坐上马桶，下来后再怎么冲马桶然后去洗手；洗手的时候要如何挽起自己的袖子到哪里，又如何用香皂才能自己洗干净手；从润肤霜的瓶子里用哪个指头，怎么取，取多少才能既不浪费擦脸油又能把自己的脸擦得匀匀的；早上从哪个抽屉里会拿出干净袜子来，晚上脏袜子脱下来又要放到哪里去；书收在哪里，各自的衣服收在哪里，玩具又各自在哪里；DVD机哪个键是电源，哪个键是播放，哪个键是回放，电视机的遥控器哪个键可以控制声音，孩子们自己现在都知道也可以自己去操作……

正是在琳琳妈妈的教导下，小小的琳琳才学会了这么多的生活技巧。

琳琳的妈妈现在非常高兴。孩子能够做那么多事情，还争着自己做，说明自己教育是成功的，所以更愿放手任由琳琳自己去做。

陶行知先生说“教育即生活”。对孩子独立性的培养就在日常生活之中。做家务可以说是培养孩子独立性、训练自理能力的最好办法。“开门七件事，柴米油盐酱醋茶”。如果孩子想要帮你做一些家务，比如主动要求做饭、洗衣服等，父母千万别说：这不是你做的事，你的任务是学习。如果你想让孩子自己能够管理自己，就要为他提供自己管理自己的条件，改掉自己什么都插手的毛病。

由于孩子年龄小，能力还不是很高，考虑问题也不太周全，力气又小，在做事情的时候，难免会出现一些失误。大人应该予以包容，不要为此就指责孩子，更不能惩罚孩子，而应鼓励孩子做得对的地方。就像琳琳的妈妈一样，对于孩子有失误的地方，要帮助他们分析原因，找到问题所在，以提高他们操作的技能和水平。这样，既能保护孩子自理活动的自觉性、积极性，培养良好的心理品质，又能帮助孩子逐步走向成熟，不断提高自己的认识水平和自理活动能力。父母还可以给孩子做些示范，有的父母教孩子做家务时，总是先示范一次，让孩子看一遍，知道怎么做，然后，再和孩子一起做一遍，发现孩子做得不对时及时予以纠正，必要时可以手把手地教给他们那些较复杂的动作。最后，放手让孩子独立去做一遍。这样子，孩子很快就会自己动手了。

如果孩子总也做得不好，父母最需要的就是耐心，千万不可性急，更不能谩骂或挖苦，而要以鼓励为主，肯定孩子做得好的方面，在此基础上指出他的不足之处，使孩子感到自己再加把劲就可以做好了。因为这个时候孩子比你还要着急，如果你打击他的信心，孩子就会没有勇气继续下去。

如果能够做到这几点，父母就可以放心了，孩子就再也不用请保姆了，这样不仅可以极大地增强了孩子的自信心，而且对促进孩子身心发展将产生积极作用，同时自己也轻松很多。

放养的孩子更健康

现在的父母都太宝贝自己的孩子了，天稍微凉一点就加衣服，稍微热一点就开空调。成天催着孩子吃，生怕孩子饿着。整天营养品不断，今天这个明天那个地补着。严格限制孩子接触不卫生的东西，这个不许碰，那个不准摸，说脏，有细菌。吃东西的时候，也是小心翼翼的，这个太热了，那个凉了，结果，孩子可以吃的食物范围人为地大幅减少了。

孩子这样就身体健康了吗？非也！

豆豆的出生，让爷爷奶奶终于抱上了孙子，那个心疼呀，整天不让抱到外面去，稍微一凉就要加衣服，油炸的冰冻的全部不让吃，饼干点心全部不让碰，吃个苹果也要煮熟了才让吃……

结果豆豆现在跟个豆芽菜一样，身高体重比起同龄孩子都差了一大截，还三天两头地感冒发烧。

究其原因，现在的孩子，养得太精了是一个主因。这样“精养”反而会降低孩子的抵抗力。养孩子随便点，从小多锻炼他，什么都让他尝试一下，抵抗力自然会比较强。

有位朋友，家庭极富裕，但2岁的孩子却养得一点不娇气，光脚在地板上走，饼干掉地上了捡起来还往嘴里塞着吃，夫妇俩也并不特别地阻止，但是孩子却无比健康，很少生病。

IOPA（国际儿童游戏权协会）向全世界的家长推荐了32项孩子10岁前应该做的事情。令人十分惊讶的是，这32项10岁以前应该做的事情当中，竟然包括了玩泥巴、在河边草地上打滚、捉蝌蚪、用沙子堆城堡、在院子挖洞穴、捉虫子等这些现代家长们认为脏兮兮的游戏！这些都是每一位父母小时候最热衷于玩的游戏，但现在却极力阻止自己的孩子去玩，最主要的原因是觉得这样的游戏不卫生，担心孩子染上病菌。而忘了自己小时候是怎样的恣意玩耍。

其实，父母这样做有点过于担心。IOPA指出，让孩子在游戏、运动和其他日常活动中随心所欲地弄脏自己，有助于身心健康发展。

研究认为，应该让孩子尽情玩耍，玩泥巴、挖水沟、找昆虫、玩沙子等户外活动既可以增强儿童的免疫力，又有助于他们与小伙伴更好地交流。父母总认为这些游戏不卫生，告诫孩子这个不能动，那个不能碰，这样完全没必要。中医理论倡导‘天人合一’，强调人和自然和谐相处，人为地阻断孩子与大自然的关系，让孩子生活在过度洁净的环境中，反而容易得病。

孩子的免疫系统并不是天生的，而是在成长过程中一次次被“侵犯”后才能逐渐完善。而父母大多都有一种误区，总以为孩子的手洗的越净越好。殊不知过犹不及，温室里长大的花朵经不起风雨，太干净的小孩容易生病。

美国DISCOVERY曾经播过一个片子。美国一位男士，平时特别注意卫生，可是，他的肚子却经常隔三差五地闹腾。医生检查来检查去，总也检查不出什么问题，所有的化验结果也都一切正常。后来，医生想了个没有办法的办法，让这位病人喝了一杯药水。实际上这杯药水里并没有药，只有营养液和2000条寄生虫的虫卵。当然，这些虫卵是经过医生严格选择的，不会在人体里大量自我繁殖。当这2000条虫卵孵化成了寄生虫后，这位男士拉肚子的病，竟然奇迹般地好了。

医生解释说，因为这位病人体内实在太过于干净了。使得免疫系统找不到可以攻击的对象，所以就对原本正常的消化系统发起了攻击，而导致拉肚子。现在，弄了2000条寄生虫到肚子里，免疫系统可以正常工作，他的病，也就好了。或许这是个比较极端的例子，但确实是发生过的实情。

人体有一些细菌，是很正常的事情。要真的没有了，反而要出问题。病原体会让人生病，但它同时也能“刺激”人体自身的防御系统健康发展，打击那些引起感染的有害病原体。这位大夫特别提醒家长，“如果孩子一直处于过分洁净的环境，一出门肯定要生病，因为他的免疫系统根本没启动，一到自然中就不能适应，跟新生儿一样脆弱了。”

孩子多接触大自然还能避免过敏症。专家认为，孩子在大自然中玩耍如玩泥巴时身上被弄脏，这时身体接触了大量外界物质，可以使孩子的免疫系统及早地把它们当作“老熟人”，从而不会排斥这些外界物质，避免过敏发生。

“过去，人们一直与牲畜接触密切，因而受到各类感染的威胁。随着生活卫生条件的改善，这类感染的机会越来越少。但是，事情还有另一方面。现在过于干净卫生的环境让人体免疫系统‘好坏不分了’，反而使人们对很多物质过敏了。”这是西班牙免疫和儿童过敏症研究会得出的结论。这项报告表明，近20年来，过敏性疾病一直在逐步增加。除了环境污染日趋严重和人们饮食习惯改变外，一个重要原因是人们太追求干净了。

李霄虎今年4岁了，因为爸爸妈妈工作忙，所以从小和爷爷长大，幼儿园以外的生活基本都由爷爷负责。在爷爷的照顾下，霄虎吃得好睡得香，连感冒都未患过一次，每天小脸蛋红扑扑的，身体棒极了。楼上楼下邻居见了都向霄虎的爷爷“取经”，说她孩子喂不进饭，怎么才能像霄虎一样大口大口吃呢?

其实，霄虎爷爷的诀窍很简单，就是粗养和放养。

霄虎一家是北方人，以面食为主，辅以蔬菜、鱼肉作为主料，变换着花样就是每日三餐的内容了：蒸包子、煎包子、饺子、糯米糕、手擀细面、手擀宽面、手擀片汤、疙瘩汤、小油饼等轮着来，时令蔬菜和鱼肉不缺，口味尽量清淡，长此以往孩子既感兴趣，身体也乐于接受，健康自然就不在话下了。

霄虎的爷爷还放手让霄虎“上山”“下海”。“阳光”能杀菌能补钙，“沙、土、水”是孩子的最爱，这些也都是增强孩子免疫力的最佳途径。霄虎家离山和海都不远，只要出太阳，时间充裕，爷爷就会带孩子或“上山”或“下海”；即使时间短去不了，至少也要在楼下玩一会儿。霄虎的身体越来越棒。

有些父母一到传染性疾病高发季节就草木皆兵，提心吊胆，使用各种方法给孩子的生活环境和使用物品甚至皮肤消毒，这种做法并不可取。

其实，健康的孩子如果在游戏中把手弄脏，父母只需让其洗净双手，不必消毒。有医学教授建议平时给孩子使用传统的香皂或洗手液等用品即可，无需使用那些号称可杀菌的香皂。

专家举了一个简单的例子，孩子的双手每天要接触很多细菌，勤洗手十分必要，但过度消毒会对肌肤造成伤害，使肌肤变得干燥、敏感，皮肤自身的保护屏障作用也会相应地被破坏。

因为皮肤的表面还有对皮肤起保护作用的正常菌群，这些正常菌群是“皮肤细菌食物链”的关键环节，它们互相抑制，互相依存。过度消毒在杀死有害细菌时，也会杀死正常菌群，使病菌乘虚而入，在皮肤上快速生长，结果适得其反。

要想让孩子的身体健康，就不要对孩子限制过多，常看见一些很细心的妈妈为孩子的一些小毛病抓狂：孩子的舌苔厚啦，舌头的颜色不对啦，是否要吃些什么清热的药物？或者，孩子眼睛有点眼屎了，要吃什么？大便颜色有点绿了，是否有问题？诸如此类的问题很多。其实，这些都不是什么问题，不必要为这样的“问题”去找任何药物给孩子服用。只要孩子不发烧、不拉肚子，能吃能睡，就是身体健康，就什么都不用管。让孩子自身的免疫力去抵抗。

附：国际儿童游戏权协会推荐在10岁前应做的32件事：

①在河边草地上打滚。②捏泥团。③用面粉捏小玩意儿。④捉蝌蚪。⑤用花瓣制作香水。⑥在窗台上种水芹。⑦用硬纸板做面具。⑧用沙子堆城堡。⑨爬树。⑩在院子里挖一个洞穴。⑪用手和脚作画。⑫自己搞一次野餐。⑬用颜料在脸上画鬼脸。⑭用沙子“埋人”。⑮做面包。⑯堆雪人。⑰创作一个泥雕。⑱参加一次“探险”。⑲在院子露营。⑳烘蛋糕。㉑养小动物。㉒采草莓。㉓玩丢棍棒游戏。㉔能认出5种鸟。㉕捉小虫子。㉖骑自行车过泥水坑。㉗做一个风筝并放上天。㉘用草和小树枝搭一个窝。㉙在公园找10种不同的叶子。㉚种菜。㉛为父母做早饭并送到床前。㉜和人小小的打一架。

自己穿衣，自己吃饭，自己睡觉

很多孩子在一块，比的往往都是谁家的孩子最聪明，认字最多、背古诗最多。作为父母，也总是把孩子的知识教育放在首位，殊不知，对于孩子来说，尤其对小孩子来说，生活技能的培养才是重中之重。

很多孩子都已经上小学了，还不会自己穿衣、睡觉，往往要父母把一切都准备好，才能够完成。一个人如果连最基本的生活能力都不具备，那他也不可能去服务他人和社会。因为一个人的生存能力与社会经验的积累不是一蹴而就的，而是需要他自己在生活当中慢慢去经历和体会。生活中就有很多因为生活技能很差而遭受挫折的例子。

17 岁考上中国科学院高能物理所硕博连读的魏永康，19 岁时，因生活自理能力太差、知识结构不适应中科院的研究模式被劝退学；而14 岁考入沈阳工业大学的王思涵，却因为多门成绩零分，也被学校“责令退学”。

1983 年出生的魏永康 2 岁就掌握了 1000 多个字。在小学只上了二年级和六年级，1991 年 10 月，8 岁的魏永康就跳到了县属重点中学。从此，在魏永康的生活中，除了学习，还是学习，没有伙伴，也没有玩具。13 岁时，魏永康又以高分考进湖南湘潭大学物理系，成为当地公认的“神童”。

在大学 4 年里，魏永康的妈妈曾学梅一直都在学校陪他。魏妈妈说，为了让孩子专心读书，所有的家务事她都自己包了，包括给魏永康洗衣服、做饭、洗澡、洗脸，为了不耽误永康吃饭的时候看书，他读高中的时候，魏妈妈还亲自给他喂饭。

2000 年，17 岁的魏永康考上了中科院高能物理研究所的研究生，这一次魏妈妈不能跟在他身边，魏永康离开了妈妈，根本无法安排自己的学习和生活。他想冒着严寒去天安门玩，大冬天都不知道换衣服，穿着单衣、趿着拖鞋去天安门逛了一圈。这样的事情发生多了，魏永康感到实在不能适应没有妈妈照顾的生活。2003 年 8 月，已经上了 3 年研究生的魏永康从中科院肄业回到了老家。2004 年，魏永康曾经几度离家出走，最长的一次走了 39 天。

无独有偶，同样被誉为“神童”的东北男孩王思涵，当年以 14 岁的年龄、高考成绩 572 分的超高分数，考入沈阳工业大学自动化专业，入学后成绩每况愈下，因为多门成绩零分，而被学校“责令退学”。

王思涵从小聪明好学，小学三年级时就以优异的成绩考进东北育才中学少年班。2001 年 8 月，只有 14 岁的王思涵以 572 分超出分数线 60 分的优异高考成绩，考进沈阳工业大学自动化专业。

然而，王思涵入学后的成绩却一直处于末流，大一时三门以上课程不合格，学校要求他在大二的时候重修大一课程，此后的大学四年各门功课也陆续亮起红灯。在今年的毕业考试中，除英语外，其他学科他选择了弃考，由于仅有一科英语合格的毕业成绩，王思涵被学校“责令退学”。

这两位“神童”都是因为缺乏必要的生活技能而遭受了挫折。生活技能是一个人生活的基础，如果一个人连自己的生活都不能照顾，那还怎么能够做出更大的事业呢？

所以，想要孩子具有独自生活的能力，就要勇于“放手”，让孩子从小就懂得自己做事情，简单地说，就是要自己穿衣、自己吃饭、自己睡觉。在这方面，国外的妈妈们给我们做了一个很好的榜样。

“疯狂英语”大家都不陌生，对其创始人李阳也非常熟悉。李阳的太太是美国人，名叫 Kim。Kim 和李阳一共生了三个女儿。大女儿李丽今年6岁，二女儿李娜2岁，三女儿李花才两个月。带三个孩子，Kim 竟然不要保姆。像所有的美国家长一样，Kim 非常重视从小培养孩子独立生活的技能。她认为，从小就独立的孩子是自信的，从小就独立的孩子走入社会才能从容不迫，游刃有余。

孩子八九个月大，能自己端住杯子时，就开始自己喝水；能捧住饭碗了，就开始自己吃饭，一开始吃得满地、满身都是。刚会摇摇晃晃地走路，孩子就自己提了小凳子去卫生间——个子太矮，要踩上凳子，才能够坐上马桶，手纸常常被她拉得老长老长的。很少中国父母会愿意搞成这个样子，但 Kim 像所有的美国妈妈一样，认为把脏成一团的孩子洗干净，要比重新树立起他们做事的积极性和勇气容易多了。

李阳的助理看到那么小的孩子笨手笨脚地系鞋带，常常忍不住想帮忙。而这时小小的李丽和李娜最喜欢说的一句话是：“I can do it.”这是美国孩子常说的一句话。Kim 总是说：“NO，替孩子做她们能做的事，是对她们积极性的最大打击，也是对她们自尊的伤害。”

正因 kim 从小就注重对孩子独立生活能力的培养，两岁的李丽独立能力特别强，甚至让李阳惊得目瞪口呆。晚上，小李丽跟妈妈道了晚安，自己安静地睡觉，夜里自己开灯去卫生间。早晨醒来，李丽自己刷牙洗脸；然后自己搭配衣服：嗯，白裤子配红上衣？黑短裤配这件碎花 T 恤也不错。

把自己打扮得像个小公主一样漂亮后，李丽坐在桌前吃早餐。她刚刚两岁，碗里的饭吃得干干净净，衣服上也干干净净。饭后，李丽坐在地板上看书，一看就是一两个小时。她想喝水，妈妈让她自己去倒。想喝酸奶，就自己提张小凳子，踩上去，从冰箱里取。李阳看着女儿所做的一切，心中激动不已：原来家庭教育可以如此成功！

如今，二女儿李娜也已经两岁了，就像当年两岁的李丽一样，她自己管理着自己的一切。而6岁的李丽，完全像个小大人了，除了打理自己的生活外，还帮妈妈扫地，带妹妹，还会做美味的糕点——从和面、做蛋糕、烘烤，到香喷喷地端出炉，都是一个人完成。现在，李丽牌蛋糕，已经是李阳家中的招牌。

如今，6岁的李丽上学了，每天一大早就自己背着书包出门上学，很晚才回到家。Kim忧心忡忡地对李阳说："女儿早出晚归，我都没法参与她的教育中去了！我担心她的生活技能会降低！"

李阳看到女儿的成功，非常感慨，他总结到：中国妈妈不相信孩子知道冷暖、知道饥饱，而美国妈妈认为，孩子的冷暖必须由他自己去感觉。如果她的冷暖凉热都要父母来决定，这个人的生存能力一定很弱。

千万别小看了孩子，孩子们的能力是父母给的，父母让孩子有自理能力他们就非常自主和独立，父母不让他们有自理能力他们就凡事依靠父母生活难以自理。孩子是否能够管理自己，全在父母的有意无意之间。

对于一个未成年的孩子来说，成功的体验，要比失败的体验更重要，对于父母来说，如果真爱孩子，就要帮助孩子去实现他人生的第一次"我能行"的体验。成功的基础是自信，喊着"我能行"长大的孩子，能力肯定要远远超过背着"我不行"包袱长大的孩子。

鼓励孩子去冒险

很多父母眼中的好孩子标准就是要听话，要乖，不要给父母惹事。为了让孩子听话，常常在孩子耳边唠叨，甚至有很多父母打骂孩子。这样做的结果就是孩子只知道听话，而完全没有了自己的主张，完全抹杀了他们的创造力和独立精神。

在孩子成长的道路上，很多事情都是要他们亲自去做的，只有亲自去做，他们才能够获得不同的生活体验，才能够真正学到对自己有用的东西。当然，这样做，就必然和冒险联系在一起。如果父母出于保护孩子的目的不让孩子去冒险，那么孩子就会越来越没有自信，这样的孩子在以后的生活中很难有大的作为。

小区里面有一个不大的人工湖，这里是小区孩子们的“游戏天堂”。夏天，他们会在里面捉鱼，还用旧门板、废泡沫造了一艘简易的小船，几个孩子拿根扫把棒在上面优哉游哉地划船，有时候，还跳进去嬉戏一番，到了冬天，孩子们更高兴了，他们在上面滑水，他们变着法子玩，单人滑，双人滑，甚至还用旧凳子做了一个雪橇，在冷面上滑翔……

可小夏的妈妈怕危险从来不让小夏去玩，她经常教训小夏说：“万一淹着了、摔着了怎么办？再说，水那么脏，有不少细菌，会生病的！”

在妈妈的“保护”下，小夏从来不敢到湖边玩，更不到冰面上滑冰了。在小伙伴眼里，他是一个胆小的家伙，很“娘”，不愿意跟他玩。

如果不让孩子去冒险，什么事情都不敢放手让孩子去做，孩子就会觉得自己没有尊严，对自己很不自信。富有冒险精神的孩子通常更容易在日后的学习、工作中获得成功，而胆小怯懦的孩子，遇到困难就会畏缩不前，会为以后的人生道路埋下很大的隐患。所以，家长要鼓励孩子勇敢起来，敢于去冒险。

孩子不敢去冒险，和家长的“保护”有很大的关系。就像小夏的妈妈一样，对于孩子，保护得过多过细，含在嘴里怕化了，捧在手里怕碰着，害怕孩子出问题，总是把孩子严密地“保护”起来，什么也不让做，使孩子缺乏必要的锻炼，这样孩子就会越来越胆小，越来越没有自信。

如果不冒险，孩子怎么能够有能力去应对以后所要面对的各种困难呢？当孩子对冒险活动产生兴趣后，父母千万不要寻找各种理由，甚至不需要理由就拒绝孩子，更不要训斥和吓唬孩子，这会扼杀孩子可贵的冒险精神，使孩子变得胆小怯懦。

正确做法是，当孩子大胆尝试一件事情的时候，父母要用赏识鼓励的眼光来看待他们，鼓励他们大胆去做，大胆去体验他们没有体验过的事情。如果孩子缺乏冒险精神，父母还要创造机会去引导孩子去冒险。

李超和爸爸妈妈一起去公园玩。李超对公园里的秋千很感兴趣，于是爸爸就把李超抱上秋千。李超坐在上面时，秋千有些晃动，他害怕地叫了起来。妈妈见到李超害怕了，就急忙对爸爸说：“赶快让儿子下来吧，吓着孩子可怎么办呢?”

不过爸爸并没有抱李超下来，而是对儿子说：“你用手抓紧绳子，就不会摔下来了!”

李超非常害怕，他对爸爸喊道：“爸爸，我要下去。”

爸爸就把孩子抱下来了，自己上去玩得不亦乐乎的。李超看到爸爸都飞得那么高，好像小鸟一样，就感到非常羡慕，爸爸见李超对秋千还是那么感兴趣，就对他说：“秋千很好玩呀，你也上来玩玩吧!”李超虽然有点害怕，但还是禁不住诱惑，上了秋千。

李超虽然第二次上了秋千，但是还是害怕，在上面左右扭动，而且秋千也飞不起来。爸爸鼓励李超说："你第一次玩，玩的还可以呀。爸爸刚开始的时候还不如你呢，心里也怕得要命，但是过一会就好了。你看爸爸现在玩的还不错吧？你小子会超过爸爸的。"

李超得到了爸爸的鼓励，一下子有了动力和激情，更加勇敢地抓着绳子荡了起来，越荡越高……

每个孩子在冒险的时候，都难免会有一些害怕，他们担心自己把事情搞砸，这时候父母要及时鼓励他们，让孩子们充满信心。父母可以为孩子做一个榜样，使孩子从心理上解除恐惧的感觉。父母可以先教给孩子相关的知识，然后再通过亲身示范，鼓励孩子去感受和体验，从而消除恐惧感。就像李超的爸爸一样，鼓励孩子勇敢地去冒险。

当然，父母一定要注意孩子的安全，事先给孩子讲明活动的危险性和需要注意的事项，使孩子做好充分的思想准备，必要时，要和孩子一起活动，一起冒险，给他做具体的指导和必要的保护。这样，对于孩子不仅从心理上是一种鼓励，更可以切实保护好孩子的安全。

让孩子自己管理钱财

随着生活水平的不断提高，孩子手里能够支配的钱也愈来愈多。不少家庭想方设法满足孩子的要求，零花钱要多少给多少，甚至把零花钱作为对孩子读书、干家务的奖励手段，使孩子根本没有勤俭、理财的概念，乃至上大学及工作后仍缺乏投资理财和自理能力。但是不少父母都认为孩子只要将学习搞好了，理财不理财的以后再说。其实，这是一种非常错误的观点。

曾看过一个资料：世界五百强企业里美国占了一半的席位，这与美国人注意从小培养孩子的理财能力不无关系。这个资料上说："如果我们不能从现在起就开始对孩子进行理财教育，将来我们就会发现，差距不仅是过去造成的，就在今天，我们仍然还在不断地拉大与世界先进国家的距离。"

但是，对于孩子理财的态度，父母们的表现却各不相同：有的父母独断专行，严格控制孩子的消费；而有的父母则放任自流，任孩子肆意挥霍。

放任孩子随意花钱，肆意挥霍，是一种很不科学的教育方式，这样会导致孩子大手大脚，养成随意花钱的毛病，甚至会造成严重的后果。

但是，严格控制孩子的零用钱，对孩子不信任，同样不会有好的效果。

有一对父母，担心孩子有钱了会变坏，在孩子很小的时候，就把钱管得很紧，像防小偷一样防着孩子，不让孩子碰一下。不仅将钱放得很隐蔽，不让孩子知道，而且孩子上学后想要买什么东西，或者学校要交什么费用，父母都要用怀疑的态度来仔细盘问："要钱真的是要买作业本吗？不许撒谎呀！"甚至找别的同学或者老师问个明白。即使允许孩子到抽屉里拿钱，父母也要仔细地检查一番，不让孩子多拿。结果，父母的不信任和严密监视，反而助长了孩子对钱的兴趣。从上初中开始，他就开始从家里偷钱。他甚至能够从父亲锁着的抽屉中拿出钱来，最多的时候一个月就分多次拿走了几千块钱，全部挥霍一空。每次孩子偷钱被父母逮着以后，都会被暴打一顿，但是仍旧不改。父母甚至气得要把他赶出家门。其实，父母至今不明白，之所以孩子总是偷钱，就是因为他们对于孩子的钱管得太严了。

每个家庭给孩子零用钱的方式不一样，有些是每月固定一次，有些是一次性给，有些是孩子开口要钱时才给他，有些是有好的表现作为奖励。不管是哪一种做法，都不能说是绝对的好或绝对的坏，只要父母和孩子都认同便可。但无论如何，基本的大原则，是让孩子有某种程度的金钱"使用权"。孩子也有交际圈，也有属于自己的一片天空，偶尔也会跟好友去吃冰淇淋，各自买图书及玩具交换看或交换玩，像这些时候，孩子身上没有多余的钱，他就没法跟其他小朋友交际及玩耍，甚至被人排斥。对小孩来说，跟小朋友一起玩耍，比什么事情都来得快乐和重要，因此为人父母，多少都应给孩子一点零用钱，对于用钱的方式，母亲也不应多说多管，既然是交给孩子全权处理，就不该多加干涉，孩子买书，买糖果，买玩具等，全凭孩子自己做主。如何让金钱发挥最大的效用，就是要在运用的过程中思考及体验，是否因为买文具而没有糖果吃，又或许因为买糖果而没有新的文具用，一切权衡轻重应由孩子自行决定。

章女士是一名大学教师，对于孩子的个人独立能力非常看重，孩子的零用钱她一般不干涉。但是孩子每次用钱时，章女士都希望他将用途告诉自己，这样他们能够一起做主。章女士还为孩子开立了银行账户，让孩子自己独立管账。孩子与章女士的关系很融洽。

章女士的做法非常值得提倡，理财、教育两不误，让孩子从小就树立理财意识，收获的应该不仅仅是压岁钱的增值。

要提高孩子的理财能力，应该让孩子多了解一些家庭的财政状况，让孩子了解一些理财的常识，这样就会让孩子能够根据自己的实际情况来选择花费。

辛凌今年上初二，他的妈妈是一个会计。辛凌的妈妈很注意培养孩子的理财能力，也有一套自己的独门绝技。去年辛凌想购买一款 PSP 游戏机，需要一千多。妈妈就让儿子自己想办法凑钱购买。结果辛凌花了一年多的时间，通过积累平时零花钱和长辈的奖励金，甚至利用周日到跳蚤市场出售自己不看的一些书籍、玩具，攒够了钱买了游戏机。让妈妈心有感触的是，儿子通过自己的努力赚到了钱，在用钱时，懂得精打细算了。例如学校饭堂里有 18 元的小炒供应，儿子不舍得吃，说太贵了，只有当几个朋友凑在一起时，才会一起叫一份解馋。到学校外面买个哈密瓜，他也不舍得买，同样采取多个人平摊的形式，花较少的钱来解馋。

辛凌小时候，妈妈就让儿子养成记账的习惯。账本的设置很简单，只有收入、支出、结余、备注四项。备注会写明收入的来源、支出的用途。每过一段时间，她就会和儿子一起看账本，分析支出是否合理。

妈妈还指导辛凌做自己的财务管家。每年春节，孩子都有一笔不菲的压岁钱。以前，这些钱都是要上交给父母。可是自从辛凌开始独立做财务管家之后，妈妈就放权了，让辛凌自己自由地管理自己的压岁钱。刚开始的时候，辛凌的目标是用压岁钱给自己买一台游戏机。

可是妈妈却给了辛凌一些建议，她从银行里拿来了一张儿童账户的简介，告诉辛凌："如果把压岁钱存到儿童账户里，可以写上自己的名字，也意味着你可以拥有像大富翁游戏里那样的资产，虽然不多，但这可是一笔真实的资产，还能得到利息回报。如果你只是买了游戏机，过几天玩厌了扔在一边，就没什么用处了。"

是花费还是积蓄？权衡之下，辛凌选择了后者，"我想做生活里真实的大富翁财富冠军。"在妈妈的陪同下，辛凌有了第一个属于自己的银行账户。不过，在选取什么样的存款计划时，妈妈又给了辛凌一道选择题：

"银行存款有不同的种类，在给付利息的时候，利率也不一样。比如活期存款，利率很低，但是它的好处是随时可以提取，如果要用钱的时候可以随时从银行取出来。但是定期存款就不一样，它的利率比活期高，缺点是要到期才能支取。"

辛凌最终选择了三年期的定期存款，"因为通过初一第一学期的锻炼，我已经学会了支配父母平时给我的生活费，我暂时不需要这笔存款。三年后我就上高中了，说不定这笔钱到时候我就可以派到大用处了。"现在辛凌自己的账户里已经存够了6000元，"我喜欢摄影，再过一段时间，我就可以用自己的钱买一部单反相机了。"

相比让孩子"不劳而获"，辛凌妈妈的方法可以作为参考，至少让孩子懂得钱是要靠自己的努力获取的，懂得了这样道理的孩子，就会金钱有一个正确的态度。

教会孩子正确对待金钱，正确理财的方法很多，父母还可以从以下几方面试一试：

第一，让孩子了解你挣钱的方式。

如果有机会，可以带孩子到你工作的地方参观一下，让他体验一下挣钱是多么不容易。假如你是自己开小店的，应该让孩子在你的店铺里呆上几天，让他看看，卖出一件商品是多么不容易的事情，从而让他知道赚钱的辛苦。

第二，放假期间，可以让孩子打零工。

孩子通过劳动，能体会到父母养家的劳累。最重要的是让他知道，获得金钱的合法途径就是劳动。

第三，让孩子学会记账。

让孩子学会记账，是要他明白家庭里的开销和支出情况，能长久坚持下来的孩子，长大后会变得精细而有条理。

第四，教孩子把零钱装进储蓄罐。

当孩子有几角、几元或者几十元的时候，引导孩子把零钱放进储蓄罐里，并养成习惯，久而久之，当有一天孩子发现钱罐里原来有数目不少的钱时，他会觉得很惊喜，这时告诉他，他的存款可以帮他实现一个大心愿的话，更容易帮他建立起储蓄抗风险的理财观念。

第五，和孩子一起筹划家庭的理财计划。

例如家里要过一个重要的节日，和孩子一起商量怎么在有限的时间内安排，哪些东西是必须买的，哪些东西是次要的，该花多少钱，怎么购买。并让他自己设计一张预算表，从中引导他如何规范花钱及适度使用钱财。

第六，进行必要的监控。

考虑到孩子的心智还不够成熟，父母必须对孩子的支出进行监控，需要重点防范的是孩子因贪图物质享受而形成的彼此之间的攀比心理。有的孩子过生日大操大办，花上好几百甚至上千元，送礼非名牌不行，动不动就几十几百的花，这种倾向是要坚决排斥和避免的。如果孩子小时候就过分注重物质享受，长大后往往会导致虚荣心强、势利等不良性格，对孩子形成良好的价值观和人生观是非常不利的。

让孩子看些闲书

很多的妈妈经常会批评孩子："又看闲书，多做点练习题去！"还在孩子脑袋上'啪'地顺手给一巴掌！

妈妈反对孩子看"闲书"的原因有二：其一是影响学习，其二是目前儿童读物内容大多充斥着妖魔鬼怪、恐怖暴力，既误导儿童行为、危害儿童心理健康，又影响正课学习。所以，很多的妈妈都禁止孩子读"闲书"。

王雷读小学三年级，已经能看厚厚的大部头著作了，而且爱不释手。这本来是件好事，可王雷的妈妈却不认为这是什么好事，她认为王雷什么都好，就是太爱看"闲书"。

原来，她认为多看"闲书"就会影响"正书"（教科书）的学习，多次劝说、干涉甚至动粗都收效甚微后，就想出了一个自以为挺高明的办法。今年春节前，她从新华书店购买了一大包"书"回来，作为送给儿子的新年礼物。小家伙高兴得直跳，以为妈妈"解除"了自己看课外书的禁令，但打开后一看，小嘴巴立刻噘得老高，那叫什么"书"呀？都是"习题集"之类的辅导材料，后面还附有作业，都要做的！王雷妈妈管这个办法叫"以书压书"，你不是喜欢看书吗？我就给你这么多"书"看，这样，看你还能有时间精力再去看其他的"闲书"！

和王雷的妈妈一样，有些父母望子成龙望女成凤心切，平时总要求孩子把时间和精力都放在课本和作业上，若发现孩子看课外书报杂志就大发雷霆，并斥之为不务正业。

不错，学校教育是孩子获得知识的主要渠道，但主要渠道并不是唯一渠道，它不可能面面俱到，因为教科书（“正书”）的内容不可能也无法无所不包。这就得靠其他渠道来补充，课外读物（所谓的‘闲书’）就是它最好的帮手。一个人如果只读“正书”不读“闲书”，他的知识面肯定非常狭窄，就像只吃一种他爱吃的菜而不吃其他的菜一样，营养不全面，必然会造成营养不良。

所以说“闲书”不闲，孩子读点“闲书”，并非不务正业，“闲书”能开阔孩子视野，丰富孩子的知识，提高孩子的想象力。有些课外书实际上是孩子的辅导书，读后可以加深对课本知识的理解和巩固。

2010 年广东高考理科状元卓信成获得高分的经验就是：务必提前做好积累，而积累离不开广泛阅读。

作为一名理科生，卓信成却丝毫不惧怕背诵识记，文科成绩也顶呱呱。这次他的高考总成绩考得 709 分，其中语文成绩考得 137 分。而全省语文单科最高分是 138 分。

在卓信成看来，广泛阅读不仅积累了大量的辞藻句式，更多的是启迪思维。卓信成表示，他的阅读方式是边阅读边思考，同时边记录读书心得或个人随想。“阅读时，不自觉地写下一些感受和领悟，以后翻翻看看，就可以成为考试时的作文素材！”

“当然，阅读并不是逼迫自己完成的，可以从个人熟悉或感兴趣的方面切入，形成自发的阅读习惯，持续一段时间后，涉猎面会不断拓宽，阅读量也就随即增加。”卓信成表示，对于理科生而言，理科成绩是基础，但文科成绩也很重要。“理科成绩大体决定了你的成绩走向，而文科成绩则是高分段更加拔高的‘制胜法宝’。”卓信成向理科生建议，重视理科基础备考的同时，也要注重文科的积累，“不一定非得故意分配两者的备考时间，也绝非死记硬背，但要有条件平时多阅读会有好处。”

另一位理科高分生冯扬扬也是一名不折不扣的“书虫”。在上小学之前，扬扬的父母就给她买来童话故事、儿童文学，父母有空的时候，就会陪扬扬一同阅读，或是主动给扬扬讲故事。扬扬的阅读兴趣由此展开了。冯扬扬的母亲说，如此培养起来的阅读习惯，不仅开发了女儿的智力、塑造个人品德，同时培养了女儿从小到大自觉、主动的学习习惯，培养了女儿对学习的兴趣及学习专注力。“当这些学习能力都具备了，孩子的学习也就不用多操心了。”

很多父母担心多读“闲书”会影响学习。其实，读闲书对学习成绩的提高非常有帮助，尤其是对语文成绩的提高最为直接。语文水平的高低主要反映在写作上，而阅读则是写作的基础。“熟读唐诗三百首，不会做诗也会吟”“读书破万卷，下笔如有神”……这已是人所共知的经典之言。可以这样说，凡是喜欢读“闲书”的人，他的语文水平必然高，反之，从不读“闲书”的人，他的语文水平就像床底下放风筝——绝对不会高到哪里去。大凡喜欢读书的人，除了认真读专业书籍外，总会挤时间读一些与专业关系不大的“闲书”。人世间的知识相互联系，相互渗透，若局限于一个小天地，势必眼光狭窄，孤陋寡闻。此时，如果读点闲书，就无异于打开了封闭的门窗，一片新的天地就会豁然展现在眼前。

温家宝总理在访问日本时，日本学生说每次听到他的报告都引经据典，问他为什么做得这么好。温总理回答道，在我读书的时候，除了一半时间是认真学习本科知识外，其余一半时间是学习本科外的知识。温总理喜欢并坚持读闲书，极大地丰富了他的知识储备，所以运用时才能这么得心应手，随手拈来。

有的父母还担心多读“闲书”会“野”了心思，冲击孩子读“正书”，从而影响功课，影响学习成绩，这是许多父母不让孩子读“闲书”的另外一个原因。这种担心其实没有必要。一般来说，孩子也是懂得主次的，他们也知道书要读好，每次考试都要考好，不会因为喜欢读课外读物而放弃学习；即使有个别孩子把握不住自己，课外读物读得过了头，影响了学习，那也是可以引导的。还从来没有听说过读课外读物会像玩电子游戏那样上瘾，否则，我们也不会大声疾呼让孩子多读点课外读物，而是要像对待电子游戏一样对它加以控制了，各个新华书店的门前也得挂上“未成年人免进”的牌子了。

更有些父母担心孩子多读“闲书”会偏课。多读点课外读物对提高孩子的语文水平有好处，这点家长们也承认，但孩子的阅读兴趣浓了，对其他功课的兴趣会不会淡了呢？这个更不用担心。要知道，课外读物的范围是十分广的，除了故事、小说之类的人文类，还有大千世界奥妙无穷的自然科学类，这对孩子们的成长都不无裨益。

早在1928年，鲁迅先生在题为《读书杂谈》的演讲中，就鼓励学生多看所学专业之外的书，不要只将课内的书抱住。他说：“书在手头，不管它是什么，总要拿来翻一下，或者看一遍序目，或者读几页内容；不用心，不费力，已经过时的书要翻，明知和自己意见相反的书也要翻，翻来翻去，眼界自然开阔，不太容易受骗。”

鲁迅曾说过：“不要只将课本的书抱住，即使和本专业毫不相干的，也要泛览。”大凡古今中外的名人、科学家都博览群书。在知识爆炸与知识不断更新的当今时代，更应该鼓励孩子广泛阅读。当然，做父母的要帮助孩子有选择的阅读，指导孩子读好书，不能放任自流，以免孩子误入歧途。

那么什么样的适合孩子们读呢？持久的阅读兴趣来源于书籍的“有趣”而不是“有用”，在给孩子选择书的时候要以孩子的兴趣为核心，而不是以“有用”为核心，只有这样，孩子才有兴趣读下去。

当然，那些充满打杀或妖魔鬼怪的动画书、纯娱乐的书籍等，对于孩子的学习和成长没有一点帮助，反而会给孩子们的心灵造成很不好的影响，要让孩子少看为好。

第三章

让孩子有一颗独立的心

孩子有自己的自我意识，一味地控制只会让孩子缺少自立能力，依赖他人。适度的放养能够让孩子学会自我控制，增强自律能力。这样教育出来的孩子才是有能力的孩子。

——网友

不要将听话当标准

教育孩子，听的最多的词语恐怕就是“听话”两个字了。听话与否，几乎成了评判一个孩子好坏的标准。在父母心目中，“听话的孩子就是好孩子”，“不听话的孩子就不是好孩子”。

“听话”真的可以作为评判孩子优秀与否的标准吗?

不可否认，听话的孩子乖巧、安静，深受家长和老师的喜爱。他们不会给父母和老师添太多麻烦。“听话”的孩子一般不喜欢提问题，更不与其他人争论。所以在父母和老师心目中，就成了所谓的“好孩子”。

任何一个孩子，心里的想法都是很多的，而且很多想法都是很有创意的。如果家长一味强调听话，孩子的很多话就不敢说出口，孩子就容易盲目服从，逐渐失去独立性，对问题缺少个人见解，不敢和别人抗争……随着孩子慢慢长大，这种孩子成为“问题儿童”的可能性比一般儿童要大得多。

周末，杨先生一家人去超市购物。他们见到在超市门口有一个八九岁的男孩子站在烈日下，被晒得满头大汗。

杨先生一家子从超市里出来，发现那个男孩还在原地站着。这不由得引起了杨先生的好奇。他问男孩为什么站在那里不动。孩子说：“妈妈说了，让我站在原地不要乱动，妈妈很快就会回来的。”

杨先生又问:“妈妈没让你站到阴凉的地方去吗?”

孩子摇了摇头，又说了一句:“妈妈说了，她很快就会过来。”

在回家的路上，妻子忍不住对女儿说:“瞧瞧人家多听话，父母叫他怎么着，他就怎么着，哪像你啊!”

杨先生有点儿生气了。他说:“这算什么听话啊，简直是死板!难道你没有发现那孩子满头大汗吗?因为父母一味要求孩子听话，那孩子都变得有点儿呆了。这是我们想要的孩子吗?”

许多事实都证明，对父母言听计从的“乖”孩子习惯于循规蹈矩，对父母非常依赖，遇事不知变通，头脑相对死板;而不爱听话的调皮孩子比起“老实”孩子更有创造力，头脑更有想法。所以说，孩子太听话并非是一件好事，而孩子调皮、不听话，也绝非坏事。其实，调皮、好动是孩子的天性，也是孩子创造力的体现，只要调皮有度，父母最好不要限制太多。什么都看着大人的眼色行事，孩子就会变得没有主见，将来很难有出息。

许多儿童教育专家表示，让孩子安静、听话，对孩子而言简直是一场“灾难”。他们认为，让孩子多动、调皮、不听话一点儿，是促使孩子性格走向成熟的必要条件。这样才能使孩子成为一个“完整的人”。而淘气的孩子接触面广，大脑受的刺激多，能激发孩子的智能。因此，不听话的孩子更具有创造性。

很多父母之所以不喜欢调皮的孩子，是因为调皮孩子的行为总是别具一格，让父母觉得荒唐透顶，所以父母要求孩子听话也是情有可原的。如果孩子整天打架、骂人，就必须要求孩子听话点儿，但思想上可以不太听话，可以有自己的想法。孩子小的时候，要让他以听话为主，主要是为了培养良好的行为习惯。孩子长大一点儿后，就应该给孩子“不听话的自由”，鼓励孩子要有自己的想法和做法。

有位教育专家说的好:“我们应该培养的是一个不盲目听话的孩子。孩子不但不盲目地听我们的话，而且对所有值得他们怀疑的问题，孩子都要有自己的思考，并且可以无所畏惧地说出来。我们只要从小告诉他一个原则，一个标准。在这个标准下，他知道什么东西可以去执行，什么东西坚决反对，掌握好这个度就可以了。”

怎样做才能让孩子既听话又能促进他们的发展呢？

首先，要尊重孩子的权利。

不要把孩子当成自己手中的棋子，可以任意支配，随意摆布。在培养孩子听话的过程中，要为孩子创造有利于他们发表意见、表达感受、进行选择、表现能力的环境和条件，促使他们成为一个自由、独立、自主的行动者，在将来面对生活时才会游刃有余。

其次，要为孩子创造发展的空间。

孩子来到充满诱惑力、信息万变的世界，对身边的一切都感到陌生、好奇，他们要去尝试、想象、探索、操作，他们常常是看到什么就要去动，想到什么就要去做，不会考虑后果，可能会做出一些不符合规矩的错事，表现出不太听话的行为。这正是儿童自立性、强烈求知欲的可贵表现和创造力的萌芽。在遇到这种情景时，父母应抱着积极的态度，防止急躁动怒，急于制止。应站在孩子的立场，以自己儿时的心态去理解孩子的兴趣、需求。再来细心观察孩子的行为，耐心地看个究竟，尽量不去干扰，打乱孩子的思路，对孩子的想法和做法多一些宽容理解和接纳。

总之，对孩子一些不听话的行为，应肯定孩子积极的一面，以商量的口吻提出一些建议。如果父母这样做了，孩子会从家长那里得到尊重和理解，孩子将会变成既听话又聪明能干，有创造个性的孩子，从而为他以后的发展打下坚实的基础。

让孩子学会自立

李想是吉林省的高考状元。他的父母认为，父母的责任是把孩子从一个无行为能力的“小动物”培养成一个能够自食其力的人，要达到这个目的，就要让孩子养成自立的品格和良好的学习、生活习惯，而这比多认几个字、多做几道题要重要得多，因为这些品格会影响孩子的一生。

正是因为有了这种认识，他们早早地就开始教李想自己吃东西自己穿衣服。孩子两三岁的时候，就让孩子自己选择玩具，自己动手动脑去玩去折腾，自己去写去画。不仅如此，他们还培养李想独立生活的能力，李想刚5岁的时候，他们就让李想单独睡一个房间。

正是由于父母的这种做法，李想早晚起居都是自己铺床、叠被子、洗衣服，而且还能够帮助家长做一些家务。

李想的自立能力非常强，能够科学地安排自己的生活和学习，所以在高中的时候学习非常优秀，高考的时候成为吉林省的高考状元。

李想的成功，应该归功于他父母的“放养”思想。

有些父母一听到要放养，就认为就是什么都不管孩子，随孩子自由生长，其实这样的看法失于偏颇。放养的本质在于给孩子自由成长的空间，但是绝不是父母放手不管，父母要引导孩子走正确的道路。就像要到一个地方去，父母的责任就是要告诉孩子这个地方的位置，至于怎么去，那就让孩子自己去努力了；如果连用什么方法去、都要准备什么东西都要一一为孩子准备好，甚至于自己陪同孩子前去，这就是“圈养”了。

“圈养”的孩子会对家长有很大的依赖性，这是一种很不好的习惯，对于孩子的成长没有一点好处。

有一位母亲非常苦恼，为了让孩子上学，她每天很早就要叫孩子上学，可是孩子总是说，让我再睡一会儿。所以孩子上学常常迟到，这时孩子就会抱怨母亲没有早点叫他起床。这位母亲无奈地说：“面对这种情况，我该怎么办呢?”

父母如果知道一次是叫不起孩子的，那么父母为什么不早点叫，给自己留出一点时间呢？这就是孩子怪罪父母的原因。

其实何止起床这样的小事，很多孩子的事都要父母包办，“衣来伸手，饭来张口”，大大小小的事情都要父母包办，离开了父母就什么都不愿做，也不会做。这就比较严重了，孩子终究要独自去面对社会、面对人生的，父母再怎么疼爱孩子，都不可能对孩子贴身服侍，到那个时候，孩子就得为父母无微不至的爱买单。这是每一位家长都不愿意见到的。

一个具有健康人格的人是自由的人，而自由主要就体现在这个人能够自由、有选择地支配自己的行为。这种自由感不是凭空产生的，其中很大一部分是来自童年时期对自由支配时间的体验。据相关机构调查表明，现在的孩子每天可自由支配的时间平均只有一小时多一点，根本没有足够的可以自由活动的时间。大部分的时间都被父母用功课或者其他的活动给安排了，孩子为此而疲于奔命，因而失去了选择的机会。

正是在父母的这种安排下，很多孩子都成了机器人，失去了自我，以至于变得越来越没有自己的主动性。

能够自由支配自己，孩子才能够实现自我、创造性地表达自我。可以说，剥夺了孩子的自由支配时间，实际上是在剥夺孩子成长和发展的机会。一般而言，拥有自由越多的孩子，自信心更强，才会有更大的成就。因此，父母要给孩子足够的自由，给孩子足够的自由时间和空间，这样才更有利于孩子的成长。

如何让孩子既能够学会独立，又能够体现出父母对于孩子的爱呢？不妨从以下方面入手教育：

第一，要相信孩子能够把事情做好。

作为父母要相信自己的孩子，要相信他们有能力把事情做好。有的父母对于孩子总是不放心，有时候孩子主动要求做些事情，父母也会拒绝，他们常说的一句话就是："你还小，等大了自然就会做了。"什么都不让孩子自己做，孩子哪有机会得到锻炼呢？

所以说，要想孩子有自立的能力，首先要相信他能够自立，他有能力把事情做好。你相信孩子，孩子才能够对自己有信心。

这是培养孩子自立能力的第一步，也是最重要的一步。

第二，要敢于给孩子实践的机会。

相信孩子，还要敢于给孩子机会，让孩子有能力得到锻炼。有些父母唯恐委屈了孩子，怕孩子把事情做砸，什么都不让孩子碰，什么都不让孩子做。

著名的教育家陈鹤琴就说过："凡儿童自己能够做的，应该让他自己做；凡儿童自己能够想的，应该让他自己想。"只有这样，孩子才能够成长，才能够发展全面的能力，使自己自强自立。

第三，让孩子自己安排和自己负责。

对于孩子的事情，家长要勇于放手，孩子自己的事情要让孩子自己安排，并且要让孩子懂得自己该为自己的行为负责。不要怕孩子会失败，会遭遇挫折。这个失败和挫折对于孩子的成长是一种宝贵的财富。当然，不要怕孩子看问题不全面、不周到，在孩子做计划的时候，父母可以适当地引导或者提醒。当孩子的计划出来以后，父母还要负责监督孩子执行自己的计划。

就拿上面那位母亲来说，她就可以这样做：告诉孩子，上学是你自己的事情。从明天开始，该几点起床你自己起来。如果到时候你还不起床，那你想睡到几点就睡到几点，迟到了是你自己的事情，不要责怪父母。

事实证明，这是对付赖床孩子最好的办法，非常有效果。这位母亲后来说，第二天她就按照这个方法去做。结果孩子自己就把闹钟定好了，第二天闹钟一响，孩子就跳下了床，自己收拾好就去上学了。从那以后，孩子再也没有让母亲叫自己起床，也没有迟到过。

“不管”是最好的“管”

现在家家都是一个孩子，都非常疼爱，总是含在嘴里怕化了，捧在手里怕掉了，什么都替孩子想好了，什么都替孩子做好了，想着为孩子铺就长大成才的道路。结果孩子不但不领情，而且也没有按照自己的意愿成长。

刘倩大学毕业了，却整天待在家里，也不出去找工作，就靠妈妈来养家。气得妈妈天天骂她“笨蛋”，是个“无用之才”。其实，这又怎么能全怪孩子呢？

刘倩妈妈年轻的时候，由于一心忙于工作，结婚比较晚，直到三十多岁才有了这么一个女儿，所以宝贝得不得了，平时对于刘倩照顾得无微不至，生怕委屈了孩子。

她害怕刘倩受别人欺负，就禁止刘倩出去找小朋友玩耍，她害怕刘倩出什么意外，就什么也不要刘倩做。

她对刘倩的要求很严格，如何学习，如何讲话，甚至连拿筷子的姿势，看书的姿势，她都要认真指导，只要刘倩做得不到位，她就大声斥责，直到孩子做得符合她的要求为止。

结果，刘倩长大了，性格非常内向、固执，又显得很窝囊，甚至都不敢同生人说话，连一些基本的生活常识都不知道。大学毕业了，却不愿也不敢出去找工作，宁愿待在家里。

刘倩的妈妈一提起她的孩子就叹气，实在想不出自己教了一辈子的学，怎么自己的孩子就这样不成器呢？

说实话，孩子不是一块石头，大人拿着刻刀想要怎么刻，孩子就会按照自己的想法变成什么样子。再小的孩子也有自己的主见，孩子的成长是父母和孩子双方互动的结果。作为父母，如果看不到这种主观能动性，忽视孩子的感觉，一味按照自己的想法，想要怎么教育就怎么教育，那么，即使天分再高的儿童，也会被埋没。

“可怜天下父母心”，可是谁来“可怜天下孩子心”呢？在父母的大包大揽之下，孩子的能力被压制，他们独立生活的能力以及面对人生挫折的应变能力被弱化。父母的过分关爱使他们在精神上长久地依赖父母，变成了一个长不大的孩子。更令人感慨的是，近年来，一些人才招聘会上，父母伴着子女前来的情况越来越多，不能不说是陪读父母的尴尬。而对依赖成性的孩子们来说，他们又能期望父母陪到什么时候呢？

对于孩子的过分关爱，实际上是不尊重儿童，是对孩子的一种伤害。不尊重儿童的最重要表现就是对孩子管制太多，也就是对于孩子指导太多，干涉太多，孩子自己的接受能力被抑制，生长秩序被打乱。往往会给他们的成长造成很多的困难，成为对孩子的一种伤害。

某知名公司在一所大学开招聘会。有一位素质很不错的女孩前来应聘。招聘人员问她：期望的薪金是多少？

她扭捏了半天才回答说：我要回家和我妈妈商量一下。

招聘人员问她：那你对工作有什么期望？

她仍旧回答说：我要回家和妈妈商量一下。

这位人事经理说着直摇头：我还不如直接把她妈妈招聘过来算了！

这位孩子为什么如此依赖妈妈呢？这就是对孩子过分关爱的后果。

被父母过分关爱的孩子由于父母的压制，都会感到内心非常苦闷，觉得自己做什么都不自由，不能令父母满意。为了反抗这种“压制”，他们就会慢慢开始反抗，变得没有自制力，而且非常不自信，自卑而又苦闷。结果，为了摆脱父母的“权威”，就会矫枉过正，反而养成了很多坏习惯。

所以，父母要学会把“自由”还给孩子，该由孩子自己做的事情要让孩子自己做，该让孩子自己做的决定要让他们自己做，只有这样，他才能够在磨炼中培养自理能力，在不断的做事和选择中不断增强自信心，才会不断地成长，成为有用之才。

实际上，对孩子严格要求是不少父母教育的第一守则。不少父母一听到“不管”，就会直摇头：“我的孩子天天看着，还不自觉呢，如果放手，那还不知道成什么样子呢?”

殊不知，孩子之所以“天天看着”还不自觉，就是因为“天天看着”，父母对他的管教太严了，“看”得太严了。凡是他想到的，父母都已经给他想到了，凡是他想做的，父母已经给他做了，应由他自己去感受的，父母都已经给他提醒了。在父母“完美”的照应下，他干嘛还要自己去努力呢？而且，他再努力估计也是白费，因为父母比他更努力，凡事都会想到他的前面。既然没有办法“自觉”，那只有想办法“不自觉”了，于是，父母就会觉得孩子越来越不听话，越来越难管。

有些父母总是怕孩子离开了自己的“控制范围”就会变得无法无天。其实，父母要相信，每一位孩子都有一颗上进的心，有对自己负责的态度，没有一位孩子愿意成为别人的“附庸”，有了这些，孩子就会自己约束自己。父母放手的过程，实际上也是孩子培养自己“独立能力”的过程。

做“听话”的父母

在父母的心目中，听不听话，乖不乖，是人们评判孩子的第一标准。不“听话”的孩子似乎不是一个好孩子。但是，不“听话”的孩子还是很多，那么，这些孩子不“听话”仅仅是孩子的错吗？

小雨在妈妈眼中是一位极不听话的孩子。有一次，妈妈和几位朋友吃饭，菜都上来了，小雨突然要妈妈去玩具店给自己买一辆遥控汽车。妈妈告诉小雨吃完饭再去。可是小雨却死活不答应，不停地纠缠妈妈，和妈妈闹起了别扭，搞得大家都很烦恼。大家都在劝说小雨等吃完饭再去，希望他先吃饭。可是这小家伙就是一口饭也不吃，一句劝也不听。

后来，还是一位叔叔想了一个巧妙的方法，要和小雨“干杯”。顺手拿过一杯可乐递给小雨。小雨的注意力被转移了，正要打开可乐罐和叔叔“干杯”，小雨的妈妈却坐不住了，赶紧拦住说：“不能喝可乐，那东西不健康，喝酸奶！”小雨非要喝可乐。妈妈一把就把可乐抢走了，叫服务员拿上来一罐酸奶给儿子，说喝这个好。小雨可不干了，他气恼地说：“你从来都不让我喝可乐，成天就让我喝酸奶！”小雨的妈妈说：“给你讲过多少次了，可乐没营养，喝那干嘛呢？”

朋友们都劝小雨的妈妈：“今天就破例一次，让孩子喝一次可乐吧，少喝一点。”可小雨的妈妈没有一点商量的余地，说不能由着小孩子的性子来，可乐绝对一口不能喝！说着把酸奶打开，倒一杯放到孩子面前说：“听话，喝这个！”孩子气呼呼地拒绝喝酸奶，也拒绝吃饭。一顿饭就让这母子搞得很无趣。

这该怪小雨吗？有如此不听话的妈妈，又怎么能够让孩子听话呢？如果父母想要孩子事事都顺从自己，孩子心里就会产生逆反心理，“不听话”就是他们最有力的武器，虽然比较消极，但是百试不爽，十分有效。如果经常这样，孩子就会形成极端思想，发展为一种偏执。

实际上，如果仔细分析，就会发现人们习惯于要求孩子“听话”，表面上是为了孩子好，实际上是家长对于孩子的一种歧视，是家长不愿平等地对待孩子的一种表现。孩子再小，心里也有自己的主张，有自己的独立意识，父母要做的就是要鼓励孩子的这种主张，才能够让孩子有自信，能够独立做事。要做到这一点，父母就要反其道而行之，要做“听话”的父母。

小小是个仅仅两岁多的孩子，但是却很乖巧，邻居们都说他很好带，很懂事。了解小小家庭的人都知道，小小的“懂事”，是因为小小父母“听话”的结果。小小的爸爸妈妈都很疼爱小小，小小只要是正当的要求，爸爸妈妈都会满足。

有一次，小小跑到厨房，非要玩电饭煲，当时刚吃完饭，盘子碗都在锅里堆放着。由于电饭煲在一张小桌子上放着，小小个子比较小，踮着脚，几乎要把锅给掀翻了。小小的父母也不怕小小会把衣服弄脏，也不怕把盘子碗打碎了，干脆就把锅端到地板上，任由小小去摆弄。小小就蹲在地上，抱着电饭煲有滋有味地玩了起来。结果搞得浑身上下湿漉漉的，连地板都搞湿了。

用小小妈妈的话来说，就是：“衣服脏了可以洗，盘子碗破了可以再买新的，就为了这一点微不足道的理由，就阻止孩子这样一次充满乐趣的尝试，实在有点得不偿失。”

两岁多的小小，之所以这么懂事，正是得益于小小妈妈的宽容。小小妈妈的宽容，并没有把小小变得骄横、唯我独尊，反而特别善解人意。有一次在外边玩耍的时候，小小非要吃路边的烧烤，小小的妈妈就告诉小小，说“路边的烧烤很不卫生，不能吃的”。小小就非常自觉地对妈妈说：“那小小就不吃了，小小吃了会肚子痛的，对吧，妈妈？”

如果对比一下小雨妈妈和小小妈妈对待孩子的态度，就知道小雨和小小为什么差距这么大了。差距不在孩子身上，而在父母身上。不管父母多么爱自己的孩子，如果把“听话”当作好孩子的第一标准，要求孩子总是无条件绝对服从自己，那他骨子里从来就没有把孩子平等看待过，在他们眼里，孩子只是自己的“附属物”而已。在他们的专制下，孩子焉能变得懂事听话？焉能有自己的独立能力？

所以，家长要学会“听话”。孩子的话都是孩子的心声，这正是父母了解孩子内心活动的最好时机。父母不仅要听话，还要想办法引导孩子将内心的想法说出来，这才是父母正确的做法。而不是不分青红皂白胡乱地训斥两句，或不痛不痒地安慰两句。不了解孩子，不解开孩子的心结，孩子就不会变得“听话懂事”。想要有个听话的好孩子，首先一定要在孩子面前做一个听话的家长。

当然，做“听话”的家长绝对不是对孩子言听计从，不能突破道德底线。对于孩子没有礼貌地发号施令，没完没了地交换条件，粗鲁无礼的话语等，一句也不能听，否则就是对孩子的一种娇惯，一种纵容。

不做"直升机"父母

随着少生优教的育子观念普及，父母对孩子的关爱更趋向"无微不至"，他们总是像"直升机"一样在孩子四周盘旋，总是保持高度戒备，孩子一旦需要帮助，他们立刻出手帮助，即使孩子不需要帮助他们也会不断地提醒着孩子要干这个不要干那个。这样的父母被形象地称为"直升机父母"。

这些父母除了不计成本地为子女花钱"投资"外，对孩子的呵护也到了费尽心思的地步。孩子上小学、初中时，学校组织打扫卫生，父母跑去帮着擦玻璃；念高中了，孩子跟同学发生矛盾，父母出面与校方交涉；上大学了，不少父母会在学校旁租房子替孩子烧饭洗衣；大学毕业了，陪他们参加各类招聘会……

为了让孩子能够成长为自己心中的理想状态，"直升机父母"们费尽心思，劳心劳力。然而，"直升机"父母的关心并没有得到应有的回报，在父母羽翼庇护下长大的孩子却难以与父母亲近，甚至越来越不喜欢自己的父母，让为了孩子付出一切的爸爸妈妈们很是心伤。

余辉的妈妈最近很烦恼，非常后悔自己当初对孩子照顾得太周到，结果18岁的儿子竟然连一双袜子都不会洗！

原来，前一段她工作上忙，也想培养一下儿子的自立能力，就没有给儿子洗衣服。没承想，过了半个月，她竟然发现儿子的衣服、甚至袜子、裤头都没有洗过。袜子穿脏了，就几双袜子轮换着穿，实在没法穿了，就去找爸爸的袜子穿，爸爸的袜子穿得没法再穿了，就去找妈妈的袜子穿，连妈妈非常艳的花袜子都给穿走了，就是不愿把自己的袜子洗一下！

可余辉也是一肚子苦水，从小到大，妈妈什么都不愿让自己做，妈妈就像有监视器一样，自己想做点什么，马上就会来制止。自己想要把家里的地扫一下，手刚拿到扫帚，妈妈就会说："宝贝，别动，让我来吧！"自己想要把自己的衣服洗一下，妈妈就会抢先把自己的衣服洗了。结果，自己都上高中了，还是什么也不会做，连女同学都笑话自己。有时候，真想妈妈病几天，好让自己能够做点什么！

连袜子都不会洗，这能怪余辉吗？"直升机父母"的过分保护，使孩子失去自己动手的机会，反过来又抱怨孩子什么也不会做，这公平吗？有了这样的"专机"，孩子自己用脚走的路变少了，当孩子长大成人后，面对社会上各种无法预料的艰难险阻，他们又该如何应对和立足呢？

"'直升机父母'行为的根源是他们内心的高度焦虑和恐惧，他们比孩子更害怕失败。"教育专家分析，出现孩子身累心更累的根本原因就是家长对孩子的不了解，进而导致不能有效地教育孩子，"有些学生像'温室'孩子，他们觉得他们什么事也不会做，因为他们过去确实没做什么事。因此，孩子出现问题，家长首先应该自责。"

父母过度的呵护，容易造成孩子失去独立自强的能力。处于竞争激烈的社会中，脆弱者要面对的就是被无情淘汰的命运。

"直升机父母"最好的办法就是撤退。对于孩子的问题，父母们可以在暗中使劲，不要越过自己的职能范围。真正懂得爱护子女的父母，在孩子的成长过程中，应给予孩子各种磨炼，训练他们独立坚强，做一个有能力、有主见的人。

台湾首富王永庆的长子王文洋，13岁时就被送到英国留学，由于该校只有他一名中国留学生，加上语言表达上的障碍，常受到同学的欺辱，有一次竟被打得头破血流，遍体鳞伤，躺在宿舍里不能动弹。年少的王文洋期待着父亲伸出援手，王永庆知道后，虽然有些担心，但最终却置之不理。王文洋在孤苦无援的期待中，被迫走上“靠自己”的道路，他不仅在学业上狠下功夫，还练习中国武功。从此他“反败为胜”，在同学面前很是“威风”了。这种教育方式被王永庆称之为“置之死地而后生”。

家长退一步，孩子进一步，这是学步的规律，也是教育的规律。聪明的家长应该懂得适时放手，帮助孩子培养良好的品质和习惯，学习各种技能和本领，这才是他们终身享用不尽的“财富”。

不要对孩子有过高的期望

社会发展得越来越快，父母对于孩子的期望也越来越高，每位父母都希望自己的孩子能够“成龙”“成凤”，这也是人之常情。但是，有些父母对自己的孩子抱有过高的期望和过于美好的想象。他们期望孩子有天赋、聪明、什么都比别人好，最好还是位神童。如果父母没有进名牌大学，就希望孩子能是北大清华的学生；如果父母运动不好，就希望孩子成为奥运健将；父母连琴键都不会摸，就希望孩子是另一个肖邦。也就是说，父母是不成功者，就寄希望于孩子获得成功，送孩子去学弹琴、学书法、学绘画、学奥数等，并施加压力，使之不落后于其他孩子。

正因为有了这样的想法，父母们在孩子还没有出生就开始对孩子进行胎教；孩子还在咿呀学语的时候，父母就开始叫他认字，两三岁的孩子就要学习识字、算术；从小学开始，就参加各种补习班、辅导班、特长班，什么音乐、美术、英语……几乎什么都要学，每天都要忙到晚上十点以后才能睡觉。不仅如此，为了让孩子达到自己的期望，父母还会在孩子耳边施加压力，告诉孩子不能够落后于其他孩子。即使自己的孩子因为自身条件不能够达到这么高的目标，父母也会努力鞭策孩子达到自己那不切实际的目标。

但是，很多父母没有意识到，子女能否成才并不是自己一厢情愿的事情，对孩子的期望值过高，反而会阻碍孩子的进步和发展。

小雪学习特别认真，可是她的成绩在班级中总是处于中等水平。每当考试的时候，小雪的成绩总会出现很大的波动。

一次期中考试过后，小雪的成绩又出现了很大退步。为了帮助小雪分析原因，放学后，老师把小雪叫到办公室谈心。

在办公室里，小雪将自己成绩不稳定的原因告诉了老师。原来，每次考试前，小雪的爸爸妈妈都会给小雪定一个目标，比如要前进多少名，达到多少分等，达不到要求回家就要受训斥。为此，小雪整天想着父母的要求，整天神经总是紧绷着。这就导致小雪在复习时集中不了精力，觉也睡不安稳。这种情绪在考试的时候特别强烈，尤其是遇到重大考试，父母都会制订一个很高的目标，使小雪本已紧张的神经绷得更紧了，所以，每到重大考试，小雪总是想着父母的要求而影响了真实水平的发挥，导致考试失误。

造成小雪考试紧张的原因是多方面的，一方面是小雪自身的心理素质不稳定而引起的考前紧张，但最重要的原因还是父母对女儿的期望值过高，给女儿造成了压力。小雪的父母并不是个例，很多父母都给孩子制订了一个又一个目标，以为给孩子的压力会变成动力。当我们对孩子期望过高的时候，我们往往不能理智地对待孩子的实力，却一味地指责孩子各方面都做得不尽如人意。对于某些心理素质脆弱的孩子来说，压力只会变成阻力，给孩子制造不必要的紧张，甚至还会引发孩子的不满情绪。

多多的妈妈是高级工程师，她希望自己的女儿能够接受最好的教育，将来能出人头地，因此在很小的时候她就给多多报了很多的辅导班特长班。多多自己也很争气，从上学以来成绩在班里都是名列前茅。多多不仅各门功课好，艺术课的成绩也出类拔萃，钢琴已考过了九级，舞蹈拿到了五级证书，还经常参加英语比赛，也获得了好多奖项，奥数的学习成绩也很优秀。多多五年级的时候，奥数班进行了一次测验，多多得了

82分，是全班最高分，得到了老师的表扬。放学时，多多很兴奋地把这件事告诉了妈妈，以为会得到妈妈的表扬，可妈妈却板着脸说：“你才得了82分就高兴成这样子，咱们邻居张阿姨的儿子每次奥数都拿100分，很了不得的，你的这点成绩没什么值得骄傲的，得到100分才能证明你真的有实力。”多多听了很难过，以后无论考多少分，她也不告诉妈妈了。

父母们想一想，多多的妈妈是否明智呢？女儿考了班级第一名，还用别人的孩子来打击女儿的自信心，这不但不利于女儿的进步，还会使女儿很反感，所以多多以后再也不和妈妈谈考试成绩了。很多父母都存在这种问题，他们通常想通过儿女来完成自己当初没有实现的理想，从而弥补自己的人生缺憾，殊不知，这样子会增加孩子的负担，给孩子增加过多的压力。正确的方法应该是根据孩子的实际情况，理性地调整孩子的培养目标，积极引导孩子向他能够达到的最高水平努力。

第一，多了解孩子。

父母要善于观察，找到孩子的兴趣所在并加以引导，确定切实可行的目标。对于一个人来说，智能不是均衡发展的，而是有所侧重，通常只会有很少几个智能是非常突出的。所以，父母要善于观察自己的孩子，对孩子各方面的智能要有客观的认识，不能单凭自己的意愿去培养孩子，因为孩子的某方面突出智能可能与学习成绩关联不密切。如果孩子天资聪颖，不仅学习成绩好，而且其他方面也名列前茅，有个这样的乖巧、聪明的孩子，父母应该知足了。可是，很多父母却像多多妈妈一样，总是不知足，永远用挑剔的眼光看待孩子，觉得孩子完全没有达到自己的目标，这就可能会引起孩子的反感，降低了他们对学习的兴趣。所以，父母要多了解孩子，以便于制定适合孩子本身特质的培养方法，不能一厢情愿，否则会适得其反。

第二，在探索中寻找培养方向。

作为父母，想要切实地制定符合孩子本身特质的培养方案不是一朝一夕就能做到的，也不是一蹴而就的事情，需要在实践中不断地摸索、不断地总结，一步一步地寻找培养孩子的方向，不能急于求成。但要注意一点，在试探中寻找培养孩子的方向不是见异思迁、朝三暮四，而是在培养的过程中及时改正已发现的弱点，才能在不断修正中帮助孩子成长。

第三，对孩子的期望要合理。

为孩子制订的目标，要能让孩子靠自己的努力可以达到，不要制订过高的目标来要求孩子。孩子的能力是有限的，不是说父母希望自己的孩子成为一个科学家就能真正成为科学家，对于任何人都一样，如果超出自己的能力范围，很多事情是做不到的。职业不分高低贵贱，只是分工不同，帮助孩子在大千世界找到自己的位置，也许孩子会开创一个新的天地的。

总之，父母在教育孩子的过程中，不要对孩子寄予过高的期望，那样只会打击孩子的自信心。正确的做法是根据孩子的实际情况理性地培养孩子，不用过高的目标来要求孩子，在积极的教育之下顺其自然地让孩子成长。

好奇是孩子的天性

对于孩子们来说，从睁开眼睛看世界的那一刻起，心中就充满了好奇，睁开眼的那一刻是无知的，而睁开眼的那一刻，就开始了对周围一切的探求，在不能开口说话时，就能够用转动的眼睛，表达对周围事物的兴趣，红的、蓝的物体在孩子眼前晃动，孩子一定会用眼睛追寻，在孩子发育到可以咿呀学语时，一个又一个为什么就会从孩子口中不停地跳出，对未知事物的好奇，唤起孩子们心中无数的追寻。

两岁的硕硕似乎对一切都充满了好奇，他见到什么都想要探寻个为什么。爸爸在电脑上为硕硕播放儿歌，硕硕非常好奇这么好听的歌曲是从哪里出来的，他爬上桌子，抱住了音箱，左摸摸右看看，也没弄明白歌声到底是怎么来的，于是又对液晶显示器产生了兴趣，把显示器转了一圈，想要看看上面的图案是怎么来的，结果还是没弄明白。

这几天，硕硕又对电视产生了兴趣，他不明白电视为什么会有人，而且还会说话，他一会跑到电视后面，一会儿又钻到电视柜下面，想要找到那个会说话的小人，可能是没有找到让他失望了，他一下子把电视关了，结果，他惊奇地发现，人不见了，于是他不停地按动开关，让那个会说话的人不断地出来，进去；出来，进去……

好奇心是个体对新异刺激的一种探究反应，它是人类的天性。从儿童心理发展的规律来看，大约从 2 岁开始，有些儿童便喜欢摆弄一些物品，喜欢制作自己想象中的东西，甚至会出现一些“破坏行为”，如把玩具拆得乱七八糟，把花连根拔起，看看下面究竟有什么等等。随着年龄的增长，他们开始提出一些形形色色、千奇百怪的问题，这些都是好奇心的表现。研究证明，一个富有好奇心的人能够保持旺盛的求知欲，在获得知识的过程中体验乐趣，这种乐趣又会激励他不知疲倦地去探究未知的领域，促进其智力的发展。好奇心就像是性能优秀的赛车引擎，保证赛车勇往直前，在激烈的竞争中遥遥领先。

很多父母对于孩子的“淘气”不能理解，一般都会以为他是在作对或者是不懂事的表现，于是或严厉斥责，或置之不理。殊不知，孩子正是通过他的淘气行为在探索、检验自己一些异想天开的想法呢！这些想法和行为就是孩子好奇心的表现。事实上，好奇心是促使孩子学习的动力。为什么调皮的孩子大都很聪明呢？就是因为他们有着强烈的好奇心，并有积极探索的欲望，从而能够学到很多知识。而父母的粗暴、忽视、干涉和误解会在很大程度上伤害了孩子，长此以往，有可能使孩子失去探索周围事物的兴趣，变得麻木不仁，没有强烈的求知欲望。这样的结果是为人父母者不愿意看到的，也是违背我们教育孩子的初衷的。所以，父母不要轻易伤害孩子的好奇心，不要熄灭孩子求索的航灯，而要特别重视对孩子好奇心的引导与保护，让好奇心伴随孩子更好地开动脑筋。

有一个孩子不喜欢看书，而喜欢到山上去玩儿，摘各种野花，采集各种野果子。回来后还总是问父母一些奇怪的问题。父母就让他去看书，说书上有答案，但是孩子就是不去看书。

后来，父母想到了一个办法，他们买来一本介绍野外花卉的书，但没有把书放在书桌上，而是把这本书连同其他课外书籍藏了起来。他们明知调皮的儿子喜欢翻箱倒柜，所以故意设下这个“圈套”。之后这本书被儿子“偷”走了，而且还被他好奇地读完了，从而丰富了知识。

所以，作为父母，作为孩子的启蒙老师，一定要保护好孩子的好奇心，并利用孩子的好奇心引导孩子学习。那么，如何打开孩子的好奇心？

第一，给孩子创造一个丰富多彩的学习环境。

环境刺激是丰富多彩的。当世界上千姿百态的事物具体地呈现在孩子的面前时，要让他们亲自去看看、听听、闻闻、尝尝，以至摸、掰、拆等摆弄一番。这实际上就是让孩子主动去探索生活中的奥秘。

日常生活中，可以让他们多玩些色彩鲜艳的或者能活动、能发声的玩具，如各种娃娃、带动力的小汽车、飞机及小铃铛、玩具乐器等等，从一开始认识世界就丰富他们的眼界。

在节假日还可以带他们出去郊游，大自然中的花草树木，鸟兽虫鱼、青山绿水都充满了知识的奥秘，对孩子有着无穷的吸引力。

第二，鼓励孩子积极探索。

好奇、好问、好动是孩子的天性，我们应加以爱护，并给他们充分的自由，允许他们大胆地去想象。即使产生了一些稀奇古怪的想法，也不能盲目否定，而应采取他们能理解的方式，耐心解答，共同讨论，或提出问题引导他们继续思索。同时，要关心他们那些在大人看来是“错误”的行为，要善于发现他们“错误”中的创造成分，帮助他们选用适宜的方法，继续展示出来，及时肯定他们与众不同的想法和做法，推动宝宝好奇心的发展。

第三，为孩子提供动脑、动手的机会。

根据孩子模仿性强、爱动的特点，可以让他们利用手边的工具，充分运用各种感官，自己观察，自己动手操作，让孩子体验到一种自我成就感和乐趣。比如让孩子自己制作简单的玩具，自己设计一种游戏等。他们对于自己动脑筋想出来、自己动手做出来的东西，有一种偏爱和特殊的兴趣，因而类似活动有利于激发起他们强烈的好奇心和求知欲，从而逐渐培养起学习兴趣。

第四，不要挫伤孩子好问的积极性。

孩子对什么都感兴趣，有着强烈的探索精神。他们常会问我们，自己是怎么出现在这个世界上的。作为父母，我们应好好地回答他们的问题，而不要随随便便地搪塞一些答案，例如“路上捡到的”、“从石缝中跳出来的”等等。这样不但会使孩子的心灵感到害怕，也很可能会使他失去再提问题的兴趣。

相反，如果我们的回答既生动又活泼，例如直接回答孩子：“是从妈妈肚子里生下来的”，孩子也许会有一连串的联想，例如“为什么妈妈的肚子里面会有我?”“妈妈又是从哪里生出来的呢?”无形之中就能帮助孩子建立对生命、未来的好奇。

耐心对待孩子的“出格”

孩子通常都有强烈的好奇心，他对自己成长的环境以及他所面对的精彩世界都充满了好奇，而且总能突发奇想，有意无意做出一些出格的事情。

小舒走进女儿的房间，忍不住大呼：“你真让我疯了！”她看到女儿的房间里，床单上、地板上、桌子上，甚至是挂在衣架上的衣服上，到处都洒满了面粉！女儿正跪在地板上，企图把所有的地方都用面粉覆盖住。女儿听到妈妈的惊呼，抬起满是面粉的脸无辜地说：“我正在制造冬天的景色，这样不好吗？”

小舒看到满屋子的面粉，气不打一处来，狠狠地打了女儿一顿，并且惩罚女儿晚上不准吃饭。

其实，如果我们从孩子的角度来看一下，孩子的举动何尝不是一种非常聪明的表现呢？敢于“出格”的孩子思维才更有开拓性，更具有创造性。

但在现实生活中，“出格”的孩子往往会受到更多的管制，结果使得孩子做什么事都得看大人的眼色行事，一副唯唯诺诺的样子，哪里还有什么创造力可言？

在成长过程中，每个孩子都不可避免地要犯错，对于孩子的错误不能一棍子打死。对待“出格”的孩子也是这样，不能因为他们不听话，做了出格的事情就轻易批评、责骂；更不能因为孩子调皮犯了错，就对孩子惩罚无度，不予原谅。每一个孩子都希望得到掌声和表扬，尤其是那些经常受批评的孩子。即使他们成绩落后，调皮捣蛋，但也不意味着思想差、能力低。父母和老师应该相信，“出格”的孩子也是好孩子，更需要耐心对待。

张丽刚买了一个新手机，还没有捂暖，功能还没有熟悉，七岁的儿子抓起来一把就从楼上扔了下去。手机砸在坚硬的水泥地面上，发出了“砰”的一声，一个新手机就这样完成了它的使命。张丽一下子火冒三丈，恨不得把儿子也从楼上给扔下去。但张丽强迫自己要冷静，冷静，再冷静。她用平静的语气对儿子说：“你先去楼下把我的手机捡回来。”儿子知道自己做错事惹怒了妈妈，就乖乖地下楼把手机捡了回来。回来的时候儿子垂头丧气地对妈妈说：“对不起，妈妈，我只是想证明一下广告上说的对不对，但现在手机坏了，说明广告说了假话，这款手机怕摔。”

张丽拿着已经四分五裂的手机，听了儿子的话，哭笑不得。但最终她没有惩罚儿子，而是赞扬他有怀疑精神。当然，还告诉了儿子什么样的事情能做，什么样的事情不能做。看到妈妈没有责备自己，儿子非常高兴地接受了妈妈的意见，并向妈妈表示以后再也不随便损坏东西了。晚上，儿子主动对张丽说：“妈妈，为了弥补我今天的过错，我要帮你洗碗。”还没等张丽反应过来，儿子已经抢着洗碗去了。

面对孩子“不合常理”的举动，父母应该学会像张丽一样冷静对待，压下火气，多理解孩子多包容孩子，耐心问明孩子做事的理由，再温和地教导，千万不可感情用事，对孩子非打即骂。这样反而不利于孩子的成长。

那么，父母应该如何正确对待孩子的“离经叛道”行为呢？

第一，要多理解孩子的行为。

父母要知道孩子们的一些“离经叛道”行为，其实是对于自己生理成熟的一种尝试性反应，而并非真的学坏了。

其次，和孩子沟通交流。

父母在发现孩子的这种尝试性行为时，需要表明态度，但是方法非常重要，应该给孩子一个平等对话的机会，避免因为简单粗暴而伤害孩子的感情，推动孩子走向父母希望的反面。父母在这时应采取“主动聆听”的方法来处理子女的问题，因为交流、沟通是走进孩子心灵的最好方法，只有这样才能走进孩子的心扉，弄清孩子的想法，才能采取具有针对性的、高效率的引导和教育方法。

最后，给予正确的指导。

对于孩子的“出格”行为，不仅要表明自己的态度，还应给予正确的的指导。就如张丽对待孩子的错误一样，不仅要让孩子认识到自己的错误，还要指导孩子什么能做，什么不能做。这样就会避免孩子以后在同样的地方“出格”。

作为一名合格的父母，一定要能够接受孩子的“出格”，能够善待孩子的“出格”，才能引导孩子走向精彩的人生。

第四章

给孩子一个自由成长的空间

放养的实质就是最大程度地让孩子按照自己的天性去发展,父母所要做的,就是要给孩子最大限度地创造一个自由成长的空间。让孩子在这个空间里自由成长。

——网友

把选择权还给孩子

世界上最有爱心的人莫过于为人父母者了。父母对于孩子的爱，真是可以用“无微不至”四个字来概括：吃什么，什么时候吃；用什么，什么时候用；穿什么衣服，穿多少；上学要送，放学要接……总之，小到吃饭穿衣，大到上学择业，父母都要给孩子安排好，甚至有条件要安排，没有条件也要安排。

相比在生活上无微不至的照顾，父母更对孩子从小有一种按照自己的人生理想、价值观念、行为方式塑造的心理，对待孩子就像捏泥人一样，按照自己的心思强行塑造，而不是让孩子从自身的素质、兴趣出发，自己做主。有的父母不懂得孩子的心理特点，不能体验更不能进入孩子的心理世界，武断地用自己的思维方式代替孩子的思维方式作出决定。

如果孩子对父母的包办和安排不满意或有抵触情绪，父母就会说：“我不会害你的，我吃的盐比你小子吃的饭还多，你按我说的做，准没错。”就这样，在爱的光环下，孩子就像父母手中的提线木偶一样，被无情地剥夺了自主选择权。同时，也失去了自己独立思考和承担责任的机会。在这样环境中长大的孩子，当需要自己做出决定的时候，就只能向父母或他人讨要答案了。事实上，如果父母在教育孩子的时候，为他们做的太多，对于孩子的未来发展十分不利。

有一个高三的孩子，是公认的“坏孩子”，高中读了四年，成绩差得一塌糊涂，模拟考试只能考两百多分，并且打游戏成瘾，只要一有机会就溜到网吧打游戏，即使没有机会也要找机会去打游戏，对家人撒谎，偷偷拿家人钱包里的钱。

孩子父亲一提到孩子，就叹气说：“对孩子真的是绝望了。所有的招都用尽了，所有的关系也都用尽了，所有的老师和家人都对他失望了，软硬兼施都没用，孩子依然不懂事，依然不上进。为了他，不知道转过多少学校，不知道换过多少老师，也不知道花过多少冤枉钱了，20 万还是 30 万？实在没辙的话，只能让他自己去闯社会了。”

后来一位新来的老师获得了这个孩子的信任，在一次交流中，他对这位老师说：“不是我不听话，是我爸让我变成这个样子，是他们（家人）让我变得人不人鬼不鬼，天天钻网吧。”

这位老师很惊讶，就问为什么。孩子说：“从小他们就从来都不考虑我的感受，从来都是安排好一切，让我这样让我那样，用他们自以为是的方法来教训我。事实上呢，我爸的方法都是他们那个年代的，难道就适合我吗？我心里憋屈透了，只能到网吧发泄。”

“可能爸爸妈妈是站在更高的角度来考虑问题的，他们是过来人，各方面更有经验，他们是希望你少走弯路。”

孩子撇撇嘴，自顾自说道：“我上高一的时候，成绩确实是不太好，但我心里知道只要多努力一点就可以补上去。但是我爸一锤定音，非得让我复读一年，这让我高中几年在同学面前都抬不起头来，我的苦他们知道吗？考虑过我的感受吗？我唯一喜欢的事情就是打游戏，因为我在游戏中才能找到成就感和自信。可是他们呢，从来都是异口同声地骂我、批判我，不让我去玩。我不是网络成瘾，我也不想天天到网吧去闻污浊的气味，可是家里的电脑让我碰过一次吗？”

不知道为人父母者看到这个故事后心中有什么感触？父母的出发点一定是为了孩子好，希望孩子能利用最好的方法以最快的速度走向成功。可是孩子感受到的却是压抑和痛苦，痛苦到只能通过打游戏来寻找自信和快乐。

假如，孩子的父母能够让孩子有一点自主权，对孩子的态度放轻松一些，多信任孩子一些，凡事多和孩子商量、多讨论，多听听孩子的想法，孩子自己的路放手让孩子父母去走，那么是不是就可以打通父母和孩子之间的沟通鸿沟呢？父母是不是就可以不必花大把的时间和金钱做无用功呢？孩子是不是要比现在表现更好一点呢？

鲁迅曾说："其实地上本没有路，走的人多了，也便成了路。"用在孩子身上也就是："前方本无路，孩子走过去了也就成了自己的路"。换句话说，孩子的路一定是自己走出来的，别人铺好的终究不是孩子自己的路，即便是逼迫孩子勉强走，也一定是摇摇晃晃不够稳健的。

教育专家说："人生对孩子来说就是一条全新的路，孩子自己走过去了，这条路就是孩子自己的，有汗水，有泪水，有伤痕，也有喜悦，这才叫成长。很多时候，家长对孩子做得太多了，保护得太好了，抱着的时间太久了，孩子的腿就不够健壮，孩子的翅膀就不够结实，孩子的微笑就不够有底蕴。有的家长甚至提前就为孩子铺好了后路，或者托关系加分，孩子有了后路有了依靠，就不会有紧迫感，就不会有努力的精神。孩子一时走得轻松，但未来的路一定会有更大的坎坷。真正优秀和成功的家长是让孩子去走这条充满荆棘的路，遇到障碍让他自己爬起来，爬不起来家长再及时扶一把。"

"孩子自己的人生，让孩子自己去做选择，让孩子自己去走。"父母给孩子的帮助，只能是建议和引导，不能有任何的强制和逼迫，否则效果只能是负面的。

小李是一家公司的老板。熟知他的人都知道他原来是一位优秀的老师，前几年才下海经商。当初考大学的时候，他十分热衷于报考军事院校，但是他的父母为了让他有份稳定的工作，就坚持让他报考师范类院校，并且自作主张替他报了名。他没法违抗父母的意愿，就违心地上了一所师范类高校，毕业后被分配到了一所高校任教。尽管他工作十分出色，深得学生和同事们的好评。但是他始终无法对教育工作产生浓厚的兴趣。用他自己的话说，之所以好好工作，“那是出于自己为人师表的一种责任，不能够误人子弟”。最终，他选择了离开，辞职下海，开办了自己的公司。闲暇的时候，他总是感慨自己最好的光阴没有干自己最喜欢的事情。

所以，父母要将选择权还给孩子，要逐渐把“大包大揽”变成倾听和“引导”。先听听孩子的意见、孩子的想法，再给孩子引导性建议。在一些孩子想不到的方面，父母要给孩子建议和方法，要做到既放手又不放手，让孩子既自己走路，又有安全感。

也许有的父母会说：“孩子的选择不一定正确，因为他们毕竟还小呀!”是的，尊重孩子的选择并不能保证孩子每一次选择都是正确的。这就要求父母们在尊重孩子选择权的同时，还应培养孩子的“辨别”能力。不过“辨别”的能力也只有在“选择”的实践中培养，所以，最好的培养办法还是多为子女提供“自作主张”的机会。孩子需要添置衣服了最好在式样、颜色等方面由孩子做主，星期天，最好让孩子置办一天伙食，吃什么、怎么吃由他去操心；学习上遇到困难了，父母就应帮着出出主意，但解决问题的办法最后还得孩子自己拿……

在这过程中，孩子肯定会摔几个跟斗、走一段弯路，但选择的能力正是在一次次选择的尝试中得以提高。父母千万不要用“不听老人言，吃亏在眼前”的责备来剥夺孩子选择的权力。

父母太能干，孩子会变得懦弱；适度的放手，会让孩子变得坚强和能干。父母希望的，不就是孩子能独立、变得能干吗？

孩子的理想自己做主

现实生活中，父母往往喜欢给孩子设计理想，从孩子懂事开始，就将孩子的理想一步一步规划好了，甚至想到了孩子以后要上哪所大学的哪个专业。为此，父母不顾孩子的爱好和理想，强迫孩子按照自己设计的轨道发展，如果孩子有一点不符合自己的意愿，就对孩子的所有成绩全盘否定，甚至打骂孩子。

晓伟的作文拖了两天都没有交上来，在老师的细问之下，他才说出了缘由。

原来，在作文课上，晓伟说自己的理想是做一个动物饲养员。因为他特别喜欢动物，老师还夸晓伟有爱心。结果老师向晓伟要作文本的时候，晓伟却两眼噙着泪说："老师，我的作文让妈妈给撕掉了。因为她不喜欢我的理想!"

原来，晓伟的妈妈觉得晓伟的"理想"没有出息。于是，在妈妈的要求下，晓伟把自己的理想改成了"警察"。可是，晓伟根本不喜欢做警察，他怎么也写不出一个字来，所以也就没有交上作文。

父母需要为孩子设计理想吗？这真的大可不必。

第一，孩子是一个活生生的个体，他有自己的思想，有自己的爱好，有自己的人生愿望，这说明孩子已经能用自己的眼睛看世界，认识世界了。为什么要用大人的眼光去干涉他自己认识世界呢？

其次，孩子也是一个独立的个体，虽然是父母，但是不等同于可以把自己的意愿一定要强加在他身上，而且父母的强迫还非常有可能造成孩子的逆反和对抗，特别是像晓伟这样已经六年级的学生。

再者，孩子的理想是个动物饲养员，那也没有什么啊。动物饲养员也是一个高尚的职业，为什么父母要用自己的价值观去干涉孩子的理想呢？退一步讲，这也仅仅是孩子现阶段的理想，还不一定能实现呢。随着年龄的增长，没准孩子改变理想了呢？

作为父母，不应当限制孩子的理想，而应当正确地指导孩子的理想。

顾威和爸爸一起去旁听了一场法院的公开审判。在法庭上，顾威为法官那威严肃穆的气度和义正词严的口才所吸引。回家的路上，不停地和爸爸说，做一个法官真牛！真威风！并表示自己长大了也要做个法官。

儿子的一切表现都被顾威的父亲看在眼里。他对儿子说："你的理想很好，法官能够维持公平和正义，惩处邪恶和犯罪，我支持。不过，法官不仅要有好的口才，还要有渊博的知识，要熟练地了解法律条文，还要学会处理社会上各种复杂的关系。如果你想要做一名优秀的法官，现在就应该好好学习，为做一名优秀的法官打下坚实的基础。"

顾威听了爸爸的话，立即答应下来："好，我以后会更加努力地学习，长大后做一名优秀的法官。"从此，顾威学习更加用功了。

对于孩子的理想，父母只要觉得是健康的合理的，就要鼓励孩子为之奋斗，而不能够打击孩子的理想。孩子在初次接触新鲜事物的时候，都会自然而然地萌发理想，如果父母给孩子设置过多的压力和警示，就很容易打击孩子的积极性，甚至打击孩子的上进心。

所以，父母们，请松开你们的手，让孩子走自己的路吧！这样，虽然不一定走在坦途上，但是他的身上一定是洒满阳光的！

不要打探孩子的秘密和隐私

很多父母都有打探孩子秘密和隐私的经历。有一位母亲的想法可以说代表了很多人的观点：

“我的儿子成绩优异，比较听话，可我对儿子仍不放心。觉得现在社会诱惑很大，稍微放松对孩子的监管，就有可能毁掉他的前程，孩子的一举一动，我都想掌握。”

有一天儿子放学后在屋子里跟同学打电话，我在客厅用分机偷听了儿子的谈话，没想到却被孩子发现了。平时很温顺的儿子忽然发起了火，埋怨我的做法，我对儿子的埋怨却感到很不解：“不听你电话怎么知道你都结交了一些什么人？我这样做，都是为了你好啊！”

说到隐私，很多人都觉得这是大人的专利，至于孩子也有隐私就不以为然了。其实孩子在3岁左右就开始有自己的小秘密了，而且很在意自己的小秘密。很多家长，尤其是妈妈们认为自己看孩子隐私的初衷是好的，都是出于对孩子的爱护，但实际上这些行为给孩子带来的心灵伤害远远比给他们的“爱护”要大得多。父母偷看日记、偷听电话这些行为，其实都是对孩子关心过度、缺乏信任的表现，容易造成孩子对父母的不满情绪，产生新的沟通障碍。家长在侵犯了孩子隐私权的同时，也对孩子的心理造成了很大伤害，如果长期下去，原本浓厚的亲情就会淡薄很多。有一位孩子就这样说：

“我不赞成父母这么做，因为我曾有过一次深刻的体会。上初一时，我开始有了许多小秘密，并常常把他们‘保存’在日记里。有一天，我回家后发现爸妈都端坐在沙发上，我心爱的密码日记也被撬开了。我知道情况不妙了。果然，爸爸严厉地把我叫过去，狠批了一顿，我伤心得直掉眼泪，而妈妈还在一边火上浇油……从那以后很长时间，我一看到父母就心惊胆战，失去了往日的欢乐和自信。所以，我向父母们呼吁：我们长大了，请理解我们，尊重我们，多与我们进行语言上的沟通，千万不要偷看我们的日记，那样会伤了我们的心，甚至会失去可贵的亲情！”

孩子有了自己的秘密和隐私，是独立意识和自尊意识觉醒的一种体现。进入青春期的孩子，在这方面的变化更加明显。父母不尊重孩子的秘密和隐私，就会伤害孩子的心灵。

孩子渴望被尊重、被承认，尤其是在面对自己的秘密和隐私时，更希望能够得到尊重和保护。孩子进入青春期后，会慢慢走向独立，隐私、秘密也会随之增加。

父母尊重孩子的秘密和隐私，是对孩子自尊心的保护。自尊心是孩子品德的基础，如果孩子的自尊心瓦解，品德也会瓦解。青春期的孩子心理异常敏感，父母去刺探他们的隐私，就会对他们造成很大的影响和伤害。

所以孩子就会想很多方法来对付父母的刺探，比如有真假两本日记：一本是专门写给家长看的“假日记”，另一本写的才是真心话；还有的孩子把日记搬到网上写：在网上申请一个属于自己的 Blog，繁复的账号和密码，让孩子们感觉非常有安全感；还有的孩子短信看过就删除；有的孩子即使上厕所也把手机随身携带，短信看一条删一条……

孩子已经有独立的人格和心理，父母应该给他们独立的空间，无论是谁都不应该任意地去限制他们，更不应该以各种冠冕堂皇的理由去任意揭露他们的隐私。事实也证明了，那样做对孩子的身心健康是极为不利的。

不侵犯孩子的隐私不等于对孩子不管不问，必要的监管是孩子成长路上的支撑点。你可以采用以下的方法来对待孩子的隐私：

第一，寻求孩子的帮助。

如果你从孩子的日常行为中已经隐约发现问题了，可以寻找适当的时机，将自己的担忧和焦虑告诉给孩子，说明自己的感受，向孩子寻求帮助。孩子一般都能体谅父母的心情，明白道理之后，他们会将内心的困惑说出来，以求得到解决。

第二，用朋友的心态和孩子谈隐私。

孩子并不介意和父母谈隐私，只是怕父母过多地管制和批评。父母如果用朋友的心态来和孩子分享隐私、秘密，孩子都不会太排斥。其实孩子很渴望得到父母的指导，从父母身上汲取信心和力量，这样他们才更有信心和力量处理好自己的问题。如果父母愿意承担这个角色，孩子肯定会欣然接受。

第三，教会孩子解决隐私和烦恼的方法。

孩子的隐私多是一些令人烦恼的问题，父母要教会孩子正确的解决方法。如果父母只是传授方法，而不是板着面孔说教，孩子就会乐意学习。

建超近段心里喜欢上了班里的小倩，每天上课时都会情不自禁地看她，但又不敢直接面对小倩。一个月下来，成绩明显下降。他跟爸爸讲了自己的秘密，爸爸没有批评他，而是鼓励他多参加体育运动。爸爸还告诉他，这段时间要多和其他异性正常接触。

建超有些不明白，为什么要多接触呢？爸爸笑了笑，你试试就知道了。他便试着多和其他女同学交往。不到一个星期，他就明白了。原来正是因为以前从没有和女生交往过，才会觉得有神秘感。他现在敢和小倩探讨学习了，上课也不再六神无主了。

父母能够教给孩子解决问题的有效方法，不仅会让孩子把自己当成亲密朋友，也给了孩子最好的帮助，这是一举两得的方法。

第四，不当众揭穿孩子的秘密。

孩子最忌讳的是被当众揭穿隐私和秘密，父母一定要注意这一点，就算觉得孩子的行为不对，也要注意批评的方式、方法，不能伤害到孩子的自尊心。

曹元偷偷拿了妈妈的10块钱，被爸爸发现了，曹元觉得很羞愧，给爸爸保证不再犯了，希望爸爸能为他保密。但爸爸没有在乎他的感受。

这一天，家里来了很多客人，爸爸又当众告诉所有人曹元的这件丑事。曹元一听到爸爸说这事，脸马上就红了，伤心地跑进了自己的屋子。

孩子很在乎自己的自尊心，父母要帮助孩子保护好面子。当众揭发孩子的秘密，只会极大地伤害孩子的自尊心。

第五，不用非正常手段获取孩子的隐私。

父母在未经允许的情况下，查看孩子的信件、日记、手机短信、电子邮件、网上聊天记录及其他个人信息，是不尊重孩子的行为。

小磊的爸爸发现儿子最近一段时间只要一回家就上网，于是趁儿子上学后，打开了儿子的QQ号码，查看了小磊的聊天记录，发现儿子竟然和一个叫“云云”的人在热烈地网恋。爸爸一气之下，就把对方给删除了。小磊回家后，发现了这件事，对父亲的行为很气愤。

父母通过非正常手段获取孩子的隐私，会严重伤害孩子的自尊心，也会恶化亲子关系。

第六，不用隐私要挟孩子就范。

父母发现了孩子的隐私，如用它作为要挟，要求孩子按照自己的意愿行事，这种行为无法赢得孩子的尊重，孩子最痛恨被人用隐私要挟自己就范的行为。父母尊重孩子的隐私、秘密，并给予保护，才能获得孩子的尊重和爱戴。

给孩子一份私密的自由空间，能够让孩子的心理成长得更健康。如果你爱孩子，就给孩子这一份尊重和自由吧！

尊重孩子的个人兴趣

现在的父母都非常希望自己的孩子能够掌握多种技能，能够有一个美好的前途。但是很多时候父母并没有考虑孩子的兴趣爱好，而是自作主张让孩子学这个学那个，安排好一切，有时甚至跟风随大流，看到现在流行什么就让孩子学习什么。

孩子就这样在父母的安排下一次又一次地被动接受，孩子的兴趣爱好得不到满足，特长得不到发挥，导致孩子厌学，并把这种情绪发泄到其他上面，这对孩子的成长是非常不利的。

小溥从小就非常喜欢小动物，非常热衷于研究小动物的生活习性，常常因为观察小动物而弄得浑身是泥。父母对此非常生气，觉得他不务正业，于是就想方设法阻止他去外面玩，希望他能好好学钢琴，以便将来中考时加分。

没有办法，小溥只能偷偷研究。他趁父母不注意的时候偷偷地跑到附近的公园里做自己喜欢的事。有一次，他把一个黑色的蜘蛛带回家后，父母大发雷霆，训斥他不应该把这么脏的东西带回家，爸爸还一脚踩死了蜘蛛。妈妈一气之下竟然摔烂了他积累了好几年的装着各种标本的“百宝箱”。那一刻，小溥愣住了，回到自己的房间默默坐了一个下午。

从那以后，他的学习成绩一落千丈，变得沉默寡言，父母为此非常发愁，甚至怀疑他是不是智力有问题。

而小溥的生物老师说："小溥这孩子特别聪明，如果好好培养，将来一定会是一个非常出色的生物学家。"

人最可悲的是一生对什么都没有特殊兴趣和爱好，孩子最不幸的是父母凭主观意志扼杀自己的兴趣和爱好。当孩子做自己感兴趣的事情时，他往往能够全力以赴；相反，如果父母要求孩子放弃他极感兴趣的事情，做一些孩子不喜欢做的事情，孩子必然会与父母发生冲突。

人都有各自的兴趣与爱好，不能勉强，也不应勉强。人们对有兴趣的事情往往容易全身心投入，最易见成绩；反之，则难得成就。

父母如果忽视孩子的兴趣爱好，不听孩子的解释，不从孩子爱好出发去了解孩子真正喜欢和感兴趣的，这样做既不能满足孩子的需要，还会使孩子觉得父母不能理解、尊重他，就会产生逆反心理。这对孩子的成长是非常不利的。

让我们听一听一位曾经强迫自己的女儿学钢琴的母亲所说的心里话吧：

这位母亲现在经常说的一句话就是："孩子爱学就让他学，不愿意学的东西你也不用太逼他。"

如果别人表示疑惑，她就会讲述她和女儿的故事："我这是经验之谈。我女儿小时候钢琴弹得非常好，她参加全国的青少年钢琴比赛得过第二名，省里地区的比赛得过的奖项更是数不过来。我家里有个柜子专门放她得的奖杯和奖牌。那时候，我为了让她练好琴费尽了心机，每天都为了这事和她斗法。"

她长叹一口气："放学后，邻居的小孩都在外面又跑又跳，女儿在家里坐不住，可她拧不过我，有时一边练琴一边流泪。我那时就觉得是为了她好。她四五岁的时候我曾送她去各种兴趣班，发现她只在弹琴上还有点天分，其余的像滑冰、画画、舞蹈、体操等项目都不行，就都放弃了。虽然女儿自己很喜欢跳舞，但她资质平平，跳也跳不出名堂来，我劝她不跳了，一心一意专攻钢琴。这样她将来靠着弹琴可以出人头地，即使做不到，女孩子有特长有艺术气质长大了才能找到好对象。后来女儿要上大学了，我让她去学音乐，可她自己非要去学医不可。无奈之下，后来我就同意了。”

“但是，”这位母亲苦笑着说：“自从她上了大学，她再也没有碰过钢琴一下。”

这位母亲一开始也没有意识到女儿不再弹琴了。上了大学后，那时女儿早已考过了所有的级，也不参加比赛了，钢琴课就停了。但是放假回家，她也不弹琴，视钢琴如无物。偶尔母亲问起她怎么都不弹弹琴，女儿看着妈妈面无表情地说：“我又不去参加比赛，为什么还要弹琴?”

等到女儿领男朋友来家，这位母亲专门领着女儿的女朋友看女儿参加各种钢琴比赛得到的奖章奖杯，他惊奇地对女友说：“我从来不知道你会弹钢琴，还弹得这么出色!”女儿对这个话题，提不起半点兴致的样子：“这有什么好说的。”

到了他们要结婚布置新房的时候，母亲提出把那台花大价钱买的施坦威的三角钢琴搬到新房去。当年买这个琴的时候就想着以后可以当做是女儿的嫁妆之一。他们的新房客厅是开放式的，放这样一架钢琴正好。准女婿打量着钢琴连连点头。

可是女儿冷着脸回答说不要。母亲问女儿为什么不要？这本来就是买给她的。女儿的回答就是两个字：不要。

未婚夫不明就里，对未婚妻说这是你父母的一片心意，再说琴的大小放在客厅正好，你想弹的时候随时随地可以弹。女儿拧着眉气哼哼地说：“我说不要就不要，你要是搬它回去，这婚就别结了。”母亲当时听了这话很生气，有点严厉地训女儿：“你怎么能这样讲话？你的家教都到哪里去了?”

女儿别过脸去，眼泪像开了闸一样稀里哗啦流了下来，片刻之后她伤心地转过头来看着母亲说：“妈，你想知道我为什么不要这琴吗?”

“我小的时候，曾经多少次，一边弹琴一边在心里发誓，等到将来有一天，我自己能够做决定了，我再也不会碰这个琴一下子！现在我终于可以实现自己的诺言了，我不会再碰它的，更不想见到它。”

这位母亲闻言当场呆在那里，脸色惨白，一句话都说不出来。这位母亲叹口气，继续说：“直到那一刻，我才知道我逼她练琴，竟然给她带来了那么大的痛苦。我一直以为她长大以后肯定会享受音乐，享受弹钢琴的乐趣，谁知，适得其反，她竟然恨钢琴入骨了。”

“孩子从小到大，我把精力、时间、金钱都花在她弹琴这件事上了，请最好的老师来教她，每天陪她练琴，考级，不放过任何比赛的机会……”

“你看看最后得到了什么结果？她哪里是在恨钢琴，分明是在恨我啊！”说到这里，这位母亲的眼圈红了：“女儿一直和我不亲，和她爸爸亲。现在想来，应该是我逼她练琴，她觉得我不爱她，她自然和我亲近不起来。从女儿有了孩子以后，和我才渐渐亲近起来。可是，你知道吗？她送孩子们去学游泳、体操、跆拳道……就是不送他们去学乐器。”

“我那第二个外孙女很有音乐天赋，两三岁的时候电视里放的歌听一遍她就会唱，不走音，我劝女儿送她去学琴，女儿却送她去跳舞，还对我说：‘别学琴了，她现在挺快乐的，就让她有个幸福的童年吧。’你听听这话，在她眼里，弹琴和童年不幸福是联系在一起的。”

这位母亲擦擦眼睛接着说：“即使在她结婚前得知了她不弹琴的真相，我依然幻想着或许有了孩子后，她会改变想法，会为了孩子重新弹琴，以她的水平，教孩子是绰绰有余的。或者只是坐在那里弹弹曲子，让孩子们围在她身边唱唱歌，给孩子一点熏陶都行。现在看来不可能了，不仅女儿和音乐绝了缘，还殃及到了下一代。最近因为女儿不送外孙女去学琴的事儿，我一直在反思当初自己的做法，越想越难过。现在变成我看不得那架钢琴了，看到了心里就堵得慌，我已经在报纸上打出了卖琴的广告。”

“如果生活可以重来一遍，我想我肯定不会再去逼她练琴了，更不会逼她拿名次。她能弹个什么样就是什么样，她喜欢就好，只要她的童年快乐就好。”

这就是一位曾经强迫孩子按照自己的兴趣去学琴的母亲的真实想法，值得现在的父母深思。

现在的父母们都希望自己的孩子多才多艺，成为一个优秀的孩子。那么，如果让孩子学，一定要仔细观察，再选择一种比较适合孩子性情及兴趣的才艺。千万不要让他一下子接触太多，或强迫他学习没有兴趣的东西，破坏了他以后学习的信心和欲望。

父母一定要尊重孩子的兴趣。作为父母，可以参考以下几种做法：

第一，善于发现和引导孩子的兴趣。

父母要善于发现孩子的兴趣爱好，并试着引导孩子在兴趣方面多下工夫，尽可能地为孩子创造机会，创造条件，让孩子无忧无虑地在自己喜爱的天地里畅游。这样会激发孩子的最大潜能，从而在某一领域取得突出成就。

要发现孩子的真正兴趣，父母就要养成仔细观察孩子的习惯，孩子反反复复做的事情往往就是他们感兴趣的；其次，父母应该站在一个平等的立场上与孩子沟通，多听听孩子的想法，多问问孩子喜欢做什么，或许父母从孩子天真的回答里可以发现孩子的兴趣所在。

父母从小发现、鼓励和培养孩子有一种或几种爱好。这样会使孩子的人生变得丰富多彩，充满乐趣和期待，对人的一生都是有积极作用的。在孩子选择兴趣爱好时，固然需要父母的引导，但绝不可以代替孩子自己做选择。

第二，尊重孩子的喜好和兴趣。

在今天多彩多姿的生活里，人的个性和兴趣得到较充分的发展，所以父母要尊重孩子的爱好兴趣。即使孩子的这种兴趣爱好可能与父母的期望有差距，但只要是正当的爱好，就应该尊重孩子。因为孩子在做自己喜欢的事情时，他的创造力和潜力才有可能得到充分的发挥，他的专注、认真、持之以恒的习惯和意志品质也可以得到锻炼，有利于孩子的成长。

第三，不要随便干涉孩子的兴趣。

孩子爱好什么这是孩子自己的事情，父母绝对不能干预。如果强行干预孩子的爱好兴趣，反而会破坏孩子的兴趣，甚至使孩子变得对什么都毫无兴趣，更严重时，会影响到孩子和父母的关系。

当然，父母对孩子的兴趣爱好也不能听之任之，要给予适当的引导和帮助。如果孩子因为沉浸在某个兴趣爱好中，影响了正常的学习、生活，父母还是应该给予一定的干预，教会孩子正确对待两者之间的关系，合理安排时间，但要用孩子可以接受的方式，切不可简单粗暴地制止。

尊重孩子的意愿和想法

再小的孩子，也有自己的思想和情感，他们也在思考这个世界，思考他们遇到的每一件事，并且有自己的看法，有自己的意愿和想法，如果受到伤害，他们会比大人更伤心。

《家庭》杂志有一篇曹巍所写的文章。她在文中讲述了自己和女儿的一个故事：

在一个闷热的下午，曹女士浑身是汗地骑着自行车在人流车流中艰难地行进。女儿坐在她的车后，向她讲着在班里与同学闹别扭的事，劳累疲惫、心里正烦的曹女士毫无反应地听着。

渐渐地，女儿的声音弱了下来。突然，她小声说："妈妈，我差点儿忘了，老师让买一盒橡皮泥。"曹女士不耐烦地说："早干嘛去了，刚才路过文具店为什么不说！"谁知当她极不情愿地带着孩子返回文具店时，女儿竟然气鼓鼓地自己跳下车，恨恨地说："不买了，回家！"说完，头也不回地径直往家走。

一进家门，曹女士就冲到女儿面前质问她为什么这么不听话。女儿眼泪汪汪地望着她说："妈妈，你知道吗，我们小孩儿也很可怜！"曹女士一下子愣住了，像遭到重重的一击。女儿的小脸通红，哽咽着："妈妈，你们大人心烦的时候，可以对我们小孩儿发火；我们小孩儿心烦的时候，找谁发火呢？你知不知道，我们有时也很难受……”孩子的话使曹女士的内心长时间无法平静下来。

曹女士说，我们曾经也是孩子，也曾因为父母拒绝了我们的正当要求而难过，因为一次误解而委屈……这种伤害往往留下难以抚平的伤痕，有时甚至会伴随我们一生。今天，做了母亲的我，却因为工作、生活的压力和烦恼而把不良情绪发泄到孩子身上，全然不顾孩子的心理变化和承受能力。

曹女士是明智的，她知道，自己粗暴的态度已经伤害了孩子幼小的心灵。“孩子也是可怜的”，望子成龙的殷殷期望、缺乏兄弟姐妹的亲情沟通、繁重的学习压力……他们太需要心的交流和沟通。而父母往往忽视这一点，只关注孩子的学习，只看重每次考试的分数，却不知道这样做不利于孩子心理的健康成长。所以，许多的孩子变得不愿和父母说话。在这种环境下成长起来的孩子，又怎么不会和父母产生代沟，又怎么不会心生隔膜呢？

父母应该尊重孩子的想法、理解孩子的心情、倾听孩子的诉说，在孩子想要表达自己的想法和观点时，给予积极的赏识和尊重。赏识和尊重孩子的想法，不仅可以进一步锻炼孩子的思维和表达能力，而且可以通过倾听孩子的观点，发现和了解孩子的真实想法，从而纠正孩子成长的一些错误思想。

父母不仅应该在学习和生活上关心孩子，更应该悉心去体味孩子那一颗渴望得到理解的心。

蔡志忠是一位著名的漫画家，他的漫画曾经风靡了全世界。而且在教育上，他也很有自己的教育思想，在教育子女方面很有自己的想法：

一次，蔡志忠的夫人到法国出差。于是蔡志忠担当起了接送孩子上钢琴课的责任。车到了钢琴学校门前，女儿却坐在车上闷闷不乐，不想下去。蔡志忠问女儿：“为什么不高兴？”女儿说，自己最想学的不是钢琴，而是笛子。可妈妈却觉得女儿该学钢琴，因为在妈妈看来，学钢琴比学笛子有用。

蔡志忠听完女儿的话，二话没说，便把车掉回头，一路开回家。

女儿对爸爸的做法有些不解，不禁问爸爸："妈妈刚交了4000元学费，如果不学钢琴，人家也不退钱，那怎么办?"

蔡志忠说："那只好算了。"

女儿又问："妈妈回来埋怨怎么办?"

蔡志忠说："什么也没有你的快乐重要。"

有人说，教育就是不断消除误解的过程。倾听，可以增进沟通，促进理解。一个孩子就是一个世界。我们都应学会倾听，倾听他们的话语，倾听他们的心声，倾听他们对世界的理解和对未来的梦想。

父母尊重孩子的意愿和想法，有助于孩子形成不依赖、不盲从于别人的个性。具有这种个性的孩子走入社会后，能更好地施展自己的才能，更好地与社会融合。

所以父母要多给孩子选择的机会，每做出一个关于孩子的决定时，都要先征询一下孩子的意愿。父母最好能和孩子一起共同做决定，这样能充分考虑到孩子的意愿。

父母要学会赏识、尊重孩子的意愿、想法。很多时候，即使孩子说得不对，父母也不要嘲笑、打击孩子，不要总让孩子按照自己的意愿来做事情，这样会压抑孩子的天性。

一个事件发生或欲发生时，父母应及时表明对事件的立场。例如："我不喜欢你穿膝盖磨破的牛仔裤到学校去，我觉得这样对老师及同学都不尊重，穿成那样到学校去不太合适。"如果小孩持不同意见，听听他的说法："可是每个人都那样穿呀！明天班上集体要演唱时，我就会穿比较正式的衣服。"放开胸襟去聆听，如果自己也觉得可以认同，就要勇于承认。

父母如果不认同的话，就得解释原因。"那天我去学校接你，大部分小孩都穿得很整齐呀！破洞的牛仔裤只适合周末穿。"然后，别让这类对话变为唇枪舌剑。"我听到你的意见了，如果你喜欢穿破牛仔裤的话，那就穿吧！但是要在适宜的场合穿，我觉得穿去上课，场合不对。放学后，你高兴怎么穿都随便你。”

没有人喜欢被否定，这比不去问还糟糕，因为前者会令人觉得不受尊重，还有受伤害的感觉：后者只是令人有点烦而已。当父母向孩子表明立场的时候，就等于在告诉他，他有权知道父母心中的想法及做法。当父母聆听他的想法，也等于是在告诉他：“我在乎你的观点。”

而且，诚心诚意地沟通，比对实际状况做争辩重要得多。孩子会察觉出来你愿意倾听的真诚，自然就不会那么好辩，容易生气，特别是在父母这样做的时候。父母不但表达了对小孩的体谅，同时父母自己也稍作让步。孩子从坚持不妥协到退让的程度，会随着父母意愿去斟酌他的想法而提高。

给孩子自由的发展空间

我家养了一盆虎尾兰，绿叶金边，像老虎的尾巴一样，煞是好看。虎尾兰繁殖得很快，一个花盆很快就长得挤挤挨挨，密密麻麻的，没有多少空间。但虎尾兰却变得没有了精气神，虽然枝株很多，看着却都有些发蔫。看着虎尾兰实在挤得难受，就买了一个大号的花盆给它换上。没想到，仅仅过了几天，虎尾兰看着就大变样了，绿得更嫩了，黄得更亮了，满盆的虎尾兰散发着生命的气息，让人忍不住想多看两眼。

由养虎尾兰想到养育孩子，孩子的成长是不是也需要更大、更自由的空间呢？

很多父母见到孩子放学回家的第一句话就是："留作业了吗？赶紧写作业去，不抓紧时间学习，将来怎么考大学？"有的父母见孩子放学回家晚一分钟，都要劈头盖脸刨根问底地问个不休，就像审问一个犯人一样。

父母把孩子们最起码的自由空间都被剥夺了，家的概念在孩子心中，就像个鸟笼子。父母在孩子心里，就是捆绑他们的精神枷锁。其实这些父母可以想一想，父母上了一天班，回到家还要喘口气，而孩子们在学校，一天下来要连续上很多节不同科目的课，回到家里，还有堆积成山的作业，一到周末，又有各种各样的补习班、兴趣班。有的父母，生怕孩子落后，一口气帮孩子报了好几个不同的兴趣班，学完钢琴，要赶着去学画画，学完画画，还要赶着去学跳舞，根本不给孩子喘息的机会。

一流的家长靠放，不懂教育的家长靠管。父母要明白，教育孩子应该下工夫做的事在两头，一头是父亲，一头是母亲，中间这一段，要留给孩子自由发展。任何孩子的成长都是在蜿蜒曲折的过程中完成的，要留给孩子充分的自由成长空间。

天天抓着孩子不放的父母就是跳到错误的空间里来了，这个空间是要孩子自己独立完成的。父母可以回想一下，在孩子学走路的时候，父母往往从孩子身边退后一步，然后把手伸向孩子，可是孩子刚好够不到。就这样，父母一步步鼓励着孩子往前走。父母给了孩子一个空间，让孩子能向前移动，同时又不依靠父母，可以独自向前去。当孩子尽自己的努力，终于扑到父母怀里的时候，会很兴奋很骄傲，而做父母的也会为孩子的成功激动不已。

同样的，帮助孩子在其他方面的成长也是这样。父母退后一步，给孩子一定的空间，用不着过分地担惊受怕，也用不着过多地给予呵护。父母只需要鼓励尊重孩子，让孩子知道父母相信他，也会随时给予他爱的支持，这种真正的爱才会将孩子最终引向幸福之路。

亚轩的妈妈教育儿子从来不过多干涉，儿子想干什么就由着他干什么，用她自己的话说，就是：“想干嘛干嘛，我才懒得管呢！”

近来，亚轩对电脑有了兴趣，整天抱着妈妈的电脑折腾。有一次，妈妈熬了几个通宵赶出来的文案还没来得及放到U盘里，电脑就被亚轩整瘫痪了，妈妈所有的辛苦全泡汤了。重新写时间不够，再说也没有先前的感觉了。亚轩的妈妈虽然气得当时想训他，但还是忍住了没有发火。

亚轩倒挺沉得住气，一天都没离开电脑，不停地在翻看各种电脑书籍，摆弄着各种光盘，不停地在瞎鼓捣。妈妈劝了他多次，让他撒手，说找个修电脑的算了。但亚轩并没有放弃，虽然急得眼泪都在眼眶转，还是在那里使劲钻研。吃饭也是扒拉几口，马上就又开始紧张地抢修电脑。

正在妈妈着急的时候，亚轩大叫了一声：“成了！”让妈妈长出了一口气，看来电脑也被亚轩镇住了。

亚轩现在俨然成了一个电脑高手，自己家的电脑从来都不用别人修。

不光自己家的电脑，邻居家的同事家的同学家的甚至他们学校的机房电脑都让他给鼓捣维修。有时候亚轩的妈妈不放心，就对别人说：“你们也不怕他给你折腾趴下了？”大家就对亚轩的妈妈说：“呵，你可不要说，这小子绝对是个电脑高手。”

其实，亚轩能够成为电脑高手，也全亏了亚轩妈妈的大力支持。亚轩把家里几乎所有的电器都拆成了废品或半废品，但是妈妈从来都不计较。正是由于妈妈给了亚轩充分的自由空间，亚轩才成了众人眼中的电脑高手。

有的家长说，你让我放就不管了吗？那倒不是，父母给孩子自由的发展空间，不是对孩子放手不管，而是根据孩子的意愿，顺应孩子的天性，对孩子加以合理引导，让孩子自主地发展，让孩子更加愉快、健康、自由地成长。

父母应该给孩子自由的成长空间。因为孩子的能力，就是在动手的过程中形成的；孩子的自信，也是在自己做事的时候培养的；孩子的自主意识也是在父母放手的情况下才能逐渐养成；孩子对自我良好的认识与肯定，也是在身心投入的过程及其劳动果实中确认的。所有这些优良品质、能力，都是孩子将来成功的基石，缺一不可。而这些，都是在父母充分给孩子自由成长空间的情况下才可以获得。

父母给孩子自由的成长空间，还要给孩子自由支配的时间，让孩子去做他想要做的事情。让孩子自己思考、自主决定，父母只提供建议。同时教给孩子管理自己的能力。因为孩子小，父母在放手的时候也要进行关注，及时给孩子引导和呵护。

当然，父母怕孩子有危险、出问题的心情是可以理解的，但只要在孩子安全的前提下，父母就应该给孩子自由的发展空间，让孩子自己去做他喜欢做的事情。

尊重孩子的各种权利

在日常生活中，我们时常能感受到大人与孩子之间的某些“权利之争”：父母总是强调孩子应该听大人的，而孩子总是抱怨父母对他束缚太多、限制太多。有这样两个小故事：

一个10岁的孩子学钢琴总是提不起精神来，原因是孩子对弹琴没有兴趣，买钢琴、请老师都是妈妈一厢情愿。孩子在决定自己的事情上，没有发表自己意见的权利。这个孩子说，他希望自己像孙悟空那样，有分身的本领，妈妈让他做练习题的时候，他可以变一个他在写作业，而真正的他则出去尽情地和小伙伴玩。

有个妈妈带着孩子买了一件两面都能穿的夹克，一面红色，一面黄色，妈妈喜欢黄的，孩子喜欢红的。开学第一天妈妈执意让孩子黄色朝外穿，孩子却非常沮丧，因为她喜欢的是红色。

父母忽视孩子选择的权利在我们身边可以说司空见惯，在日常生活中许许多多看似平常的小事上，父母都剥夺了孩子的权利。尽管孩子们有丰厚的物质享受，有父母的百般呵护和精心设计，但是孩子们的权利实现也被父母设置了巨大的障碍，孩子们时常会感到不幸福、不快乐、没有尊严。

所有父母都是爱孩子的，于是很多父母就认为自己有权力了解孩子的一切，有权力管理孩子的一切，孩子如果不听从自己的，就会使用打骂的手段使孩子屈服。

陈涛现在上初二了，一回家就喜欢关上门。爸爸觉得很奇怪，不知道孩子在里面干什么。他总喜欢有事没事推门进去看看，陈涛对爸爸的行为很反感。有一天，他对爸爸说："以后进来能不能敲一下门啊？"

爸爸一听就生气，说："我是你爸爸，你有什么要隐瞒的，进儿子的房间还要敲门，真是白养你了。"陈涛也很生气，说："我就不能有一点儿自己的权利吗？你太不尊重我了。"爸爸一听，就更生气了，说："什么权利，我是你爸爸，你以后别想跟我谈权利。"

父母总是习惯于以自己的意志去左右孩子，习惯于凌驾孩子之上。在这些父母的潜意识中，"我这样做是为了你好，你得听我的"。这样"爱孩子"，是把自己放在了与孩子对立的位置上了，把孩子当作了自己的附庸，而忽视了孩子自身的生存、发展规律和需求，忽视了孩子的权利。

从法律的角度讲，孩子一出生，就是一个独立的个体，并且被认为是一个权利主体。他（她）不是父母的附属物，他们的人格尊严受国际、国家和地方各种法律法规的保护。所以父母应该尊重孩子的各项权利。无论孩子多大，他们都应该受到尊重。

儿童的生存权包括生命权、健康权和医疗保健的获得；儿童的发展权是指儿童拥有充分发展其全部体能和智能的权利，具体指信息权、受教育权、娱乐权、思想和宗教自由、个性发展权等；受保护权就是反对一切形式的儿童歧视，保护儿童的一切人身权利；参与权是指儿童有参与家庭、文化和社会生活的权利。

父母真的爱自己的孩子，就要尊重和保护孩子的权利，这是家庭教育之本。如果无视孩子的权利，无论在哪一点上失误了，都是给孩子的成长帮倒忙，好心好意反而会害了孩子。也就是说，尊重和保护孩子的权利，才能把爱孩子的劲使到点子上。

从另一个角度说，只有被人尊重，孩子才可能获得自尊，并可能学会尊重别人，而自尊和尊重他人是成为一个具有健全人格的人的首要条件。由于孩子年幼，自尊意识处于稚嫩状态，特别容易受到伤害，所以更应当给予保护。可以说，是否尊重孩子，将对孩子一生的发展起重要作用。

孩子对自己的权利的意识在幼年时期处于萌芽状态，父母肩负着唤醒孩子权利意识的任务，所以，从父母本身开始，就要注意尊重孩子的各项权利，并且提醒孩子“这是你的权利”、“你有权利自己决定是否做这件事情”等。久而久之，孩子就会树立起自己的权利意识，知道捍卫自己的权利。

谈到孩子的权利，有的父母会说：“小孩子有什么权利呀？还不是得听大人的！”也有的说：“现在的孩子就够难管了，再让他们知道自己有那么多的权利，更得跟家长顶牛了，我们当父母的怎么‘玩得转’呀！”

其实，这些担心是不必要的。一个懂得珍惜自己权利的人，比一个不珍惜自己权利的人更容易教育，因为这说明孩子们在成长。而且，孩子的权利是在教育孩子怎样更好地做人，而不是教育孩子逃避父母的帮助和指导。

有一位著名的教育家曾讲过这么一段话：“这个世界上，所有的爱都以聚合为最终目的，只有一种爱以分离为目的，那就是父母对孩子的爱。父母成功的爱，就是让孩子尽早作为一个独立的个体，从你的生命中分离出去，以他独立的人格，面对他的世界。”

父母如何对待孩子的权利，给孩子足够的尊重让孩子得到健康发展？实际上，尊重孩子的各种权利并不难，只要做到以下几点就可以了。

第一，给孩子选择的机会。

要尊重孩子自己的决定，让孩子自主做决定。要让孩子有选择的机会并且在尊重孩子的基础上给予引导，这也是父母为孩子负起的一个责任。

第二，尊重孩子的隐私。

孩子们应该有自己的秘密。很多父母抱着传统的观念，想要对孩子的一举一动了如指掌。这种不把孩子当一个拥有完整权利个体的错误观念，会导致孩子产生极强的逆反心理。

父母不尊重孩子，将导致社会缺乏服务和尊重的观念，因为不被尊重的人也不会知道尊重别人。

第三，唤醒孩子的权利意识。

父母的责任是唤醒孩子们的权利意识，而不是将它扼杀在萌芽的状态。一个明确自己的权利的孩子才会懂得捍卫自己的权益。

总之，父母要学会尊重孩子的权利，尊重孩子的天性，给孩子一个自由发展的空间。

尊重孩子的人格

经常听到家长向朋友介绍孩子时轻描淡写地说："这是我儿子"，末了还爱补上一句："淘气得要命"，又或者说："这孩子学习是一塌糊涂，没少让我费心。"从这些生活的细节当中不难看出，父母总爱摆出居高临下的面孔，以命令的口吻与孩子说话，丝毫不尊重孩子的人格。

人生来就是平等的。父母与孩子也是平等的。孩子虽小，但他也有自己的尊严、自己的人格。如果孩子得不到尊重，他的反应就是抗拒、报复，也不会尊重别人。

日本著名的教育家池田大作曾说过："父母可以有自己的理想，但干涉孩子的理想，就等于不承认孩子的人格。青少年不良行为的种子，最初就是从这里萌芽的。"

维维的妈妈有一次带着维维到游乐场去玩。在玩钓鱼游戏的时候，维维一个不小心落入水中，妈妈只得带他到商店去买衣服。

在服装店里，维维自己看好了一件天蓝色的毛衣，可是妈妈却喜欢另一件黄色的毛衣。维维的妈妈对维维说："蓝色太抑郁，还是穿黄色的有精神，有活力。"

维维不愿要那件黄色的毛衣，但是妈妈不由分说，给维维买下了那件黄色的毛衣。维维失望地大哭一场。

孩子也有自己的人格，也渴望被尊重，如果父母不顾及孩子的内心感受，只是要求孩子按照自己的意愿去做事，孩子肯定不会快乐。一个内心不快乐的人，做事能有什么效果？如果孩子觉得自己不受尊重，他就会寻找发泄的途径，逃学、离家出走、迷恋网络游戏……这对孩子的成长造成了很大的障碍。

教育只有在尊重人格、维护尊严、保证权利的前提下进行，才可能培养出“人才”来。对孩子人格的尊重，会使孩子更加自尊、自信。即使在孩子身上存在很多缺点和不知，身为父母也应把尊重孩子放在首位。

兰兰的妈妈就很注意尊重孩子的人格。兰兰妈妈有一次和朋友一家聚会，本来想给女儿穿上那件最漂亮的白裙子，可是女儿偏要穿那件淡蓝色的，这件蓝裙子是兰兰妈妈小时候穿的裙子，是留作纪念才保存至今，已经30多年的裙子了，款式也不好看，可现在兰兰非要穿，妈妈最终还是很尊重兰兰的意愿，帮她穿上那件淡蓝色的裙子去参加聚会了。

正是由于兰兰的妈妈总是小心维护兰兰的人格，所以兰兰十分自信，看起来总是一副幸福的样子。

苏霍姆林斯基曾说过：“教育者只有关心人的尊严感，才能使被教育者通过学习而受到教育，教育的核心就其本质来说，就是让被教育者始终体验到自己的尊严感。”因此，作为父母一定要尊重孩子的人格，不要把孩子当做自己的私有财产。

那么，父母怎样做才不至于干涉孩子，才算尊重孩子的人格呢？不妨从以下几个方面进行努力：

第一，让孩子用自己喜欢的方式学习。

每个人都有自己的独特学习方式，而且在不同的年龄阶段学习方式也会有不同。父母要善于发现，及时引导孩子用自己擅长的方式获取知识和技能。

第二，尊重孩子的选择。

如果孩子喜欢学画画，就不要非让他学舞蹈。要把孩子的意愿放在首位，尊重孩子的个性、兴趣，这也是对孩子人格的尊重。

第三，不要对孩子管得太细。

孩子自己的事情最好还是让他自己去做，父母不要干涉太多。比如，孩子和伙伴之间的矛盾就让他们自己协调处理，大人不要介入。

第四，让孩子在体验中成长。

在一些事情上，父母不要给孩子太多的建议，而是让孩子自己去体验、比较，在几种结果中，孩子会获得自己的经验。比如，在教孩子统筹安排时间的方法时，可以让孩子自己进行前后对比，同时父母帮助做记录，最后让孩子自己决定采用哪种方法最有效。

欢迎孩子把朋友带回家

任何人都不可能孤立地游离于社会之外，孩子也不例外。和朋友的交往在孩子们的活动中有非常重要的作用，它可以增加孩子们之间的社会接触，密切情感，沟通信息，从而使孩子向健康的方向发展。

有些父母为了不耽误孩子的学习，或者不愿意孩子和一些淘气、学习不好的孩子交往，往往会反对孩子交朋友，总是将孩子孤独地封锁在自己的小世界里。殊不知，如果孩子的交往需要得不到满足，或者他的交往权利被剥夺，那么孩子就会失去安全感，产生抑郁、冷漠、孤僻的情绪反应，这对孩子今后的情绪发展以及整个身心发展都极为不利。

赵琪是一名初二的学生，他上学放学总是一个人孤单地骑着自行车，而不是和同学结伴而行。原来，以前他带同学回家玩耍时，同学走后妈妈总要评价一番，有时还会以“调皮”、“不稳重”、“学习差”为由告诫赵琪不能和这类同学交往，结果，赵琪上初中后在学校和同学交往时，总是担心和这样的同学交往不能得到妈妈允许，升入初中这一年来，他还没有交到一起回家的朋友。每天只得孤独地上学放学，非常孤单，学习成绩也下降了不少。

幸亏他的爸爸发现了这个问题，找来妻子和赵琪交流了一番，赵琪的妈妈也发现了自己对赵琪造成的影响，保证不再对赵琪交朋友有过多干涉。

有了父母的支持，赵琪很快就交到了新朋友，学习成绩也提高了不少。

良好的人际关系能使孩子提高学习兴趣，增加学习动力，促使孩子学习的积极性、主动性和创造性进一步发挥。孩子在学校里与同学之间感情融洽、行动协调，就会觉得自己身处其中身心愉悦，这样不仅会提高孩子的学习效率，而且也会对孩子的心理发展产生积极的影响。

父母应该鼓励孩子进行积极的人际交往，要支持孩子多跟同学交往。如果孩子交朋友有困难，父母还应该交给孩子交朋友的方法，帮助孩子交到朋友。

在妈妈眼里，雅琦是个文静、懂事的女孩，每天上学、放学都按时回家，学习也从来不用父母操心。

不过自从上了初中以后，妈妈发现她整天待在家里，周末也不出去玩，也从没见她带同学回家。

后来通过老师才了解，原来雅琦在学校里不太与同学交往，在同学中人缘也不好，同学也不太愿意与她一起玩。

雅琦的妈妈感到了问题的严重性，为了帮助孩子多交几个朋友，雅琦的妈妈主动地和雅琦谈论自己的同事，说自己跟哪个同事比较要好，经常与她谈生活中遇到的麻烦事。妈妈还邀请那些有孩子的同事到家里来玩，并请雅琦帮忙招待小客人。有时候，妈妈也带着雅琦去别人家做客，还邀请其他父母带着孩子一起去郊游、野炊等。

渐渐地，妈妈发现雅琦的笑容越来越多了。直到有一天，雅琦对妈妈说："妈妈，我明天要带一个同学来家里，你帮我买点食品招待同学，好吗?"

妈妈高兴地答应了。

孩子不能没有朋友，不能没有交往。孩子只有在交往中，才能形成角色认同，才能融入他生活的小集体、小社会，这对孩子的社会化发展很重要。

对一个孩子来说，在与小伙伴交往过程中，不仅可以享受玩耍的快乐，还会获得更多的心理满足感，甚至会结交到受益终身的良师益友。父母应该鼓励孩子多参与有意义的社交活动并结交朋友，让孩子的成长之路不会感觉到孤单。

第一，教给孩子正确的交友方法。

孩子在一起难免有磕绊摩擦，更何况这个阶段的孩子已经开始对周围的人有了选择。遇到孩子发牢骚、对小伙伴抱怨这种情况时，父母千万不能火上浇油，顺着孩子批评小伙伴在什么地方做得不对，更不可对孩子的伙伴评头论足。对于孩子的倾诉，首先要乐于倾听，教育孩子要尊重友谊，寻找自己在交往过程中的缺点和不足，这样，孩子在交往过程中遇到问题的话就不会怨天尤人，而是平心静气检讨自己。父母也应该注意要以身作则，不要当着孩子的面议论朋友的过错。

第二，不要干涉孩子交友。

父母可以教育孩子应该树立正确的择友标准，但是，父母不能按照自己的意愿和意志决定孩子选择什么样的朋友，“某某学习好”、“某某家庭条件好”，这种一味攀高的心态绝不可取，这个阶段孩子选择的可能是影响一生的朋友，父母的横加干涉极有可能给孩子造成消极影响。

第三，欢迎孩子带朋友回家。

假如你家里装修得华丽堂皇，又打扫得一尘不染，而几个调皮的孩子撞进你的家门，你会欢迎他们进来吗？假如这么做了，家固然被搞乱了，却成为孩子们的天堂；假如拒绝了孩子们，哪怕稍有不悦，敏感的小精灵们都可能敬而远之。两种态度必定会有不同的结果。毫无疑问，让孩子拥有伙伴并快乐，比房间的整洁漂亮重要一万倍！

第四，鼓励孩子出去玩。

请父母朋友回想一下自己的童年吧，你必定会悟出一个经验，那就是大部分人是在与朋友的交往中得到提高的，很多难忘的友情也是在外出交往中发生的。

我们可以确信无疑地说，是否拥有朋友是孩子能否健康成长的要素之一。爱护孩子就必定要爱护孩子的朋友。要知道一个好朋友的影响力有时甚至超过一个好的老师。

不要做孩子的监工

现在的父母总是放心不下孩子，巴不得孩子二十四小时都要在自己的监控范围之内。总是不自觉地把自己的想法强加到孩子头上，并美其名曰为“孩子好”。

父母之所以有这种心态：一是把子女看成私有财产，认为自己对子女具有绝对权威；二是父母总是担心孩子这个，担心那个，对孩子不放心。在这种状况下，父母把自己的生活经验灌输给孩子，企图让孩子按父母的设想去生活。在教育孩子的方面，往往容易简单粗暴地处理，却没有意识到，孩子逐渐成长，建立起了自己的价值观。父母的过度监管往往会激起孩子激烈的反抗。

张扬的学习成绩很好，也是一个“乖孩子”。本来以张扬的成绩，他能够上一所重点中学，但是身为老师的妈妈认为，这个年龄的孩子自理能力和控制力都不强，很容易受到社会上不良风气的影响，而且自己也没法监管，就坚持让张扬到自己执教的中学读书，以便时时督促他。

和孩子同处一校的张妈妈几乎每节课都会到张扬的教室转一转，看看张扬在做什么，有没有犯错误，并且几乎每天都会与张扬的班主任及任课老师沟通，了解孩子的学习、交友等情况。

张扬几乎一整天都在妈妈的监控之下，即使在家里，张妈妈也不允许孩子关上自己的房门，只要孩子不出门，张妈妈几乎半小时就去一次他的房间，每次都以拿东西为由，实则是打探孩子的行为。

张扬终于受不了妈妈二十四小时的严格监控了。一次，张妈妈对儿子说：“你先做这个。”向来对妈妈言听计从的他竟然出人意料地反驳道：“你管我呢！我喜欢先做那个！”此后，张扬的转变越来越大，开始以各种借口晚回家，当张妈妈知道他去网吧时，便怒不可遏地狠狠责骂了他，张扬又一次说出“不要你管”之类的话，并开始频繁地撒谎、逃课、厌学，进而通宵上网，上课时也多以睡觉混时间。

任凭张妈妈怎样责骂张扬，张扬都用冷漠的眼神看着她，甚至开始拒绝和她说话。

张扬私下里对好朋友这样说：“妈妈对我的爱太沉重了，我感觉自己总是被他监视着，一不小心就会做得不好，我很恐惧。”

张扬妈妈在不知不觉中成了孩子的监工。她总是监督孩子的各种行为，生怕孩子做出一些不正常的行为。而这种监视却让孩子的心理承受了巨大的压力，对孩子来说并不是他所需要的。明智的父母只是在孩子需要的时候陪伴孩子，在孩子忙于自己的事情时，则给予孩子充分的自由，让孩子自己安排他的时间。这样，每个人都有自己的空间，相处起来才会比较融洽。

如果父母管得太严厉，总是扮演监工的角色，只能使孩子产生逆反心理，出现比较严重的对抗行为。这样的结果是每个做父母的都不愿意看到的，因此应当及早采取措施。

让家成为孩子的乐园

每个孩子来到世上，命运早就注定了他必归属于一个特定的家庭，这里便是他最早的生存环境。当孩子逐渐长大，他们走向幼儿园、学校乃至更为广阔的社会以后，家庭仍然是最贴近、最密切，也是影响最深、最重要的环境。

孩子的心灵是洁白无瑕、天真纯朴的。生活在什么样的环境中，就会造就什么样的人。有位著名的教育家曾说过："野蛮产生野蛮，仁爱产生仁爱，这就是真理。对待儿童没有同情，他就变得没有同情心；而以应有的友情对待他们，就是培养他们友情的最好手段。"事实也证明了，家庭环境对孩子的成长有着决定性的影响。

那么，什么是良好的家庭环境呢？并不是优越的生活条件，也并非简单的严格管教，而是和谐的家庭关系，健康的家庭教育。团结和睦的家庭环境及父母积极向上的工作态度，是孩子健康成长的一个重要因素，对孩子的心灵发展也有潜移默化的影响。

在一个和谐家庭中抚养成长起来的孩子，就会情绪稳定，情感丰富、细腻，性格开朗，团结友爱，有自信心等。这是因为，文明家庭能给孩子以安全感，孩子置身其中感到愉快；其次是满足了孩子的归属感，在家庭中孩子能感受到被爱和被尊重，也学习到怎样爱他人并尊重他人，使孩子能感到"这是我的家"，从而增强了自尊和自信；另外，温馨的家庭能使孩子获得支持感，当孩子犹豫、彷徨，或遇到困难、挫折、灰心气馁时，可以从家庭的关怀中吸取力量，得到指引。

向东是一个人见人爱的孩子，他聪明、乐观、上进、乐于助人，不仅老师喜爱，而且同学们也都乐于和他玩。

向东之所以这么优秀，主要是因为他有一个温暖的家，一个像乐园一样的家庭。在向东很小前，每晚睡觉的时候，向东的妈妈都要给向东讲故事。妈妈每次都故意不给他讲完，留下个结尾吊他的胃口。他催妈妈讲的时候，妈妈就会让他自己先猜一猜故事的结尾，然后再比赛谁的结尾好。而向东的结尾往往特别出乎妈妈的意料，每次都让妈妈大为惊奇。所以给故事续尾每次都是妈妈输，妈妈就要让儿子刮鼻子。向东在这种欢快的气氛中不仅锻炼了口才和思维能力，更体会到了家庭的温暖。

向东的妈妈非常喜欢音乐，心里也总想儿子也能懂点音乐。有次陪向东玩耍的时候，妈妈和他开玩笑，说："宝宝，你也给我弹下琴让妈妈听听。"向东胡乱在琴上拨弄了几下，可能自己也觉得不好听，就不玩了。妈妈一看这要让硬学肯定不行。于是就使了点小计谋，准备诱惑小家伙上钩。以后每天早晨妈妈总是演奏清脆明快的曲子，然后让宝宝陪自己玩游戏。妈妈让他注意听自己吹，让他感觉自己吹的节奏，模仿小动物行走和玩耍姿态，每次都把他乐得不行。晚上妈妈会选活泼动感的儿歌去弹奏，然后和宝宝演童话故事，让他根据自己的琴声模拟场景和人物动作，偶尔妈妈也用声音客串一下配音。在游戏中妈妈发现儿子音乐节奏领悟把握得都特别好，那姿势动作就像个玩音乐的老手。向东对这种游戏也越来越感兴趣，一个故事完了他就又找一个故事。向东的妈妈感觉火候差不多了。然后就向儿子撒娇，说："妈妈也想玩，这次你就让我玩好不好?"妈妈的撒娇激起了小家伙的溺爱心理，他就哄妈妈说："妈妈乖乖，别淘气，让我给你弹，你玩吧，妈妈乖乖要听话。"说完了他就奔琴去，妈妈赶紧上去说："咱们先一块玩琴，一会咱们再玩故事。"妈妈知道那小东西脾气拧，他要认准的东西他就非得拿下。不知不觉，向东就被妈妈带入了音乐的世界。现在他的音乐水平谈不上有多高造诣，但随性一弹一吹一敲的每支曲子都很有神韵。

向东有一个好妈妈，所以被培养得很出色。和谐的家庭气氛对塑造孩子健康性格的重要性。家庭是孩子来到人间的第一个世界，也是孩子成长的最主要环境。所以，培养孩子首先要给他们创造一个和睦的文明家庭。生活在不和谐而气氛紧张家庭中的孩子，容易出现各种不良的情绪和行为，诸如，喜怒无常、闷闷不乐、胆小怕事、固执己见、不听劝说、不能自制、不爱交际、自卑、孤僻、冷漠和撒谎欺骗等心理障碍或不良的心理品质，甚至还可能形成反社会人格。

所以，明智的父母，疼爱孩子的父母，为了让孩子能够真正成长为一个对社会有用的人，就要为孩子营造一个美满和谐的家庭。那么，怎样才能营造和谐的家庭氛围呢？

第一，父母要当好孩子的启蒙老师。

父母是孩子最好的启蒙老师，父母的社会行为，言谈举止，就像一面镜子潜移默化影响着模仿性、可塑性极强的孩子，而家庭环境的和谐与否是孩子健康成长的关键。因此，作为父母事事必须以身作则，给孩子树立起良好的榜样，促使孩子健康成长。

第二，建立良好的家庭人际关系。

聪明的父母应该协调好夫妻之间的矛盾，关爱每个家庭成员，让孩子们感受到爱，同时也要让他们懂得去爱别人，轻松和谐的家庭气氛自然就形成了。只有在这样的基础上，在一个充满爱的家庭里，孩子才可能获得稳定、温暖的家庭幸福，形成热情、开朗的性格，并从中学习到关心与信任，才能让孩子们从小就有一颗善良、健康的心。

第三，民主平等地对待孩子。

孩子的健康成长，需要家庭民主的氛围，平等、尊重是家庭民主的生命所在。因此，在家庭中必须尊重孩子，把他当作平等的人看待。尊重他的想法，认真聆听他的意见，哪怕其意见是幼稚、不成熟的，要对孩子充满信任，相信他的上进心、相信他的是非判断。对于孩子的错误看法，要像对待成年朋友一样，讲清其中的道理，表达自己的关心和爱护。当孩子犯错误时，更要表现出父母的民主性，允许孩子申辩自己的行动理由和自己的感受，听明白后再进行理智的帮助和教育，在这个时候，纯发泄性的责备和带侮辱性的谩骂，除了有损于父母形象，绝不会获得任何教育的成果。只有这样在民主的实行中孩子的自立意识才会随之诞生，善于独立思考，善于观察，勤奋好学，具有自信心和独立性的性格也会随之而来。

第四，严格要求孩子。

每个父母都爱自己的孩子，但过分溺爱，一切都顺应孩子们的放任要求，只会造成孩子们的脆弱和无能。只有对孩子树立了权威的父母才能实施有影响力的教育。对于孩子来说，使家庭生活有序可循是非常必要的。

第五，做孩子的朋友。

一位著名的心理学家认为，父母让孩子通过语言把所有的感情——积极的和消极的，都表达出来，是对孩子最大的保护。坐下来听孩子倾诉，跟孩子交流，有时并不需要父母自己说，只要静静地听孩子把话讲完，让孩子觉得父母真正理解了他的想法，体味出父母对他是尊重的，孩子也就满足了。

另外，在一个和谐的家庭里面，父母应该是孩子最好的玩伴。在玩和游戏中，可以指导孩子从最接近、最具体的榜样身上学到并形成同样的良好性格。父母还可以利用寒暑假带孩子去名山大川旅游，通过长途跋涉，不仅可以促进一家人的感情，父母还可以全方位地为孩子树立榜样，锻炼孩子吃苦耐劳、自信、坚定的性格。

总之，和谐的家庭氛围在孩子性格培养方面乃至一生都起到了关键作用，只要父母树立正确的教育观、人才观、亲子观，必定会创造一个有利于孩子健康成长的家庭环境。

相信孩子是最棒的

信任是人与人之间最亲密的关系之一，无论在朋友、同事之间，还是在家人之间都是弥足珍贵的，而家长对孩子的信任就更加重要了。

有时，即使父母声称信任孩子，但在实际行动中却表现得对孩子没有信心。心灵敏感的孩子依然会体会到父母对自己的不信任。因此，不能只在嘴上对孩子有信心，而要表现在行动上，尤其是那些信心不足孩子的父母更要特别注意这个问题。因为任何孩子都希望自己是最棒的，有些孩子成绩上不去，屡遭挫折，心里很压抑，心情十分烦躁，他们多么希望父母说几句鼓励的话，以减轻心里的负担。如果父母相信自己的孩子是最棒的，那就会给孩子很大的力量。

信任孩子是很简单而又很困难的事，但是不要怀疑信任产生的力量。

很多父母对自己的孩子总是“不放心”，“不放心”的背后是“不相信”。那么培养“依赖的孩子”，指日可待。怎么叫“不放心”呢？请看看妈妈们是怎么说的吧？

“孩子，多吃点，不然等下会饿的！”

“今天冷，多穿点，不然要感冒的！”

“你还不会呢，我来吧！”

“这样不行，你得……”

“学习不管不行，不管他就知道玩。”

难道孩子连吃饱穿暖也不懂么？饿一次就知道吃了，冻一次就知道穿了，问题就在于父母而不是孩子经不起哪怕一次饿或者一次冻。

孩子不会才需要学习，有谁天生就什么都会呢？“这样不行”，他要做过才知道，如果什么错误都不犯，从何学习和成长呢？通过尝试来知道行或者不行，是人类最基本的学习方式呀！

我们能不能相信：

孩子能够胜任那个年龄要求他做的事；

孩子不会，可以学会。学习常常通过犯错或者失败来进行，学习是一个过程不会一蹴而就；

孩子天生就有自主的愿望和能力；

孩子天生就是向上的、向善的。

如果父母能真的相信这些，根据孩子的自主要求给予必要的支持、建议和帮助，而不是把支持、建议、帮助根据父母的理解强加给孩子，那么孩子就会成为一个真正独立的人。

所以，在教育孩子时，首先，要对自己有信心，要对孩子有信心。不管孩子现在的情况如何，我们还是坚信他是最棒的，还是坚信他以后会有所成就。如果你不相信自己的孩子，都是带着有色的眼光看自己的孩子，那孩子的信心可能都会被我们的态度给摧毁掉了。曾经在杂志上看过一篇《妈妈，只有你欣赏我》的文章，写得非常有感情，而且给人很多启迪：

有一个孩子去上幼儿园，结果妈妈上幼儿园去参加家长会，老师就跟他妈妈讲了：“你的孩子连三分钟都坐不稳，可能有多动症。你还是赶紧带他去看医生吧。”结果这个妈妈开完家长会，带着孩子走了。孩子知道妈妈去见老师了，就很关心地问妈妈：“妈妈，今天老师说什么？”妈妈刚听完老师的话，心里非常难受，但她忍住内心的伤心，对孩子讲："孩子啊，你们老师说，你进步很多，本来一分钟都坐不下，现在可以坐到三分钟了。"结果这个小孩本来吃饭都要人家催的，那一整天都不用，还自己吃两碗。

后来去念小学，又开家长会了。结果刚好也是发成绩，五十个孩子，他的孩子考四十几名，所以老师又找他妈妈谈话。说："你的孩子可能智商有问题，这个要好好注意他。"结果这个妈妈回到家里，孩子正在等着自己，因为他自己考不好，自己也很难过，脸色也比较沮丧，等妈妈回来，就问："妈，我们老师怎么讲？"他妈妈又忍住心中的难过，对他讲："你们老师对你很有信心，你假如再用点功，一定可以赶过你旁边的同学。"这个孩子本来很沮丧，妈妈这么一讲，马上眼睛就发亮了。那一整天，妈妈都觉得儿子特别懂事，特别温柔，被妈妈一鼓励，做什么事都很主动。

孩子上初中了。妈妈又去参加家长会，老师对妈妈说："你儿子的情况，要考上重点中学太困难，太危险了。"她回到家里，儿子又在家里等她，"妈，我老师怎么讲？"她妈又说了，你们老师说，只要你肯努力，必定可以考上重点中学。孩子也很欣慰。

后来，儿子高中毕业了，参加高考，儿子自己到学校将通知取了回来，是清华大学的通知书。儿子回到家里，见到妈妈，就放声大哭了。他对妈妈说："妈，我知道我不是一个聪明的孩子，可是只有你会欣赏我。"当下他妈妈也忍不住流下了泪。

一位家庭教育专家曾指出，教育的奥秘在于坚信孩子"行"。每个孩子心灵深处最强烈的需求和成人一样，就是渴望受到赏识和肯定。父母要自始至终给孩子前进的信心和力量，哪怕是一次不经意的表扬，一个小小的鼓励，都会让孩子激动好长时间，甚至会改变整个面貌。

哪个孩子都不是天生能成才的，也不是天生就自己懂得道理的，在羡慕别人教育成功的时候，应该想到这都是人家不断调整不断教育的成果，想想自己的孩子也没有差到哪里，只是自己的态度和持续教育的决心及行动不如成功者，为什么不从现在开始，不绝望、不急躁、多学习、多用心，相信自己的孩子是天下最好的宝贝，把短短的父母时效做得更加尽善尽美，让孩子成长得更好，感到更加幸福，同时也让父母更加自豪和骄傲呢？

第五章

懂得和孩子的相处之道

父母和孩子比较合理的关系格局应该是这样的：孩子在幼小的时候，应该绝对信任和依赖父母，父母当然也应该给他正确的教导；一旦孩子长大了，应该把父母视为最为信赖的朋友，父母对于孩子也应该是相同的态度，彼此之间的关系趋向平等。

——英国著名教育家　约翰·洛克

创造民主的家庭氛围

家庭中父母的教养方式以及父母对子女的态度是影响子女人格发展和个性形成的重要因素。具有民主氛围的家庭，是以理解、尊重、鼓励孩子为教育前提的，孩子在和谐的家庭气氛中，容易发挥自身的潜能，通常具有创新意识、活泼、天真、开朗的孩子都有一个比较平等、宽容的父母，一个民主平等的家。

而很多父母一向把孩子看成自己的财产，有一种占有的心态，总想让孩俯首帖耳、俯首称臣，孩子必须听父母的话才算是好孩子。很少有父母去考虑孩子自身的需要，家庭成员之间，孩子永远是被管制的对象，对家庭大事，孩子没有参与的权利，对自己的事，孩子也没有决定权，只能听从，没有平等民主可言。

孩子的事都是父母说了算，孩子的意见不被父母尊重，从小就失去了自主权，孩子就有被父母压制的感觉，等到孩子稍大以后，就开始对父母的管制进行反抗，向父母索要尊重、索要民主。

在孩子的眼中，这些父母很霸道：经常发火、听不进孩子的意见、不理解孩子的喜好、老是说人家的孩子好，看不到自己孩子的优点、不尊重孩子的选择……

一位读初中的男孩说，父母除了关爱他以外，是世界上最不把他看成独立存在个体的人，父母永远只凭自己的直觉和自己的需要对他的行为做出判断，因为他们永远只是把自己的孩子当成他们拥有的一部分。被这种占有式的爱包围着，孩子永远找不到自我，在家庭中永远找不到公平和民主。

还有的孩子这样形容父母：父母就像一个怎么也甩不掉的拐杖，父母就像警察，而且是刑警队的，一直在你做了“坏”事时出现，父母是法官，孩子是被告……

孩子同样需要被尊重，需要民主的家庭氛围，需要自己独立的空间，不想一站在父母面前就成为接受审判的对象，他们渴望获得在家庭中的发言权，渴望和父母平等对话。

很多孩子犯了错会想方设法隐瞒，不愿让父母知道，原因就是父母无法理性地面对孩子的错误，让孩子不敢面对错误，不敢面对父母。

孩子一出世时，需要完全依赖自己的父母，才能生存，但随着年龄的增长，随着身体和心理的成长，有了对自我的渴求，有了想摆脱父母，展示自我的需求，想脱离父母这根拐棍，想有自己的发言权和独立自由。但很多父母认为你是我生的，你靠我养活，我是你的衣食父母，你就应该听我的。

于是，孩子提建议时，父母往往接受不了，有的是表面接受，却不改正，这样的表现让孩子很失望，当孩子对某事发表意见时，父母以蔑视的态度，不把孩子的话当回事，甚至偷看孩子的日记，偷听孩子打电话，否定孩子的选择，当着孩子的面吵架，不听孩子的解释……这些不尊重孩子的行为，在孩子和父母之间竖起了一道铁墙，也是造成家庭不民主的因素。

当无法改变专制的家庭氛围时，孩子在对父母产生厌恶的同时，会产生逃避的思想，想要逃离家庭追求自己想要的生活，这是被父母长久压制之后的心理暴发。

一个家庭的民主气氛表现在尊重孩子的个性发展，尊重孩子的发言权、参与权，不把孩子当作私有财产，而是把孩子当作一个有独立人格的个体来尊重。对孩子要事事用商量的口气，并且给他们自己做主的权利，父母的任务只是给予指导，而不是替孩子作决定。

小丁上小学后，常和父母说班上的同学有好看的衣服、有漂亮的文具，自己为什么老是穿半新不旧的衣服，手里一分零用钱都没有。看到儿子冒出了攀比的苗头，小丁的妈妈没有一味阻拦这种想法，而是认真地和儿子长谈了一次，说父母工作是非常辛苦的，每天早出晚归靠做小生意赚钱，现在做生意竞争非常激烈，钱也很难赚，全家人暂时不能居住在一起，就是为了想多攒钱早点买房子，尽早在这个城市里安顿下来。

小丁有些不乐意了，嘟囔着说，我的储蓄罐里有积攒下来的压岁钱呢！

小丁的妈妈笑了，这些钱是为你自己储蓄的，将来考高中、上大学交学费用，当然你也可以花掉，但是以后就不要埋怨没有钱交学费了。你是要和同学们比吃穿呢，还是比学习，比将来考大学呢？

小丁的妈妈把选择权交给了儿子。最后，小丁考虑了半天，还是决定将钱留下来交学费，从此再也没有提过攀比的事了。

看小丁的妈妈做得多好！在民主平等的家庭氛围中，父母和孩子之间相互信任、相互理解、相互尊重，这样更有利于孩子的发展。孩子心目中最好的父母，往往是以一个孩子可信赖的长者和一个和蔼可亲的大朋友的身份出现在家庭生活中，他们在教育子女时讲究方法，尊重孩子的意见，很少把自己的想法强加给孩子，他们给予孩子发展兴趣和爱好的自由，能经常与孩子交流对各种事物的看法，对孩子非常信任，即使考试失败也会给予孩子热情的鼓励。

有个孩子想学钢琴，爸爸妈妈只顾自己在钢琴上练习，说：“你学习任务重，最好不要在钢琴上分心了。练琴要有毅力，你行吗？”

孩子说：“我一定行。”这样爸爸妈妈才去买了适合儿童的乐曲，请人指导孩子学钢琴。

结果孩子学琴非常用功，进步很快。

在民主的家庭中，孩子会对自己充满信心，他们会认为自己很能干，并且有能力做自己想做的事。这些充满信心的孩子能够在家庭中发表自己的各种观点，和父母探讨各种人生问题。他们信任自己的父母，也希望得到父母的指导。由于与父母进行交流和沟通，家庭中亲子关系非常和谐，父母会更加肯定自己的孩子，家庭民主化程度也会因此而提高。孩子会因父母经常性的肯定而感到生活更加幸福，他们接纳自己，并积极地用行动去证实自己。在成功的路途上，他们不断地为自己喝彩，人生的色彩也会更加亮丽。

要创造民主的家庭氛围，父母就要从以下几个方面努力：

第一，学会和家人商量。

有事要和家人商量，生活上相互关心、体谅，而不是相互责怪或挑剔。特别是父母，不要以为自己是一家之长，什么事情都自己说了算，对孩子挑剔，这种霸道的做法，很容易使家庭气氛紧张、压抑，孩子也愉快不起来。

第二，对孩子要尊重、以礼相待。

没有尊重，就无法谈论民主，想要营造一个民主的家庭氛围，父母要学会对孩子以礼相待，特别是讲话时要对孩子表示尊重和礼貌，这样孩子才愿意和你沟通。要让孩子感到，你对他所做的，或你要求他去做的，是为他好，是有必要的。要让他知道，你之所以吩咐他，或禁止他去做某件事，是有道理的，不是出自大人的任性和滥用父母的权威。

第三，对孩子要求严格，但不能随意体罚孩子。

民主家庭里的父母是不会轻易体罚孩子的，因为那种做法是根本体现不出民主，父母可以对孩子要求严格，但是在有些事情上还应尊重孩子的意愿和想法，当孩子不同意你的决定时，你应该想办法说服孩子，而不是强迫孩子接受你的决定。

第四，经常和孩子交流。

父母要经常和孩子交流，可以是正式的谈话，也可以是随意闲聊。父母要鼓励孩子说实话，比如指出家里哪个人的不良习惯，“举报”某个人干的坏事，然后大家对他进行批评和教育，同时父母还要和孩子开展自我批评，这样便于不断进步。

鼓励孩子说出心里的想法

要想教育好孩子，了解孩子的内心想法是非常重要的。如果孩子能够把自己的想法毫无顾忌地给父母讲出来，表示他与父母的关系是开放的，能自由交谈而无所顾忌。如果父母为了图省事，不愿听孩子的心里话，就会损伤孩子的自尊心，引起孩子的不满，使他们关闭自己的心灵，不愿再与父母沟通。

幸幸是一名小学三年级的学生，一天吃早饭的时候，他兴奋地对妈妈说："妈妈，我想要……"妈妈摆摆手说："别说了，快吃饭！一会儿上学要迟到了！"幸幸吓得不敢再开口了，低着头吃完饭，背起书包上学了。晚饭时，幸幸又想起要对妈妈说的事来了，又对妈妈说："妈妈，我想要……"

还没说完，妈妈打断他说："别说那么多废话了，赶紧吃饭，吃完赶快写作业！"吃完饭，幸幸说："我今天作业不多，一会儿再做。先给你说一下我的打算吧！"妈妈不耐烦地说："哪来那么多废话。赶快写作业，写完作业再预习一下明天的内容。"说完就自己忙自己的去了，留下幸幸一个人眼里噙着泪站在那里。

渐渐地，妈妈发现幸幸变了。以前，每次放学回来，他总是妈妈长、妈妈短地说个没完，现在却什么都不愿对自己讲。许多事情，都是老师给自己打来电话，自己才知道。对自己的许多话，孩子也开始置之不理。儿子这是怎么啦？妈妈又迷惑，又伤心。

幸幸本来将妈妈当作自己的知心朋友，想要说出自己的心里话，却遭到冷淡与拒绝，使他觉得自己不受重视，不受尊重。这自然会伤了孩子的心，使孩子产生对抗情绪，造成沟通困难。

父母对待孩子不正确的态度和语言，会使孩子产生心理阴影：小时候不敢说出自己的心里话，长大后不敢面对他人、面对挫折，容易产生自卑等消极情绪，而且很难恢复。这种不良经验会跟随孩子一生，影响其今后对他人和对自己的看法，不利于孩子健康人格的形成。

而父母鼓励孩子主动说出内心的想法，可培养孩子的创造性。鼓励孩子主动说出内心的想法，还可发展孩子独立自主的意识，有益于孩子的健康成长。无论孩子的想法如何幼稚，父母都应认真倾听，加以鼓励。父母还可故意提出不同意见与孩子进行讨论。当孩子反驳父母的意见时，父母应予以鼓励。如果孩子的想法不对，父母可以认真地倾听之后加以纠正。一定要避免幸幸妈妈的做法，不让孩子说出内心的想法。父母有了这种态度，才能培养出具有创造性头脑的孩子。

王阳今年考上一所重点中学。他的妈妈有一次去外地出差，回来后，一进门，就发现王阳情绪很不好。

妈妈问王阳："阳阳，怎么回事呀？"

王阳嗫嚅着说："妈妈，我不想在这个中学上学了。"

妈妈一听，便马上不顾疲倦，耐心地问儿子："你能告诉妈妈这是怎么回事吗？"

原来王阳现在读的这所重点中学管理非常严格，老师对学习抓得非常紧，王阳感觉适应不了，成绩也不如以前好了。王阳非常要强，可是无论怎么学，他都无法取得优秀的成绩，王阳的内心渐渐积压了很多紧张、失落的情绪，所以产生了厌学的情绪。

妈妈了解了情况以后，温和地对王阳说："儿子，不管你现在的学习怎么样，你都是妈妈心目中最好的孩子。对妈妈来说，你的快乐最重要，妈妈并不在意你的成绩排名。学习只要尽力就好，不需要总得第一，成绩并不代表你的一切。你只要努力了就可以了。”

后来妈妈帮助王阳请了1天假，让王阳在家里放松了1天。有了妈妈的支持，王阳心里的压力解除了，对学习逐渐有了兴趣和信心，成绩也逐渐赶上来了。

王阳有一位理解自己的好妈妈。让孩子说出内心的想法，就可以真实地了解孩子，找到帮助孩子解决问题的方法。孩子也有自己的思想和见解，但是如果不能很好地表达出来，别人就无法了解孩子的想法。孩子不说出自己内心的想法，妈妈也就不能够很好地了解孩子的困惑，不能给予孩子及时的引导和帮助。

孩子说心里话时往往是遇到了疑惑和困难，他们热切地希望了解他人的看法，更期盼得到有效的帮助，如果这些愿望得到了满足，孩子就会乐于主动地袒露心声。但是如果你对孩子的想法，总是持否定的态度，一味讥笑孩子的无知、批评他（她）的不足、拒绝他（她）的要求、责备他（她）的错误，这就让孩子有了成见：一讲心里话就要挨说挨骂，他（她）怎么会向你敞开心扉呢？这样对孩子的性格也会有影响。

永远用温和的态度对待孩子

对于教育孩子来说，比学识更难培养的是一个好性情。要给孩子一个好性情，首先父母就要有一个好性情，要永远用温和的态度对待孩子。

一个人的社会交往能力、人际交往能力、自主能力、独立能力等，对一个人的发展有着重要的作用，而这些能力都是在童年时代打下的基础。父母对待孩子的态度，对于孩子形成这些能力有着巨大的影响。

事实证明，即使对于幼小的孩子，如果用温和的态度对待他们，也会收到很好的效果。

布布是一个刚刚两岁的小女孩，样子非常乖巧可爱。布布有一个最大的喜好，就是爱玩水，见到水就会伸手抓一把，就连饮水机里的水都要玩。爸爸怕饮水机里的热水烫着她，所以把饮水机放在厨房的高台子上面。不过这样一来，由于放得太高了，换水特别不方便，姥姥就把它又拿下来放在地上，布布发现了就去玩水，一开始不让她玩，强行把她抱走，可是小布布的脾气还真倔，哭着喊着非要玩，谁说都不听，给什么都不要，连平时最爱的芭比娃娃都不玩了，就是要玩水。爸爸和姥姥都没有办法，就差下手揍她一顿了。

布布的妈妈决定换一种方法试一试。她温和地对布布说："布布最乖了，我知道布布非常想玩水，但是饮水机里的水太热，会烫着布布的，如果烫着布布，布布就会很疼的。所以，不能玩的。”

妈妈温柔的话语，似乎产生了效果。布布不哭了，只是从饮水机上接了一杯水，玩了起来，接了第二杯水的时候，布布就把杯子放在饮水机的下面柜子里，自己就去玩了，一会玩得口渴了就来喝水，也就没有再玩饮水机里的水了。

连两岁的孩子都会对温和的态度有感觉，何况大一些的孩子呢？如果父母对孩子持有消极暴躁的态度，就会促使孩子的行为向不良和不健康的方向发展，如果父母对孩子持有积极温和的态度，就会促使孩子的行为向健康的方面发展，就能够建立起较好的自我评价和自我意向，建立起自信心，从而得到很好的发展，为一生奠定良好的基础。

所以，对父母而言，应该始终温柔地对待孩子！但是，要做到始终对孩子不发脾气，不是那么容易。

孩子，她是个活生生的小人，不是泥塑木偶，不是你想怎么捏就怎么捏的彩泥。她会哭，她会闹，她会不听话，她也会顶你的话……

她会把房间弄得乱七八糟，她会任你说破嘴，就是要光脚；她会磨洋工，不到最后就不肯把作业做完；她会缠着你……

那么父母应该怎么办呢？不妨从以下几方面做起：

第一，控制好自己的情绪。

有些父母往往一见到孩子犯错误，就控制不住自己的情绪，打断甚至不听孩子的解释，对孩子采取训斥或者粗暴的打骂。父母图一时之快，可能就会孩子的心灵造成很大的创伤，会使孩子对父母树立起很强的戒备心，不愿再与父母交流。当孩子犯了错误或者做出一些令父母难以接受的行为时，父母一定要控制好自己的情绪，用温和的、理智的态度和孩子沟通，孩子就会接受父母的态度。

第二，学会“冷处理”。

父母一见孩子犯了错误，往往一着急就会拳脚相加，这样往往会使事情变得更糟，孩子变得更加逆反。因此要学会“冷处理”，所谓的“冷处理”就是自己着急、上火、生气时不要教育孩子，自己先消消气，等心情平静下来了再教育孩子。孩子正在生气的时候，也不是进行教育的好时机，同样应该等孩子平静下来再用温和的态度进行教育。这样才能防止粗暴型教育，才能冷静地、客观地处理孩子的各种问题。

第三，不要表现出自己的坏情绪。

情绪是会传染的，父母要注意自己日常生活中的情绪对孩子的影响。不要在孩子面前表现出消极的情绪，那样会使孩子处在一种不和谐的氛围中，受到父母消极情绪影响而导致情绪上也发生变化。

总之，父母需要用温和的态度对待自己的孩子。当孩子犯错误的时候，做父母的不妨压一压自己的“火气”，让自己冷静下来，冷静地分析孩子的错误，用温和的态度耐心地对待孩子。父母务必记住，只有用温和的态度对待孩子，孩子才能更加健康茁壮地成长。

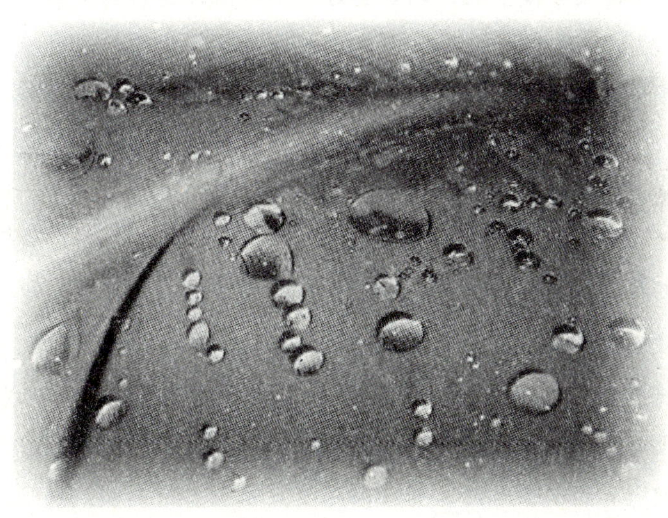

不要拿孩子和他人随便比较

很多父母盼孩子成才心切，对孩子期望值很高，所以就会有许多不如意和失望。为了平衡自己的心态，有些父母总是拿自己的孩子跟别人的孩子比较，“你看人家楼上的，画画多好，学习成绩也优秀，人家父母是怎么修来的呢?”“你看人家××不仅学习好，还很懂事，见什么人说什么话，一点不怯场。人家有这样的孩子，真幸福。”“你看人家××钢琴都考到九级了，人家的孩子怎么那么有出息，真是前世修来的福”之类的话就成了一些父母的口头禅。

关山和何亮是一对非常要好的朋友，两人经常在一起玩。学校刚一放假，何亮就到关山家玩。关山的妈妈和何亮聊起了考试成绩，何亮骄傲地告诉关妈妈，自己的各科成绩都是90分以上，“你真棒，学习成绩真好。咦，我还没有看见关山的成绩呢，关山，来一下。”其实关山早已经在楼上听到了何亮和妈妈的对话，磨磨蹭蹭不愿出来。听到妈妈叫他，只得极不情愿地走过来。“关山，这次考试成绩单呢？考得怎么样?”

“在我房间里。”关山小声回答。

妈妈催促着关山去拿成绩单：“去把成绩单拿来，我要看一看。”

成绩单拿来了，结果小山的成绩没有一科上90分。看到小山的成绩单，关山的妈妈非常生气，忍不住大声训斥起来：“你真让我感到失望，你的成绩为什么总是这么糟？你看看人家小亮，成绩总是那么好，你的成绩为什么不能像他一样好，你的学习环境哪一点比人家差？你就是太爱玩，总是注意力不集中，不专心听讲，回房间去好好想一想，给我写份检查，好好给我检讨一下。”

虽然已经不是第一次当着何亮的面挨训了，关山还是感到下不了台，只好噙着眼泪回到了房间。

从此，关山就觉得自己像一只丑小鸭，情绪总是不高，不愿意学习，成绩更是大幅度地下滑，任凭父母、老师怎么教育，就是不爱学习。

如果从孩子的角度去想一下，你能理解孩子受到这种数落时的心情是多么糟糕？当孩子被这样骂的时候，他无力反驳和辩解，因为父母说的毕竟都是事实，自己毕竟没有别人优秀，所以往往会感到气馁，对自己丧失信心。尤其是在一个家庭中，当一个孩子被作为另一个孩子的标准时，时间一长，被比下去的孩子就会不自觉地把自己排除在这个家庭之外，认为自己是“多余的”，是“没用的”，甚至认为父母不爱自己了。

孩子一旦产生了这样的想法，自卑感会越来越重，会越来越没有斗志和热情。也许他本来可以成为一个很有出息的孩子，但是因为这种自卑，长大后自暴自弃，一无所成。我们说，父母一句话，影响孩子的一生，并不是危言耸听啊。

有一个孩子就这样说过：“……我经常都不知道自己在想什么，也不知道自己想要什么？好像从记事起，我的爸爸妈妈就不断地拿别人和我比，尤其在每次开完家长会后。他们既然认为别人好，就让别人做他们的儿子好了。再说我不是不想学好，我也在努力，可为什么我的成绩他们都看不到呢？我甚至都不想再待在家里了，我讨厌他们。为什么他们都不能理解我呢……”

为什么非要把孩子比来比去呢？孩子犯了错，父母批评可以，但是千万不要把一个孩子作为衡量另一个孩子的标准。人与人是不一样，会存在性格、能力、天赋等许多方面的差异。孩子可能在一个方面比不上人家，但是在另一个方面可能会强于别人。

事实上，不管你的孩子现在是如何的优秀，如果你总是喜欢拿他去跟别的孩子比较，你总发现还有别的孩子远比你的孩子更优秀。你的宝宝九个月时就会走路，但是隔壁邻居的儿子却在七个月大时就开始走路，你的孩子在四岁时已经会认识几十个汉字，但是有些孩子却在四岁时就已经会背几百首唐诗，你的孩子刚刚考进全市最好的重点高中，但是邻居的小孩却考上了大学少年班……

如果父母总是拿孩子和别的孩子进行比较。这样很容易使孩子产生挫败感，不利于培养孩子的自信心。不要小看这个比较的后果，第一，对家长树立的榜样孩子从心里是不服气的，也就不会接受；第二，会使孩子永远没有成功的感觉，因为不断有新的榜样会出现在面前。如果孩子总是比不过其他孩子，达不到父母的要求，父母就会对孩子否定，进而发展到孩子的自我否定。于是，孩子在成长中遇到困难就会恐慌、退缩，对孩子的心理造成伤害。

所以，父母一定要尊重自己的孩子，要相信自己的孩子永远是最好的，要用欣赏的眼光去看待自己的孩子。很多父母望子成龙的心太过迫切，他们似乎容忍不了孩子的暂时落后与普通的成绩，往往把自己急躁的心情压迫在孩子身上，但这样做常常会适得其反。

其实，只要你用心去爱你的孩子，你会发现，他就是独一无二的，他总有某个方面是世界上最棒的！

要学会欣赏孩子，生命之间是无法比较的，你应该感觉你的孩子永远是最好的、最优秀的。所以不妨冷静下来，即使孩子现在还不能让你满意，但要学会等待与忍耐，不要过于心急，以一颗谦卑的心来感谢生活，学会多想想孩子的好处，感谢孩子给你带来的幸福和快乐，不要老想他的这不好那不好。调整好你的心情，少责骂批评孩子，多给予他们赏识与鼓励，他们才会有信心继续前边的人生路，最终获得精彩的人生。

肯定和欣赏孩子的闪光点

每个孩子都有优点和缺点，如果父母紧紧抓住孩子的缺点不放，孩子就会失去自信，给成长造成一定的伤害；如果父母盯住孩子的优点不放，这就会给孩子无穷的上进动力，使孩子能够进步得更快。

有一天，有一个小孩子问自己的妈妈："我的个子这么矮，长得也不漂亮，而且又不像别的小伙伴那样心灵手巧，吹拉弹唱、歌舞琴棋，什么都会，我什么特长都没有，没有人会喜欢我的，我该怎么办呀？"

说着说着，小孩子的眼泪就要掉下来了。

妈妈安慰孩子说："小傻瓜，你怎么能这样看待自己呢？你仔细想一想，你身上有很多优点的，你的善良、坚强、不怕吃苦、不畏困难以及其他的一些优点都是别人所没有的。一个人的才能有的是能够看得见的，有的是看不见的，别人表现出来的东西你也许没有，但是你有自己的优点呀。"

听了妈妈的话，孩子咧开嘴角笑开了。在她的内心深处，有一种叫做自信的东西已经慢慢滋生。

有位教育专家曾经这样说过："每个孩子都有自己的优点和缺点，不管是多么差的孩子，他都有自己值得骄傲的闪光点。一个成功的父母和一个失败的父母之间最大的区别，就在于前者是将孩子对的东西挑出来，把他的优点挑出来，而失败的父母，一眼看到的全是孩子的缺点。”

尊重和爱是孩子的基本心理需求，当孩子取得成功的时候，最期待的就是得到别人、尤其是父母的肯定和赞扬。积极正面的肯定，才能使孩子感受到父母发自内心的爱和喜悦，给孩子带来愉快的心理感受，强化孩子正面的表现，促使孩子努力做得更好。

当孩子有稍许进步的时候，应及时予以肯定，帮助他们树立前进的信心；当他们做错了事，应在批评的同时，换一个角度找一找他的亮点，从中激发他的兴趣，改正他的缺点。只要用心去关注孩子的闪光点，就会收到意想不到的效果。父母要学会寻找孩子身上的“闪光点”，用感情培育它，用道理巩固它，用行动呵护它，就会有意想不到的收获。

今年6岁的小海性格有些内向，常被其他孩子冷落。因此他不太喜欢出门，闲下来时就给家里的小狗洗澡、梳理皮毛，把学习和生活中发生的事编成故事说给它听。

小海的父母担心孩子将来不能与人和谐相处，“那就挖出他的闪光点，再用闪光点去填埋他的缺点吧。”于是就鼓励小海，把记下的故事投到儿童杂志，竟然有几篇发表了，让小海感到了成功与快乐。不少孩子也开始要求小海讲故事给他们听。

小海非常有爱心，他把摔倒的孩子从地上扶起来，帮粗心的阿姨找到丢在角落里的钥匙……看到小海帮助人的时候，爸爸、妈妈总会充满喜悦地赞扬孩子：“小海真懂事，这么小就知道帮助别人，将来长大了一定很了不起!”

在父母的赞扬声中，小海一天天变得开朗了。

其实，每个孩子都有许多的优点和缺点，父母应该善于发现孩子的优点，让孩子在自信中成长。尤其是面对那些不是那么优秀的孩子的时候，更要找出他们的优点。如果你看到了他的优点，并对他的优点加以肯定，孩子一定会更加努力地发掘自己的优点。那么，作为父母，如何去寻找孩子的闪光点呢？

第一，要盯住孩子的优点。

父母如果老把眼光盯住孩子的过错上不放，就会心生焦虑，就会丧失对孩子的耐心与信心，这样更容易导致孩子往消极的方向发展。而对于孩子来说，父母只盯住自己的缺点，会使孩子丧失前进的信心。所以，父母要用心发现他身上的优点，忽略身上的缺点，仔细捕捉孩子的每一点进步，及时加以肯定和鼓励。孩子就会逐步改掉不良习惯，强化优秀的品质。

第二，欣赏孩子错误中的优点。

成年人还会犯错误，何况小小的孩子呢？孩子犯错误的时候，父母一定要头脑保持冷静，要耐心寻找孩子发错误的原因，并从孩子的错误中找到闪光点，要肯定这一点，多找机会表扬孩子，满足他的心理需要，在此基础上引导孩子用正确的方式来获得肯定。比如孩子打扫卫生把玻璃打碎了，孩子心里已经够难受的了，父母就不要再批评了，要表扬孩子积极主动打扫卫生的精神。这样就会使孩子打扫卫生的劲头更足。

第三，欣赏孩子的与众不同之处。

每个孩子都有自身的特点，简单的斥责和生硬的要求只能激起孩子的逆反心理，把他推向错误的深渊。父母要寻找孩子的积极因素，因势利导，帮助孩子一步步走出狭隘的天地，成为一个优秀的孩子。

第四，告诉孩子，他不比别人差。

心理学研究早已证实：当孩子克服困难受到赞扬时，孩子自信的心理品质可以得到强化，他会更加地努力向这方面的困难挑战；如果孩子经常失败，一旦有成绩父母能够及时地给予表扬，孩子的自信心就能得到加强，就会不断进步。

坦然面对孩子的错误

大多数父母们教育孩子的最大问题之一就是孩子不能犯错误，认为犯错误就是孩子没有学好。对于孩子出现的错误，可能就会出现两种类型的家长：

一种是对孩子过于宽容，想着孩子还小，长大了自然就会改正缺点。然而，事情的发展并不会像父母的预期一样，孩子的问题可能越来越多，甚至到孩子进入青春期，出现了很多意想不到的情况，让家长措手不及。

新新看到窗台上放着一瓶蜂蜜，就去伸手拿，刚拿到手里，就听见“呼”的一声，瓶子掉到地上，摔碎了，里面的蜂蜜洒了一地。新新一时束手无策，望着旁边的妈妈，嘴里不断地说着：“对不起，我是不小心啊。”妈妈把瓶子扶起来放在一边，批评儿子：“新新，妈妈不是告诉过你，取带盖子的瓶子时，一定不能拿盖子，要拿稳瓶身。这已经是第三次了，怎么总是记不住呢？”新新嗫嚅着说：“嗯，我知道了，这次我一定记住。”闻讯而来的姥姥看见孩子紧张的样子，一边收拾着地面，一边说：“都怪姥姥，是我用完没把瓶盖拧严。”一听此话，新新的情绪立刻起了变化，指着姥姥大声说：“姥姥，你是怎么搞的，怎么没把瓶盖拧好呢？”姥姥说：“姥姥是有责任。但新新也有责任啊，如果你按照妈妈说的那样拿稳瓶子，蜂蜜也不会洒。对不对？

我们两人都有责任。”

姥爷在另一房间已经将事情听得清清楚楚，但他故意装作不知道，问新新：“咦，刚才发生什么事情了？”新新赶忙说：“噢，是姥姥用完蜂蜜没把瓶盖拧紧。结果，瓶子摔到地上了。”姥爷又问：“噢，是这样。只怪姥姥吗？有没有别人的责任呢？”新新不吭声了。姥爷继续说：“姥姥没盖好盖子，如果没人去动这个蜂蜜的瓶子，它自己能摔到地上吗？”新新很不情愿地说：“我动了，是我没拿好。”但是看见旁边姥姥的笑脸，却板着小脸说：“我很生气。”我们问他：“你生谁的气？”他指了指姥姥。“为什么生姥姥的气呢？”一开始，他不肯说。后来被我们问的没办法，他站起身来说：“如果姥姥用完后把瓶盖盖紧的话……”

由于姥姥对于孩子的纵容，使孩子对所犯的错误找到一个借口，对于孩子改正错误是没有帮助。

另一种父母的做法却恰恰相反，对孩子非常严厉，要求孩子能够纠正所有的缺点和错误。这有可能出现两种情况：一是孩子顺从家长，事事都按照家长的意识办，但这样的孩子长大后，变得做事被动，没有主见，缺乏创造力。二是到了反抗期，开始奋力反抗家长，当出现离家出走这样极端的事情后，父母就会变得不知所措。

粗暴地对待孩子的错误，实际上是父母在发泄自己的情绪，这种情绪性的发泄，会给孩子带来很大的负面影响。外向型的孩子，可能会需要一段时间来减轻影响，或者通过注意力的转移来消化影响。内向型的孩子，也许会选择独自承受这种压力，而压力得不到宣泄，长此以往，就会让孩子养成怕犯错、内向、不敢尝试、否定自我的习惯，甚至有自虐或暴力倾向，最终形成焦虑型或混乱型的人格。

所以，对待孩子的错误，一定要用坦然的态度，既不能纵容，也不能粗暴。

其实，孩子成长的过程，就是一个不断犯错，又不断改正错误的过程。对于孩子来说，任何错误本身都没什么可怕的。最关键的，还是父母对待错误的态度。

有的时候，孩子会做出很多出格的事情，让父母深感头疼。但要想解决问题，我们首先要了解孩子为什么会这样做。如果我们仅仅是想消除症状，那是不能根本解决问题的。比如，孩子放学后，跑到网吧上网，根本就没有想着学习的事情。有些父母等孩子回家后，劈头盖脸一顿臭骂，勒令以后不准晚归，不准上网。这种处理方式过于急躁，孩子不但没有体会到父母的心情，反而会对父母产生抵触情绪，相比之下，如果父母能够尽量压住怒气，认真研究为什么孩子会对上网感兴趣，而对学习没有兴趣，就可以找到正确的解决方法。孩子之所以不喜欢学习，可能是因为孩子在学习的过程中，有一个难以实现的目标压着他，让他怎么努力都无法实现目标。而在玩游戏的时候，完全不会有这样的感觉，他们觉得玩游戏时最放松，在游戏中能找到自信和尊严。

当我们学会从孩子的角度去认识孩子的时候，我们就会改变对孩子的要求，而不再是指责孩子，孩子对父母的要求也就不会产生抵触心理。

有一次，轩轩刚吃过饭，就吵着要妈妈买薯片给他吃，因为怕他吃多了消化不良，在妈妈多次解释没有效果的情况下，妈妈使劲揍了轩轩一顿。打完后，轩轩一边哭，一边号叫着讨厌妈妈。

这时，轩轩的爸爸蹲下来，轻轻搂住儿子，拿出了《馋嘴的小猪》的故事书，一边翻书，一边告诉儿子，小猪因为贪吃，吃坏了肚子，要爸爸妈妈照顾，还要打针吃药。

听着听着，儿子不哭了，头也慢慢地低下了。

“轩轩，你说，要是你像小猪一样因为多吃，吃坏了肚子，那该怎么办?”爸爸继续循循善诱。

“要爸爸妈妈照顾，还要去医院打针吃药。”轩轩小声应着。

“那轩轩想打针吃药吗?”

“不想。”

“那刚才妈妈叫你不要吃薯片，对不对?”

“对。”

“但轩轩刚才惹妈妈生气了，该怎么办？”

“要向妈妈说对不起。”

“妈妈，对不起，我不吃薯片了，你别生气了，好吗？”儿子轻轻的倒在妈妈怀里，半带撒娇地说着。

“轩轩乖，妈妈就不生气了。”看着儿子诚恳而羞涩的神情，听着儿子甜甜的声音，妈妈所有的不快，顷刻间，烟消云散。然后，儿子就自顾自沉迷于看《馋嘴的小猪》了，仿佛刚才并没有发生过什么不愉快的事情。

轩轩的爸爸非常理性地对待孩子的错误，不仅使孩子纠正了自己的错误，而且没有在孩子心里留下创伤。这才是对待孩子错误的正确方法。父母是孩子的领路人，面对孩子的错误时，一定要向轩轩的爸爸学习，理智地对待孩子的错误：

第一，对于孩子的错误，一定要保持冷静。

要告诉孩子，小孩犯错是正常的，只要改正就可以了。妈妈不会因为他的一件错事而讨厌他，他也不应该因为自己做错一件事而否定自己。无论何时，妈妈都会理解他、也愿意帮助他改正错误。

父母切忌在自己心情好的时候，见孩子做错了事不进行教育，心情不好的时候则进行责备、训斥。教育必须保持一致性。否则同样的事情，因为父母情绪的不同而出现两种截然不同的结果，会令孩子手足无措，无所适从的。

第二，要注意维护孩子的自尊。

孩子犯错误时，父母应当以不伤害孩子的自尊为前提，注意教育的场合和时机，顾及孩子的情绪和心理承受力，做到对事不对人。当孩子犯错时，要循循善诱，要让孩子意识到自己的错误并一定要认错。但切忌使用过激的语言当着儿子的面发泄情绪，更严禁体罚。

第三，要给孩子时间去反省自己的错误。

有时候孩子可能一时半会认识不到自己的错误，这时父母不要急于求成，要留给孩子一定的时间，让他去反思自己的错误。当孩子慢慢地认识到自己的错误时，他就会真正地改正自己的错误。如果父母当时没有想好该如何处理，也可以暂时离开一会，让孩子和自己都冷静下来，再考虑下一步该怎么做。

总之，面对孩子的错误，我们没有必要大惊小怪，怒气冲天，烦恼不已，更没必要用一些我们虚构的后果来吓唬自己和孩子。重要的是要在引导孩子认识错误的基础上去探索、找出一种新的、可行的方法和途径，帮助孩子少犯错误或不犯同样的错误。

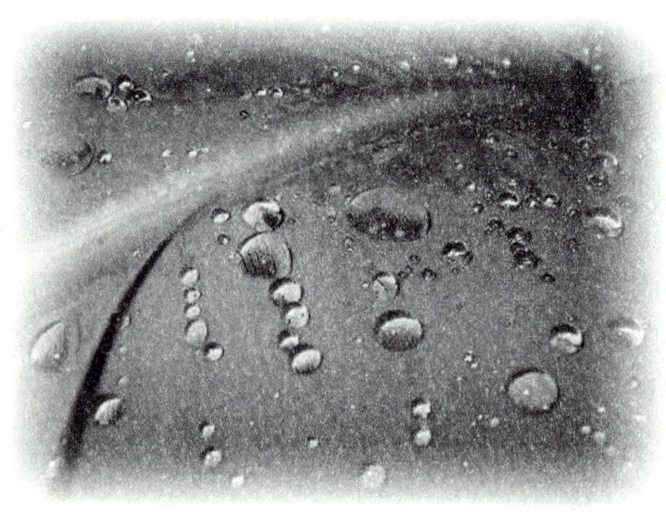

让孩子懂得父母的辛苦

最近，一家媒体披露了当今中小学生令人咋舌的高消费现象：一个小学生送给班主任的“小礼物”，竟是一部带摄像头的三星手机；某小学一个班47人，有45人知道市内高档消费场所，熟稔高档场所消费规则的有40人；不少喜欢运动的中小学生，都穿2000多元一套的运动服，脚踏1000多元一双的运动鞋；每逢周末去蹦迪、泡吧等，成了很多中小学生的固定节目，大家轮流做东，而且称之为“社会实践”。

为了自己“金子般宝贵”的孩子，父母没有什么舍不得的。很多人把这一代的孩子形容为“富贵的一代”。他们需要金钱的时候，就会找父母索要，全然不体会父母的辛苦。

孩子对金钱的理解尚不全面，他们只懂得花钱，却从来不懂钱是怎么来的。他们认为，只要自己需要，父母就会把兜里的钱掏给自己。孩子对钱这样的理解，就是因为大人从来没有告诉他们钱从何而来，他们并不了解父母的辛苦。

在多数的家庭里，孩子对家庭的经济状况一无所知。“经济问题应该是大人操心的事，苦自己也不能苦孩子”，成了不少家长的“口头禅”。不可否认，父母爱子心切，不愿让孩子过早地了解生活的艰辛，甚至有些经济条件不好的家庭，为了不让孩子产生自卑感，还“打肿脸充胖子”，致使孩子对“家底”一无所知，花钱随心所欲，出现“穷汉养娇娃”的可笑镜头：父母千方百计地节约用钱，而孩子却像旁观者一样心安理得地大手花钱。

如果父母不让孩子知道父母的辛苦，知道家庭经济的状况，孩子就不会产生危机感，也就不会体谅父母的难处。让孩子知道父母的辛苦，他们就会懂得体谅父母，懂得理解父母，懂得感恩，懂得珍惜自己拥有的一切，懂得为了更美好的生活，自己不应坐享其成，而要努力去争取。

国外有一本获奖的儿童文学作品《雷梦拉与爸爸》，讲述了一个穷人家的孩子如何和父母一起渡过难关的故事：雷梦拉的爸爸失业了，全家本来就不宽裕的经济状况变得更加拮据了，妈妈为工作累得要命，爸爸为找工作心情不佳，家中的气氛越来越紧张。雷梦拉知道这一情况后，决定和父母一同渡过难关。他使尽浑身解数，包括幻想当广告明星去赚钱养家，帮助父母减轻家务负担，不再向父母要礼物，做个好孩子，不让父母操心……

当然，雷梦拉的努力，也许并没有帮助家长解决实质上的困难，但从另一个角度却可以看出，只要父母将家里的真实情况告诉孩子，孩子一般都会非常愿意与父母一起去战胜困难。事实也正是这样。

李国的儿子已经上初中了，在成长的过程中，欲望越来越多。每当看到伙伴手中新颖的玩具，他就吵着要爸爸给他买一个；看到同学穿着名牌鞋子，回家后非要爸爸给他也买一双同样的鞋子不可。

儿子没有节制的欲望和虚荣的攀比心理，让李国感到焦虑不安。有一次和好友交流育儿心得时，他批评李国："你的方式跟溺爱无异，其实你应该让孩子知道你的辛苦，这样他才能学会感恩。"

后来，李国就故意让儿子知道自己的辛苦：加班到深夜回家时，儿子还没睡，李国丝毫不掩饰自己的疲惫；早上为儿子做早餐时，缺少睡眠的李国打哈欠也不再有意背着儿子；家中财政出现赤字的时候，李国会让儿子也知道家中的境况。

后来李国惊喜地发现，儿子慢慢地改变了，他懂事了很多，学习认真了，不再热衷于攀比，不再看到喜欢的东西就非要拥有，甚至他还主动学会了做家务，减轻爸爸妈妈的负担。

事实也证明，很多孩子了解了父母辛苦的工作之后，知道父母给自己的一切都是用心血汗水换来的，都不禁流露出了非常惊讶、感叹的神情：

哇，父母亲在外面工作真辛苦呀！我们在学校里读书，那些费用不是变魔术得来的，而是父母亲用他们的辛勤劳动换来的，所以我们要珍惜现在的生活，感谢父母亲为我们呕心沥血地工作，所以我们要尊敬父母，孝顺父母。

我的爸爸非常辛苦，每天都要早出晚归。有时一天都看不到他的人影，原来他是凌晨三点或四点才回来的。有时我看见他身上到处都是汗，每当他回来的时候，身上都会有白色的东西印在了衣服上，可是，爸爸告诉我是墙壁的粉灰。不，是爸爸流下的汗，它会慢慢地变白，如果舔一口，会觉得有点咸。

你看，孩子们在了解了父母的情况后，是多么懂事呀！在这样的了解当中，孩子会更加敬重自己的父母，从而也对自己要求更严格，对于金钱的态度也更端正。

其实，孩子是家庭中的重要一员，也应该有和父母同甘共苦的义务。只有当孩子真实了解到家庭中的经济状况时，就会真正明白家里的钱并不是多得花不完，如果无节制地花费，就会导致家庭生活出现困境。如果你的家中能够拥有这样一个懂事的“小大人”，那无疑是一件幸事。所以，父母不妨大方地和孩子谈谈“家底”，让孩子感受父母赚钱的辛苦，同时培养他的责任感、义务感和自我控制能力。

父母应根据孩子的年龄，所提出的问题，决定让他们了解家庭经济状况到什么程度。家境困难的，使孩子了解家庭的经济状况，懂得生活应该俭朴，与父母共同克服困难；家庭富裕的要让孩子知道富裕更是父母辛勤劳动换来的，要在学习、品德上努力上进，珍惜父母的劳动所得。

那么如何让孩子了解父母的辛苦呢？不妨从以下几个方面来做：

第一，让孩子了解父母的工作。

如果不是自己赚钱，就不能真正体会赚钱有多辛苦。因此“赚钱”是从忍耐“一滴汗的艰辛”开始的。让孩子看到自己父母辛苦赚钱的样子，是非常好的教育方法，对孩子描述自己的工作情形，或是带孩子参观父母的工作环境，都能让他们深刻体会。

第二，让孩子了解家庭经济。

要让孩子了解父母的辛苦，可以让孩子多了解家庭收支情况，让孩子多一点“家庭经济学”的知识。为了加强孩子对家庭开支的了解，还可以让他当“家庭小会计”，由他记录家庭收支情况，定期“结账”，向大人汇报收支情况，提出消费项目。当孩子明白钱来得不容易，知道家庭经济现状后，就会懂得父母的辛苦，学会控制自己，养成节约的习惯。

第三，让孩子做家务。

让孩子做家务，可以让孩子了解劳动的艰辛，从侧面理解父母的工作，了解父母的辛苦，孩子通过亲自体验更能真正了解自己的父母理解赚钱的辛苦。

体罚孩子要不得

网上有一篇《你被爸妈打过吗，你挨过的终极武器是什么》的帖子被网友热捧，网友们的回复五花八门，回答有“巴掌、扫把、棍棒、皮带、竹条”等常见工具，也有类似“门闩、菜刀、稻草、大饼”等独特工具。

网友“daodejia1”说，她母亲用得最多的武器是扫帚，不过由于父亲扎扫帚的技术太差劲，扫帚头像铜锤，又大又硬，头上挨一下就是很大的疙瘩。

也有网友遭遇比较“惨”。一位网友说，小时候，他爸爸让他尝尽了能想到的所有招数：“老虎凳，辣椒水，尿个床也能罚我‘吊半边猪’，一只手一只脚吊起来，绳子挂在房梁（木梁）上，一拉，就上去了。”

“aofa”说：“我妈是小李飞刀他妈的徒弟，有一手绝活叫‘小李他妈的飞刀’。那次幸好俺纵身一跃躲过了。”

“lwzlwz0125”说：小时候经常挨打，最惨的一回是被一张山东大饼盖在脸上。

“朝鲜冷面”说：挨的最惨的是母亲拿门闩追出三里地。然后晚上还一顿狂 K。

“今宵别梦寒”似乎最有意思：“小时候住一个小镇上，自己家里有小院子可以养鸡，老头子脾气不好我又不听话，每次越哭越凶，有次老头子发狠，在我坐在地上蹬着双腿号啕大哭的时候，他去厨房抓了一把米饭，全搓在我的一双大腿上，然后就走开了，知不知道那时候鸡也饿啊，一群鸡看见了，欢快地跑上来，使劲地啄我双腿，哪个疼啊，现在看见了鸡都怕！”

一位网友做总结说：武器有传统型，比如巴掌；有常规型，比如鸡毛掸子；有被动型，比如搓衣板；有暴力型，比如木棍、拖把；有创意型，比如毛巾沾水，一把小菜……

除了晒被打的经历，帖子更多引发了网友对于父母该怎么教育子女的讨论和对亲人的思念。

有的网友认为应该对孩子进行打骂教育，网友“寂寞五筒”说，人们常说的一句话是：不打不成才。也有网友认为，小孩子在成长阶段需要惩罚，没有惩罚就不会有规则意识，不懂是非，步入社会后会犯错，但父母要在惩罚之前弄清是非，不能不分青红皂白。

但是更多的网友则是反对体罚孩子的。“娇俏丫头”说，自己小时候经常挨打，所以她当母亲的时候，基本上不打孩子也不凶孩子，因为回忆起这些事，自己和母亲都感到不幸福。

“父亲从来没有打过我，他深爱着他的儿子，话虽不多，但眼神和行动则说明了一切。父亲离开已经 14 年了，每念及此，我都不禁心头酸楚。”网友“大华山”说，小时候比较顽皮，母亲总是言语教育，唯一一次挨打也是象征性地用了拖鞋。

“俗话说，打在儿身，痛在娘心。余已过而立之年，见母亲鬓发渐灰，皱纹渐长，步态渐缓，时不我待，多尽孝道吧。”“大华山”最后动情地说。

中国父母似乎偏爱用体罚的方法教育孩子，“不打不承认”、“棍棒底下出孝子”，似乎就成了一些父母教育孩子的金科玉律，总认为体罚是纠正孩子不良行为最有效的途径，并希望通过体罚将他们重新引到正道上来。在父母们看来，孩子似乎变乖了一些，殊不知这只是短期效果，实际上体罚会给孩子的心灵留下永远的伤痛。

陈陶的儿子12岁，非常顽皮，整天没有一刻安静的时候，尤其喜欢捉弄人，将女同学的辫子绑在凳子上是常有的事。在家里，儿子喜欢翻箱倒柜，把东西翻得乱七八糟。总之陈陶觉得儿子一无是处。每当儿子把家具翻倒或摔坏时，就会被陈陶痛打一顿。起初体罚所产生的效果并不明显，儿子一如既往地顽皮，但是陈陶坚持认为“体罚能让儿子变乖”，所以坚持“棍棒教育”，只要儿子稍有不对，就会被体罚。

慢慢地，儿子的性格更加怪异，时而沉默不语，时而巧舌如簧，时而郁郁寡欢，时而喜笑颜开。这样就让陈陶更加讨厌儿子。儿子上中学后，陈陶就很少心平气和地与儿子说话了，经常是说不了几句就大声嚷嚷起来。儿子的童年是伴随在无尽的体罚中度过的。

体罚并不能从根本上解决孩子犯错误的问题，唯一起到的作用，就是打击孩子的自尊心，激化孩子和父母的矛盾，使孩子的心距离父母更远。

经常挨揍的孩子，只能成为两种人：一种因为怕挨揍，成了驯服的羔羊，甚至没有个性，只是有奴性的奴才；另一种，叛逆的心理被激发出来，成为桀骜不驯、破坏性很强的人。

有些父母体罚孩子的借口就是要让孩子长记性，甚至有些家教书上也说适当的体罚可以使孩子对于自己的错误记得更清楚，教育效果会更好。

事实上，大家可以设身处地地想一想，如果别人狠狠地揍你一顿，你会从事情本身出发好好思考到底是自己错了，还是想着自己受委屈了呢？估计绝大部分人在挨揍的时候心里只有委屈，心里根本没有考虑自己做得是对还是错。

曾在一本杂志上看到一个故事：

伦敦是世界上最拥挤的城市，高峰时汽车只能够排着队一点一点地向前挪动。在拥挤最厉害的街道上，车子甚至半个小时都不能够挪动一下，平均每前进一千米就得等待二三分钟。为了减轻交通压力，伦敦市政府呼吁人们多乘坐公共交通工具，尽量减少开私家车出行，但是效果不大，交通依然十分拥挤。

2003 年，伦敦市政府采纳了一个新的建议，对机动车收取拥堵费。当天或者之前交费每辆 8 英镑，第二天每辆 10 英镑，两天之内不交拥堵费的车主，将收到 100 英镑的罚单。刚开始的时候，伦敦交通状况的确有所好转，可是没过多长时间，拥堵现象开始反弹，甚至超过了以前，行进一千米的时间比以前还要长。

为什么会出现这样的现象呢？据分析，原来在收取拥堵费之前，许多私家车主心里会觉得交通拥堵也有自己的责任，心里会产生一种“负罪感”，从而能够自觉地减少驾车外出的时间。可收取拥堵费以后，他们就认为自己已经为错误付出了代价，心里的“负罪感”就消失了，可以理直气壮地开车上路了，所以，交通就更加拥堵了。

孩子被父母打骂之后的想法和这些司机的想法没有什么区别。我是犯错了，但是你也打过我了，我也受到了惩罚，所以，我就没有必要再为自己的错误去内疚，去改正了。试想一下，这样的体罚会有效果吗？

很多时候，对于别人犯下的错误，我们第一个想法就是要对方付出代价，以此作为惩戒。但是这往往不是最好的方法。有时候，对待错误的最好方法是“宽容”，甚至“忽视”他人的错误。这样，他才会产生愧疚感，从而记住这个错误，不再犯同样的错误。

从心理学的角度来看，孩子都处在成长期，这个时期的孩子逆反心理很严重。大量的实例表明，父母经常打孩子，会造成孩子缺乏自尊、自爱和自信，在青春期容易出现早恋，还会使孩子成绩下滑；父亲经常打儿子，会造成儿子逆反心理，不愿服从社会规范，或者退缩、幼稚，缺少男子气；母亲经常打儿子，会造成儿子缺乏自信心、挫折感、多疑、没有安全感等。因为孩子从体罚中感受到的不是信任，是屈辱，这只能更加激发孩子的逆反心理，会让孩子对父母的教育更加反感，教育的效果就会大打折扣。也就是说，打孩子不仅不能解决问题，还会造成新的心理问题。

父母与子女的关系是一种尊重、平等、和谐、支持的关系。一旦滥用体罚，既会严重伤害孩子的自尊心，也会丧失父母在孩子心目中的威信，造成严重的亲子隔阂。体罚不但使孩子不再愿意与父母亲近，而且打多了，只会使父母子女之间在感情上产生隔阂，严重的甚至会导致父母与孩子之间的对抗、对骂，甚至动手。

更重要的是，体罚对孩子是一种个性压抑，尤其是给孩子的心理上造成一种错觉：弱者要服从于强者，暴力可以解决问题，这是很糟糕的。孩子往往会从父母那里学会“以暴制暴”，学会“打人经验”，染上暴力行为。

批评、惩罚的根本目的与重点是让孩子思考事件的本身，而不是如何避免、减轻惩罚。打骂只会使孩子不再在你的面前表现你不喜欢的行为，并非真的改正了，而是躲到你背后，在你看不到的地方继续淘气，继续使坏；打骂只是让他学会了逃避被打，而并不明确什么是该，什么是不该的是非善恶。

有一位教育专家在他的著作中曾经写道：“一个用武力征服儿童的人，无论财富多么丰富，地位多么显赫，学问多么高深，打人的理由多么充足，都是智慧不足的表现。这一瞬间，你以为自己强大而正义，其实是缺少理智，恃强凌弱；你在弱小的孩子面前心理全部失守，只能从体力上给自己找平衡——在爱的名义下施暴，此时此刻你的行为如此粗野，不过是一个穿西装的野人。”

所以，要想让孩子改正错误，父母就应该和孩子站在同样的高度，尊重孩子的人格，用孩子的视角去观察问题。对孩子要求过高，一味地指责或打骂孩子，则很容易打击孩子的积极性和上进心，使他们失去自信。

适当的惩罚可以是暂时性地取消孩子的一些权利，如在一定时间内不允许孩子玩，在规定的时间里不让孩子看电视等。但在实施这些处罚前，应该是更多的教育和引导，这样效果会更好。如果给孩子过重的惩罚，挫伤了孩子的自尊心，得到的可能会是父母最不愿意看到的结果。

多表扬，少教训

很多父母对孩子总是批评多，表扬少。孩子做错了作业，要批评；考试分数低，要批评；和同学闹别扭，要批评；不听老师的话，要批评……总之，孩子好像无论做什么都要批评。但是对于孩子的进步，却总是认为理所当然，觉得自己的孩子就该这么样，如果有了一点进步就表扬，孩子就会骄傲，就会不学好了。

父母渴望孩子健康成长的心情可以理解，但这样做是违背孩子成长规律的。

每个人都是有虚荣心的，都渴望别人的认可，大人还是这样，何况小孩子呢？所以，对于小孩子应该多表扬，多鼓励，而不应该动辄批评。让我们来看看一位妈妈的育儿经吧：

儿子司考特快5岁了，跟所有的调皮鬼一样，他可爱之极，但也有不少坏习惯；而我也和所有母亲一样，希望有个完美的宝贝儿子，一个懂事乖巧的“模范儿子”。于是，我开始着手改造儿子。试验过不少育儿专家的“绝招”之后，我发现他们的方法在儿子身上统统失效。不知不觉，我抛弃了理论和建议，拿起来家长最常用的武器——唠叨和责罚。结果非但儿子的坏习惯没改掉，我们的关系反倒变得紧张了。

就在这时，事情有了转机。因为要编辑一本跟驯兽学校有关的书，我开始每天都到一所驯兽师学校旁听老师讲课。如何教大象画画，如何训练海豚做空翻，如何叫鬣狗跳芭蕾，如何让狒狒溜滑板……职业驯兽师说这些奇迹背后的原理其实很简单：如果动物做了你希望它做的事，奖励它；如果它做了你不希望它做的事，装作没看见。

我突然想，这条原理对另一类固执但又可爱的物种——儿童，是否也适用呢？回家以后，我迫不及待地把驯兽师的技巧用在儿子身上。如果他把一个玩具放回玩具箱里，我立刻连声夸奖，如果儿子放了两件进去，我就亲吻他。与此同时，我对乱扔在地板上的玩具比较宽容，尽量不用责怪的口气怪儿子。在我的激励之下，地板上的飞机大炮、猫狗猴子越来越少了。

其实，人人都喜欢受表扬，受表扬是人的一种需要，这一点孩子也不例外。心理学家威廉·詹姆斯说："人性中最深切的禀质，是被人赏识的渴望。"表扬是肯定、强化孩子好的思想、行为，鼓舞、帮助孩子建立自信，促使他们获得喜悦、满足、自尊、自我欣赏等情感体验的重要方法。

著名的教育学家洛克在自己的著作《教育漫话》中写过这么一段话："儿童的过错有时不能不加以批评，批评不仅不应该使用过于严肃的、不近情理的词句，并且应当背着别人私地里去执行；至于儿童应受赞扬的时候，则他们应当当着别人的面去得到。儿童受到赞扬之后，经过大家一番传播，则奖励的意义就更大。而父母不宣扬子女的过错，则子女对于自己的名誉就愈看重，他们觉得自己是有名誉的人，因而更会小心地去维持别人对于自己的好评。若是你当众宣布他们的过失，使其无地自容，他们便会失望，而制裁他们的工具也就没有了，他们愈是觉得自己的名誉已经受了打击，则他们设法维持别人好评的心思也就愈加淡薄。"

的确，如果总是打击孩子的信心，孩子就会没有自信，就会变得不愿意再寻求进步。每个孩子都喜欢得到老师或者父母的表扬与鼓励，表扬与奖励是对孩子的思想品德和行为给予肯定的评价，使受表扬和被奖励者能够知道自己的优点，并得到进一步的巩固和发扬。

有一次在电视上看到一位作家讲述自己成才的故事。他讲到，在他上学的时候，由于学习不是很出色，别人经常嘲笑他，他非常自卑，总觉得自己什么都不行。只有他的语文老师非常看重他，总是将他的作文当作范文在作文课上朗读，夸奖他的作文写得特别漂亮，将来一定会有出息。正是语文老师的这句话鼓励着他，使他努力朝这个目标前进，最终成为一位作家。

试想一下，如果语文老师像其他人一样打击他，嘲笑他，估计他早就“泯然众人”，不会有以后的成就了。

有些父母对于孩子好的方面会表扬，但在孩子犯错误的时候，也会毫不留情地批评孩子。的确，孩子犯了错误就要及时地指出，以利于孩子改正。但是，批评孩子一定要注意方法，如果方法不正确，你的批评不是帮助孩子改正缺点，而是在帮助孩子强化他的缺点。孩子的做法可能本来只是一种无意识的举动，如果受到父母的批评，反而可能使这些缺点得到强化，在孩子心里留下深刻的印象，成为孩子的一种习惯，一种必然行为，进而成为不太容易改掉的缺点。

朴朴是一位两岁的小男孩，早就不尿床了。有一次，大概是在床上玩的过于兴奋，忘了撒尿了，一不小心就又尿了一床。妈妈看到干干净净的床上被画了一个“大地图”，非常生气，就把他一把拉下床，狠狠地打了一顿，还往屁股上给了两巴掌。晚上，爸爸回来的时候，妈妈还把这件事告诉了爸爸。结果，朴朴又受到了爸爸一顿批评。

令朴朴妈妈没有想到的是，在接下来的一段时间，朴朴竟然天天尿床，有时甚至在不睡觉的时候还专门爬到床上去尿，尿着还满脸坏笑地冲着妈妈直笑。

朴朴的妈妈气急败坏，可是干着急却一点办法也没有，朴朴还是到床上照尿不误。无奈之下，朴朴妈妈只好装作没看见一样。有一次，朴朴爬到床上，蹲在枕头上撒尿，还冲着妈妈乐。妈妈气得差点没跳起来，但她这次学聪明了，把头扭向一边，装作没看见一样，等朴朴尿完之后，只是平静地把床铺收拾干净。

结果，慢慢地，朴朴就不往床上撒尿了，忘了尿床这回事。

孩子的控制能力还没有完全定型，更容易受到暗示和兴趣的支配。你用优点来暗示他，他就会接受这种良性的暗示，如果你用缺点来暗示他，他同样会受到影响。所以，要多用良性的暗示来影响孩子。比如，孩子完成作业这件事，不要强化孩子没有完成作业这件事情，而要记下：“今天在妈妈的提醒下完成了作业，作业完成得很好。”这样，孩子就会慢慢产生自豪感，从做作业中获得一种成就感，最终把做作业变成一种自动自发的行为。当孩子从一件事情中获得自豪感和成就感的时候，他就不会觉得做作业是一件苦差事，而是赢得尊重的一件事情，他就会自觉地认真地去做。

有的父母总是担心如果不经常提醒孩子，孩子不能够改正自己的缺点。其实，上进是每一个人的天性，尤其在孩子这里表现得更为明显。父母要诚心地帮助自己的孩子，不要因为孩子的一两次错误而灰心，对孩子指责、发火。坚持让孩子自己做自己的事情，经常表扬孩子，即使孩子偶尔一两次没有完成作业，也要从中找出积极的方面，进行真诚的表扬。那么，孩子的好习惯就一定会养成。

还要注意的是，对于表扬，父母一定要注意做到自然，让孩子觉得这是一件平常事，否则孩子容易有优越感，从而失去了表扬的本意。我们表扬孩子的本意是让孩子树立一个正确的意识，强化孩子的好习惯，如果只是为了表扬而表扬，孩子就会失去对于表扬的兴趣，当孩子斤斤计较于表扬的时候，他就会对事情本身没有兴趣了。

例如，周末的时候，孩子把家里打扫收拾了一番。妈妈看了，只需要对他说：“家里今天可真干净，看着叫人心里舒服。谢谢你，孩子！”就可以了。

像其他什么“你真是个了不起的孩子！”“你今天真乖呀！”这样的话，就不必当面对孩子讲出来了。孩子听多了就会感到腻烦，感到妈妈是在敷衍自己，而不是真心地表扬自己。

在孩子眼里，自己只是做了一件力所能及的事，他内心也十分希望自己的努力得到肯定，至于自己是否“了不起”、是否“乖”，他也许根本没想过。父母的赞扬只需中肯就行，孩子会在这样适度的称赞中自行演绎出他的品格，不需要父母来给予某种肯定。德国著名的教育学家卡尔·威特说过：“我们不能让孩子在受责备的环境 中成长，但是也不能让他们整天泡在赞美里。”过多过分的表扬，会带给孩子不必要的困扰，会带给孩子压力，形成孩子的焦虑心理。所以，父母对孩子的表扬也要适可而止。

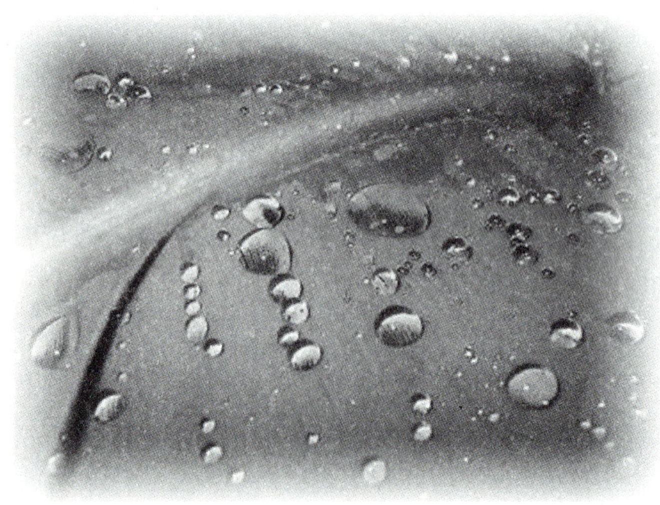

和孩子一起分享喜怒哀乐

优秀的父母，要给予孩子真正的爱，浓浓的亲情、平等的关系、良好的教育和经济条件都不可少，还有一点很重要，就是要用自己的心去感受孩子的心理和需要，设身处地为孩子着想，要和孩子一起分享喜怒哀乐。

雅淑很喜欢和自己的孩子玩耍。有一段时间孩子忽然对莫扎特产生了浓厚的兴趣，就整天围着妈妈问莫扎特的有关问题。有时候问的问题很多是雅淑也不知道的，把妈妈搞得又烦又急。于是雅淑就会拿眼撇着儿子笑着说：“小坏蛋，你按的什么心眼，是想学习知识啊还是想揭你老娘的底?”

雅淑的这些话总是把她的儿子给乐得不行，就会用京剧道白回敬妈妈：“老－娘－啊，你不要羞，待儿给老娘恶补恶补!”把雅淑差点逗得差点笑喷气，总是半夸半骂地给儿子来句：“做妈妈难啊，做你小子的妈妈更难啊!”

过了一段时间，儿子又对航模产生了浓厚的兴趣，非要自己动手造一个。他在网上自己恶补了有关知识，又给妈妈下载了单子，材料工具什么的都给雅淑列齐了，说：“好妈妈，能不能赞助咱一回啊?”雅淑看了看价格，还能接受，就对儿子说：“好吧，我可以赞助你，但是你飞机做好，你得先让我玩，要不我就不出这钱。”

儿子一听就乐了，冲他老爸直嚷嚷：“我老妈现在可能逗人啦，刚才她说‘但是’的时候我都紧张死啦。以为她要我用零用钱顶呢！”

雅淑就这样和儿子分享着属于他们的喜怒哀乐，使儿子能够健康成长。

父母与孩子一起玩耍，一起做游戏，父母的风趣、对孩子提问的积极回应等，对孩子获得健康的情绪都是至关重要的。在分享中父母和孩子都从中得到快乐，得到了彼此间的那种关怀，这种感觉就是快乐的享受。这一切都来源于快乐的。不仅孩子能从中得到快乐，作为父母的也从中感受到更多的快乐。

父母和孩子一起分享喜怒哀乐，有利孩子的健康成长。当父母发现孩子处于痛苦中时，要及时和孩子分担他的烦恼、痛苦，并且要和蔼地开导孩子，使孩子更快地从痛苦中走出来；如果孩子处于快乐的状态，父母也要及时发现，以便延续孩子的快乐情绪。

父母和孩子一起分享喜怒哀乐，孩子会觉得生活在快乐的家庭里，可以增加彼此之间的理解。父母还可以在这个过程中，教孩子如何为人处世，促进孩子的健康发展。

父母和孩子一起分享喜怒哀乐，可以使孩子感觉到和父母处于平等的地位，有利于拉近父母与孩子之间的关系，孩子从父母那里得到安慰和鼓励，从而对父母更加尊敬，也会主动向父母说出自己的心事。这不仅增进了父母对孩子的了解，还能使教育效果达到事半功倍的效果。

每个人都有和他人分享喜怒哀乐的需求，孩子的这种需求更加强烈。父母要特别关注孩子的情感需求，无论多忙，也要抽出时间和孩子一起，分享自己的和他的喜怒哀乐。那么，父母应该怎样做呢？

第一，把孩子视为自己的朋友。

父母应该努力营建民主和谐的家庭氛围，与孩子有共同的语言，做孩子的知心朋友，这样，孩子就会主动和父母分享自己的喜怒哀乐。

父母要放下家长的架子，平等地对待孩子，蹲下来和孩子说话，孩子感觉到父母对他们的尊重，才会将自己的心里话告诉父母。

第二，增加和孩子共处的时间。

父母对孩子的爱是无可取代的，但是很多父母都以工作忙为理由，没有安排和孩子共处的时间，或者即使有也太少。这样导致亲子关系的疏远，孩子有什么心里话，也不会主动和父母说。

父母要合理安排和孩子共处的时间，增加与孩子交流的机会，这样才能和孩子一起分享喜怒哀乐，以丰富的人生经验解答孩子的疑惑，使孩子健康成长。

第三，多和孩子进行心灵沟通。

由于孩子年龄小，社会阅历有限，他们难以排解自己的不良情绪，需要父母多和孩子进行心灵沟通，及时分担孩子的烦恼，做好积极的引导工作，帮助孩子解决心理困扰。

父母要留意孩子的情感变化，用心去体验，和孩子产生心灵上的共鸣，孩子才会向父母敞开心扉。只有多和孩子进行心灵沟通，才能聆听到孩子的心声，对孩子的成长起到帮助作用。

第四，珍视孩子的情感表达。

孩子有强烈的自尊心，渴望从父母那里得到尊重，在分享自己情感的过程中，孩子是快乐的，尽管他们的语言表达能力有限，但是也希望得到认同。

父母要珍视孩子的情感表达，不要以成人的眼光看待孩子，而是站在孩子的角度看待问题，使孩子体验到亲情的温暖和可贵。

千万不要欺骗孩子

很多父母总觉得自己在孩子面前没有威信，他们非常疑惑：为什么老师的话就一句顶一句，而自己的话孩子就不愿意听呢？

其实原因很简单，就是父母没有把孩子当做一个真正的人，总认为他们什么也不懂，所以有时候为了图一时之便，就对孩子随口许诺，过后又不认账，导致在孩子心中威信下降。

没有信任就没有威信，父母失信对于孩子害处是相当大的。一是会让孩子觉得一个人可以说话不负责任，答应的事也可以不办，于是，从小就养成了“轻率”的坏习惯，长大以后就会因为失信而失去朋友的信任。二是父母会失去自己在孩子心目中的威信。父母的威信从哪里来？就是从自己的言行中来的。说话算数、说到做到的父母，才会使孩子重视他们所说的每一句话。

美国著名学者斯特娜夫人是自然教育法的创始人，她曾经说过：“绝对不能欺骗孩子，被他们知道了，他们就不相信父母了。父母失掉了孩子的信任，其后果是不堪设想的，而孩子也会欺骗他人的。”

康康是一个两岁的孩子，上周，康康感冒了，可康康一向不喜欢吃味道怪怪的感冒药，康康的妈妈听从了康康姥爷的建议，把感冒药混到他的奶瓶里面。可康康只喝了一口就死活不肯再喝了。

接下来的几天，康康的妈妈惊奇地发现，康康再也不肯喝奶了。以前每到喝奶的时候，康康就会主动要，看见妈妈冲奶，康康就会急得抓耳挠腮，无法忍受把奶摇匀的过程。现在妈妈冲奶，他就像没看见一样，等冲好送到他面前，他立马就会摔在地上。

不到两岁的小孩，被欺骗后的反应如此强烈，康康的父母可能没有想到。孩子是以一颗敏感而又纯真的心来感知这个世界的，他们相信一切，信赖所有的人，一件成年人看起来微不足道的不信守诺言的小事，也许就会改变他们对人、对生活的看法，看到了一点虚假，他们便以为整个世界都是虚假的，看到了一点欺骗，他们就以为所有的人都是不能信赖的。

正因为如此，父母千万不能欺骗孩子。在孩子眼里，老师父母都是最信赖的人，如果连自己最信赖的人都欺骗自己，你说，孩子心里会怎么样呢？

父母给孩子的承诺，对孩子而言有如圣旨一般，因此孩子会将父母的许诺在心中牢牢记住。当父母不能依照承诺履行诺言时，孩子就会对父母的口是心非感到生气，而且不再相信父母的话，久而久之，积累的怨气就会严重影响亲子间的和谐关系，也会降低孩子对父母的信任度。

父母在孩子面前一定要守信用，重承诺。父母们在孩子面前说话算数了，言行一致了，讲究信用了，父母在孩子的心里才会有非常重要的地位。

妈妈出门参加活动，思雨一定要跟着去，妈妈只好对思雨说：“妈妈出去有事情，你要在家乖乖地等着妈妈回来，我可以答应你一个要求，你想要买什么呢？”

思雨歪着头考虑了一下后，说：“那我要一个大大的紫色的汉堡！”

妈妈很吃惊，因为自己从来就没有见过紫色的面包！无奈之下，妈妈对思雨说：“好吧，妈妈会给你买一个汉堡，但是不知道有没有紫颜色的。”思雨听了妈妈的话，很高兴地去睡觉了。

第二天妈妈回到家之前，专门去麦当劳买了一个脆堡。思雨还在幼儿园里，放学的时候妈妈去接女儿，思雨非常高兴，忘了要汉堡的事，直到快到家的时候才想起问妈妈：“妈妈，你不是说要给我买汉堡吗？买了吗？不要欺骗我呀？”

妈妈回答说：“已经买了，放在家里，咱赶快回去，到家热一下给你吃。”

在热的时候，孩子一直守着汉堡，催问妈妈：“好了没有，可以吃了吗？”

晚上睡觉的时候，孩子趴在妈妈耳边说：“妈妈你真好，没有骗我，答应给我买汉堡就买了，你买汉堡我爱你，没有买汉堡我也爱你！”

你看，父母答应孩子的事情要说到做到，不要失信于孩子，树立孩子言而有信的正确观念。父母给孩子的承诺要及时的兑现，给孩子树立一个诚信的榜样，孩子会更敬佩你。

作为孩子的父母，一定要说话算话，切不可为达到某种暂时的目的而欺骗孩子，对孩子撒谎。父母要尊重孩子，不要以为孩子年龄小、不懂事，就对向孩子许下的诺言不重视，无论能否兑现都不在意。孩子有时会抱怨说大人说话不算数，只是因为他们希望自己的愿望得到满足。

父母在教育孩子的同时，也是一个教育自己，并检查自己的过程，父母要把自己的好品质灌输到孩子身上，就必须严格地遵守自己的内心信仰，才能在孩子的道德观念形成期施加有益的影响。

不妨和孩子一起“疯”

有些孩子总是对父母敬而远之，尤其是对那些总是刻意维持父母形象的家长，彼此很少交流。殊不知，父母和孩子的交流非常重要，这可以使父母更能够理解孩子的内心世界，使孩子和父母的关系更加亲密。

有什么好的办法能够使孩子和父母更亲密呢？和孩子一起玩耍，和孩子一起“疯”，就是一个不错的主意。做父母的，不妨放下家长的尊严、架子，做个“贪玩的人”，和孩子一起玩起来，乐起来，“疯”起来。亲密和谐的亲子关系，轻松天然的游戏环境，更有利于施展孩子流动的积极性和创造性。

黄杰总是觉得孩子和自己不亲，对自己是恭敬有余，而亲密不足。这也难怪，黄杰是一个海员，整日天南海北地全世界到处跑，一年也难得回家一次，在家陪孩子的时候很少，孩子都四岁了，自己陪他的时间还不超过半年呢，孩子怎么会和自己有深厚的感情呢？

有一次，黄杰好不容易有了几个月的休假，他决定想办法加深一下父子之间的感情。他要带孩子到海边走一走。黄杰让孩子看到了真正的大海，让孩子想象自己在海洋上劈波斩浪前进时的情景，孩子对于黄杰不由得有了几分崇拜。

在海边，孩子被沙滩迷住了，他在地上挖起了沙坑。黄杰也饶有兴趣地和孩子一起玩起沙子来。孩子见爸爸和他一起玩，更增添了兴致。他们一起挖隧道、埋地雷、筑城堡，玩起了军事游戏；还一起修公路、建机场、盖楼房，当上了建筑师……在玩沙中，孩子指挥着自己的爸爸一会挖坑，一会建楼房，忙得不亦乐乎，黄杰也感到做父亲的乐趣。

回到家里，孩子第一次黏在爸爸身边，而把妈妈甩在了一旁。黄杰也第一次体会到了做爸爸的幸福。

有一项对三岁孩子的调查研究——《父亲与孩子的接触方式和孩子成长的关系》，其结果表明：能够常常和爸爸一起痛快地玩的孩子，具有较强的社会适应性。与孩子一起“疯”，不但培养了孩子与父母之间的感情，也增加了孩子对父母的信任。父母和孩子就像是亲密无间的朋友，之间毫无隔阂。在这种环境中成长的孩子，虽然调皮，但是绝对会接受父母的教育。只要没有无端的约束，没有残忍的制约，相信孩子会快乐地成长起来，并形成健全的人格。

一位著名的教育学家认为，孩子在玩具中所学到的知识、所感受到的快乐多，远远不及与父母一起玩耍时学到的知识和感受到的快乐。父母和孩子一起“疯”的时候，还可以轻松地传授给孩子一些生活知识和做人的道理，这对教育孩子大有裨益。卡尔·威特对孩子的教育非常成功，一直是父母们教育孩子的楷模，他就曾经采用过和孩子一起玩耍的方法。

小威特对炊事玩具很感兴趣，威特夫妇就给小威特买了一套炊具模型，带领孩子一起做饭，一起游戏，使小威特从中丰富了生活知识。

有时候妈妈当厨师，小威特当“主妇”。因为小威特是主妇，所以妈妈得向小威特请示各种事情。如果妈妈发现小威特下达的命令不对，就会失去做“主妇”的资格，降为厨师。这时，当上主妇的妈妈就会对小威特“发号施令”。如果小威特拿错了佐料，那么就会面临被“解雇”的危险，连厨师也当不成了。

父母和小威特共同参与的游戏还有很多。有时候让小威特做“妈妈”，父亲当“孩子”。于是小威特就给父亲下达命令，而父亲故意不按小威特的命令做。如果小威特没有看出破绽，那么他就会失去做“妈妈”的资格。如果小威特发现了父亲没有好好做，就会“教育”父亲，给父亲一本正经地提意见。父亲就会学着孩子的口吻说：“请原谅，以后一定注意。”有时父亲还故意不承认错误，这时小威特就用父亲斥责他时所用的语言来“训斥”父亲。

小威特就是在与父母的共同游戏中，被教育得非常优秀。

父母和孩子一起玩耍，可以了解孩子活动的全过程，适当地对孩子的活动加以方法上的指导，增强活动的安全性，更重要的是加深了父母和孩子之间的交流。在活动过程中全面了解孩子，同时再以父母的人格魅力潜移默化地影响、感染孩子。与其正襟危坐地教育孩子，脸上挂满严肃，倒不如和孩子一起欢乐、一起调皮，这样反而能够收到更好的效果。

著名的教育专家姚鸿昌教授就曾用和孩子一起玩电脑的方法使自己的儿子摆脱了电脑游戏的诱惑。

姚教授的儿子在成长过程中迷上了电脑游戏。当时姚教授也曾动过强行不让儿子玩电脑的念头，后来想一想，觉得这不是最好的办法。

最后，姚教授想出了一个办法，去和孩子一起玩电脑，并且是全家三口人齐上阵。玩过一段时间后，家里还组织了一次电脑比赛。结果，儿子得第一名，老伴得最后一名，他自己在中间。老伴虽然得最后一名，却很高兴。因为，通过全家学习电脑，提升儿子的目的达到了。

原来，陪儿子玩电脑游戏并不是姚教授的最终目的，他是要儿子在玩电脑游戏的过程中学习电脑知识。看到儿子连复杂的电脑程序都能弄明白，姚鸿昌对儿子说，你的数学肯定可以学好。儿子受到鼓励，对于数学的学习兴趣大增，成绩直线上升。

儿子玩一些游戏进不去的时候。姚鸿昌问儿子咋回事。儿子说，英文提示看不懂。姚鸿昌就鼓励儿子查英文词典。弄明白英文的意思后，儿子再试，一下就成功了。通过解决游戏中的问题，儿子不知不觉喜欢上了英语。

姚教授总结道："在和儿子共同玩电脑的过程中，不仅促进了儿子的数理化和英习绩，而且培养了儿子的自信。"后来，姚鸿昌和儿子一起参加全国电脑大赛，在众多选手中，他们是唯一的一对父子兵。

要真正地了解孩子，父母就必须最大限度地走近孩子，既然爱玩是孩子的天性，那么就让我们这些做父母的也和孩子们一起尽情地"疯狂"吧。

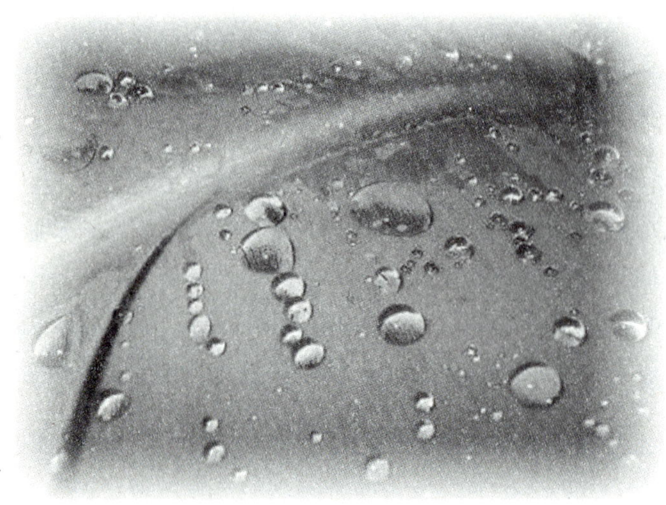

第六章

怎样说孩子才会听

比语言技巧更为关键的是我们的态度。如果我们没有真正和孩子在情感上产生共鸣,无论我们说什么,在孩子眼里都是虚伪的,都是想对他们进行控制。只有我们和孩子在感情上产生共鸣,才会打动孩子的内心。

——《如何说孩子才会听　怎么听孩子才肯说》作者

肯波利・安・蔻

伊莱恩・玛兹丽施

永远不要否定孩子

很多父母一生气就会对孩子说："你真没用，连这点小事都做不好！""你怎么这么笨呢，我怎么养了你这样一个废物！"

父母只顾逞一时口舌之快，却不知道这样给孩子留下了深深的伤害，孩子在这种否定的暗示下，会变得越来越没有自信。父母可能是恨铁不成钢，想用这种话来刺激孩子上进，但父母没有意识到的是，否定暗示反而会助长和巩固孩子的缺点。

有一次，有音乐学校的老师到班上挑选学钢琴的人，仔细地看了每一位同学的手。

晓晓回到家对妈妈说："老师说我的手不行！"

妈妈问他："你想学钢琴吗？"

"老师都说了，我的手不行！"晓晓看起来很不自信。

妈妈对他说："别听老师说的，只要不是像鸡爪子一样伸不开，你就可以学！想学就可以学，别管手行不行。大多数学乐器的孩子，并不是想要当个演奏家，而是出于对音乐的爱。与音乐关系最密切的是心，而不是手。手不是学音乐的前提，更不应该成为学音乐的障碍。"

但晓晓还是拒绝学小提琴，不仅是小提琴，其他一切乐器，钢琴、电子琴、手风琴、古筝、二胡……总之，只要所能见到的乐器班，通通拒绝。

这位音乐学校的老师没有想到，自己随口的一句话，就把音乐的大门对晓晓关闭了。

对孩子的否定，有时候，可能会一直伴随着孩子，给孩子造成终生的影响。无论孩子的年龄大小，父母对他们的否定，都会对他们造成很大的打击，尤其是父母所说的话，对于孩子们来说更具有权威性，即使没有产生什么不良的具体行动，在人格上也会形成极大的负数，让我们来看看一位大学毕业后已经工作的女孩写的感想：

从高中开始觉得自己在慢慢变得孤僻自闭，少言寡语不爱说话。

大学后远离了父亲，但每见父亲一次，父亲都会训我一顿，用词有“呆头呆脑”“你怎么傻乎乎的”“愚昧”“你考研也没用！”

现在工作了，父亲每次见到我，还是觉得我处处不行，不会说话，语无伦次，很愚昧。

我很苦恼。我在公司极其没有自信，父亲形容我的词时常在我脑海出现，我觉得我也确实像他形容的一样。

在讲究七分做人、三分做事的公司，我觉得自己在做人做事上太没有经验，也没有自信。我遇见了一个对我很好的男友，但是由于我们的家庭不算门当户对，我一直犹豫结婚的事。

我不知道怎么拥有自信的状态，怎么和大家自然交流，怎么才能不逃避人群，不逃避和其他人沟通，我觉得自己在这些方面几乎是没有进步，知识我可以进步，可是在诸如自信心、沟通能力、勇气等方面，我这么多年几乎没有一点长进，也许父亲说的对，我是个愚昧的人，永远都是。

每个人心里都期待能够安心，如果孩子总在批评和否定中成长，她就会永远不安心，这种不安心会让孩子心里没有安全感，会不自信，会不愿意在人前表现从而逃避交往。

欣赏导致成功，否定导致失败。如果一味地盯着自己孩子的短处，一味地抱怨，一味的否定，就会使孩子失去自信，让孩子觉得自己再怎么努力在父母眼中永远都是丢人的坏孩子。

可以肯定地说，一个孩子是在周围人的肯定、否定中认识自己，寻找方向的。父母对他们的评价至关重要。否定的评价会使孩子心理不愉快，一方面可能会使孩子反思问题，努力改正，但更可能使孩子失去自信，变得破罐子破摔。而肯定的评价会使孩子获得愉快的心理体验，产生更好的激励作用。任何一个孩子，渴望被别人肯定的心理需要，都大大超过被否定的心理需要。经常被肯定的孩子，他往往会迸发出连他自己都吃惊的能量。

我们还是接着晓晓的例子来说吧。过了有一年，晓晓偶然看到有一个架子鼓班招生的广告，妈妈问他是否愿意学架子鼓。他问架子鼓是怎么回事，妈妈简单地给他介绍了一下。可能是妈妈介绍的比较风趣："就是拿两根棍子，这里敲敲，那里敲敲。你这水平轻松搞定。"所以他立刻就喜欢上了这种乐器，答应去试试。结果这一试，就风雨无阻，从打橡胶盘子到真鼓，从简单节奏到复杂的乐曲，玩了好几年，还获得了大大小小好几个奖项。

长期被否定的孩子容易产生自卑心理，而自卑孩子的人生征途会比一般人艰辛得多，他们不但内心充满了悲观、悲伤、自责，总是很难快乐起来，而且由于缺乏信心，做事总是不能尽力、不易成功；有的孩子会养成"不做比做好"的心理，同时会缺乏责任感，缺乏主见；有的孩子会从小到大反复发作抑郁症，甚至有厌世、自杀行为。

所以，请父母不要否定孩子，不要对孩子说你不行。若一个孩子被大人认为是坏孩子，他会干脆坏给你们看；若是一直让孩子在责骂中度日，其结果不仅仅是父母越来越失望，越来越恼怒，而且孩子也会越来越自卑，渐渐在心中默认自己是个坏孩子，从此走上畸形的成长之路。这对于孩子是不幸的，对于父母也是不幸的。

所以，父母在面对孩子的时候，要做到以下几点：

第一，语言中不要含有藐视的语气。

父母要以积极的心态对待孩子，乐观地对待孩子，孩子才会给父母以乐观的期待。如果父母一味对孩子说“你不行”，孩子就会在父母的潜移默化中变得消极起来，这对孩子很不利。

第二，避免语言中的消极暗示。

长期的不良心理暗示可以导致孩子认识能力的偏离，进而引起相应的心理和行为改变，“你根本不行！”“你就不是那块料！”这样的话会使对自身状况缺乏判断力的孩子，在潜意识里认同父母的说法，使自己变得极其没有自信 。

第三，支持孩子。

孩子成长路上会遇到很多的困难，父母应该尽可能帮助他们支持他们，而不是打击他们。只有让孩子充满信心，孩子才有可能迎接未来的挑战，才会取得成功。所以，孩子遇到困难的时候，要大力支持他们，对他们说：“你一定行的，我相信你”。而不是打击他们，说“我就知道你不行”之类的活。

不要用命令的口气和孩子说话

很多父母让孩子做事，往往是用命令的口气，“赶紧吃饭，要迟到了!”“赶紧做作业去!”在这些父母的心中，孩子就像是他的属下、步卒一样，不下命令孩子就不会听话一样。当时倒是够威风、够痛快的，可是这些父母逐渐地会发现，孩子们慢慢地不吃这一套了，常常将父母一道又一道的命令当做耳旁风。

孩子虽小，也有自己的自尊，有自己的想法。他们希望父母能够平等地对待自己，不愿意听到父母命令自己的口气，更不喜欢父母强迫自己的行为。当父母用命令的口吻要求孩子做事时，孩子很容易产生与父母对抗的行为。等到这种情绪在心里积淀到一定程度，爆发出来就可能产生难以想象的后果。

还有一个更为严重的后果，一个长期听着父母的训斥“你给我听着”“你给我去……”的孩子，他心中就可能形成一种对强者唯命是从的习惯，养成怯懦的性格。

李小燕在父母眼里是一位非常“倔”的孩子，父母不论让她做什么事情，她都不愿意去做。为什么会这样呢?

有一次，李小燕正在专心做作业，妈妈叫她说：“小燕，过来吃饭了。”小燕不情愿地回答道：“我在做作业。”妈妈看见小燕没有起身的意思，走到她面前厉声说道："我叫你吃饭你听见了没有？你还想不想吃饭？"小燕抬头看着妈妈说："我正在做作业，我的作业还没有做完呢。""吃完饭就不能做作业了？"小燕的妈妈说着，伸手把小燕的课本和作业本都一股脑地收了起来，然后再次命令小燕道："去吃饭！"小燕看着妈妈蛮横的行为，听着妈妈命令的声音，伤心极了，她怒视着妈妈道："我今天不吃饭！"说完站起身跑进了自己的小屋，把门反锁上了。

在李小燕心中，非常讨厌自己的妈妈，甚至她会觉得自己就不是她的亲生女儿，他们不尊重自己，老是用命令的口气让自己做这做那。所以，小燕与父母的关系一直都不是很好，妈妈让自己做什么都不愿去做，在妈妈心目中成了一个"倔"孩子。

无数事实表明，父母以居高临下的命令姿态来跟孩子说话，会使孩子产生逆反心理。只有父母转变姿态，像对待朋友那样去跟孩子说话，才有可能让孩子感受到平等。

每一位父母都希望自己的孩子能够快乐成长，能够成长为有用之才，同时也希望自己能够成为一位受孩子敬重的父母。但是孩子为什么不愿听话呢？父母们不妨来个换位思考：如果有人不尊重自己反而要自己听话，自己会是什么感受呢？这样就会更多地理解孩子的行为和想法。

所以父母要多从孩子的角度去思考问题，改变与孩子沟通的方式，不用命令的口气与孩子说话，多听取孩子的意见，让他以平等的身份参与到事件的决策之中，这样孩子才会易于接受父母的观点，愿意按照父母的意愿做事。这样，父母才能够成为受孩子敬重的父母。

前苏联的教育学家巴尔斯基就说过："要学会与孩子商量。父母经常用命令的口气对孩子说话，叫孩子做事，会使孩子产生逆反心理，很难收到预期的教育效果。而一直在命令中做事的孩子，会缺乏主动性，容易形成懦弱的性格，不利于孩子的成长。"

要想让孩子听话，父母就不能有权威至上的思想。很多父母认为，对孩子发号施令是做父母的权利，命令孩子做事理所当然。这自然不能够让孩子心服口服，父母只有放下自己的威严，把孩子当作平等的朋友，说的话孩子才爱听，才愿意去无条件地执行。

著名教育学家陈鹤琴在其名著《家庭教育》一书中举过这样一个例子：一天，陈鹤琴的儿子拿了一块破烂不堪的床单披在身上，模仿着古代骑士的样子在玩耍。这块床单非常脏，陈先生不愿让孩子玩，但是陈先生并没有上前强行把床单夺下来。陈先生对孩子说："这很脏，还有难闻的气味，我想你一定不愿意用这块床单的，你去向妈妈要一块干净的吧。"孩子听了，果然很高兴地跑去找妈妈了。

陈鹤琴先生事后总结说："无论什么人，受激励而改过，是很容易的；受责骂而改过，比较的是不大容易的；而小孩子尤其喜欢听好话，更不喜欢听恶言。大多数做父母的看见小孩子玩肮脏的东西，就不期然而然的去把他夺过来，而且还要骂他，甚至于还要打他。其结果，小孩子改过的少，而怨恨父母的多；即使不怨恨父母，至少也一定不喜欢父母了！"

父母对孩子少使用命令的口气，多一些商量的方式，就会使孩子改变对父母的抵触，消除或减轻两代人的隔阂，从而使父母与孩子之间形成温馨友爱的氛围，这些不但体现了父母的修养与教育有方，也会使孩子变得更加懂事、可爱。

莫把唠叨当爱心

“在学校听话啊！”

“作业做完了吗？抓紧啊！”

“多吃点有营养的，身体好。”

总能听到家长对孩子这样关心的问话和嘱咐，但随之而来的也许是孩子的声声埋怨，“知道了，真烦！”“好啦，啰唆！”家长总觉得孩子小，有些道理要反复讲才行，但孩子却似乎一点都不买账。

“叫你做功课要认真，要仔细，你怎么又做错了。叫你先做作业再玩，你看现在都10点多了，还没做完作业，怎么可能做得仔细……”高远的妈妈唠叨得起劲，高远呢？像一只小猫一样趴在桌上边做作业，边抠抠手指头转转铅笔，听到妈妈说得起劲，还做鬼脸，于是又引起妈妈一轮新的唠叨。

高远的妈妈诉苦说，自己说得口干舌燥的，可高远现在是既不顶嘴，口中答应着，但行动却一点也不跟进，什么都懒懒的，标准的“非暴力不合作态度”。“看着她的态度就生气。”高远妈妈气恼地说。

“妈妈总是唠叨，一件事可以唠叨一百次，烦死了。像我只是一次没考好，她就可以一直说，说到全世界都知道我考得不好，即使下次我考好了，她还要说。我都烦死她了。但是我顶嘴她就说得更起劲，我就不说，也不理她。”

作为父母，往往对自己的孩子期望很高，总希望孩子事事顺从自己的心愿。若有不顺心就不停地说教，翻来覆去，便成了唠叨。父母的唠叨，总是指责的多，批评的多，抱怨的多，有时甚至是讽刺挖苦，见到什么说什么，想到哪里说哪里，让孩子无所适从，逃也没处逃，躲也没地躲，到后来，除了使孩子反感，丝毫起不到教育的作用。

心理学上有个“超限效应”。也就是说，如果一个人接受某种刺激过多、过强、过久，超过了合理的限度，就会引起他心理上的厌倦和反抗，使他的行为朝相反的方向发展。父母过多的唠叨，就会引起“超限效应”。

天下的父母似乎都爱唠叨，在父母心中，唠叨就是对孩子负责，对于还没有养成良好作息习惯的孩子来说，父母适当的催促是应该的，但是，当催促过多过量，孩子就算听从你的话，也会在内心对你产生抵触或怨恨情绪，会更加不愿和你交流。

曾有一个孩子在论坛向大家求助：“我的父母很唠叨，有时候为了一点小事就唠唠叨叨个没完，真不知该怎么办才好？”

来看看同龄人是怎么说的吧：

“我不想听时，就说自己要学习。只要我躲进书房，妈妈就不唠叨了。”

“唉，我懒得听，当作没听见，不要顶嘴就行，时间长了他们就不唠叨了。”

“如果他们说得太多的话，就到外面呼吸一下新鲜空气吧！”

“说多了我会向她发脾气，我一发脾气，妈妈就怕我，不说了。哈哈。”

唠叨到最后就导致一种恶性循环：父母太唠叨，孩子不愿意听；因为孩子不听，父母就不停地说；而说得越多，孩子越讨厌。

于是，就出现类似高远的情况：有时孩子看起来好像是在认真地听，但是你很快就会发现他根本什么都没听进去；有时听进去了，但是很快就忘了；就算没有忘，也懒得按照吩咐去做。因为不重视嘛，就不当一回事。

可以看得出，母亲的唠叨让孩子有的学会了阳奉阴违，你说你的我做我的，根本不当一回事；有的显得很无奈，心情不好；有的则进行反抗，不再尊重父母。

应该说，父母唠叨都是为了孩子好，但是，用唠叨来表示爱，效果究竟会怎样呢？不管是哪种唠叨，唠叨太多太久，孩子的耳朵真的起"茧"了：听多了重复单调的话语首先会在心理产生疲惫感，进而产生厌倦感，接着就是满不在乎——因为你给孩子吃的"药"过多了，孩子产生了"免疫力"。

母亲总对孩子不放心，怕他做不好，以为唠叨可以约束孩子，提醒出差错。俗话说，"好话不说二遍。"说十次不一定比说一次有效。而听多了没完没了的批评指责，会让孩子在心里竖起一道防护墙，从心里开始抗拒你，要么想法躲开你，因为他内心痛苦；要么和你对抗，吵架，造成亲子关系的疏远或恶化。孩子的忍耐程度也是有限的。超过了这个限度，孩子的心里也会承受不了，会让孩子产生抵触情绪和逆反心理。同时父母的威信也在自己的唠叨声中渐渐失去。这些，是母亲们最不愿意看到的。

既然唠叨已经不奏效，就应该及时改变"策略"。把要唠叨的事郑重严肃地告诉孩子，也许会取到意想不到的好效果。

第一，重要的话只说一遍。

与其这样唠唠叨叨，累己累人，不如告诉孩子，"你听好了，这话妈妈只说一遍。"首先在心理上让孩子有一种必须重视的意识，那么他就会集中注意力来听父母后面要说的话。比如孩子总是玩得太晚才睡，第二天起不了床，说了多次不听，那早上就不叫他，就让他上学迟到一次。这是让孩子对自己的行为负责。所以，把多次唠叨换成一次"狠心"，把不放心的提醒换成坚决的行动，往往效果会更好。

第二，相信孩子。

家长不能以一成不变的眼光去看待他们，觉得他们一直是长不大的“小宝宝”，要看到孩子取得的一点一滴的进步，及时地肯定表扬，变“唠叨”为表扬，鼓励孩子，树立他们的自信心。

第三，要注意教育方法的灵活多样。

教育孩子并不是只有语言一种方法。也可以是表情教育，用沉默，用眼睛表示你的愤怒，有时沉默比语言的重复更有震慑力。比如，要规定孩子几点开始做作业，可在旁边放一个小闹钟，等闹钟一响，孩子就该关电视了。如果他没注意，父母可以暗示一下。

最后，放下父母所谓权威的“架子”。

当您的孩子觉得您“好烦”的时候，不妨坐下和孩子好好交流一下：“你觉得妈妈（爸爸）哪里烦了？刚才的话是不是只要说一遍就记住了？下次是不是只需要说一次你就能够做到呢?”应该学会倾听孩子的想法，变单向的唠叨为父母和子女间双向的对话交流。这不仅能够创造轻松愉快的家庭氛围，更有利于为孩子提供一个倾诉的机会，为了解孩子提供良好的帮助。

做父母的可以时时提醒自己，注意控制自己的情绪，正确把握孩子的心理状态，学会尊重孩子，对孩子进行适当的提醒，要以孩子能够接受的谈话指导孩子，这样的教育才易于被孩子接受，才是有效果的教育。

不要对孩子使用“软暴力”

拳脚相加不再是家庭暴力的唯一形式，一种以冷漠、蔑视、厌恶、辱骂、恐吓等为特征的“家庭软暴力”正在悄悄地向人们走来，而孩子则是家庭软暴力的直接受害者。

软暴力在家庭教育中更多地表现在父母对子女的态度上。当父母对子女的行为或学习成绩不满意时，不是平等、理性地去和孩子讲，而是用辱骂、讥讽的语言。言语伤害有时比“打”更伤人，对孩子说过激、恐吓、指责性的语言，轻者会造成行为、心理的抵抗，产生逆反心理，重者会导致焦虑、抑郁、恐惧、自闭等各种心理疾病。

孩子在成长过程中难免犯错，需要父母进行适时、适当的教育。但有些父母望子成龙心切，心里生气的时候是怎么解气怎么说：“怎么考这么点儿分，榆木疙瘩!”;“你还有脸活着，一头撞墙死了算了!”

父母的心情可以理解，谁都希望自己的孩子能够给自己脸上贴光，而不希望“调皮捣蛋，学习成绩总是拿鸭蛋，老是给自己添乱”。但是对于孩子实施“软暴力”，却不是一种正确的教育方法。

父母经常口无遮拦地肆意讽刺挖苦孩子，不但严重伤害了孩子的自尊心，让他们无地自容，颜面扫地，而且影响到他们健全人格的形成，使他们自我评价降低，缺乏自信，不够开朗和大方。

孩子虽小，也是有自己的尊严，希望能受到他人的重视和尊重。挖苦、讽刺这种强烈的刺激，极大地伤害了孩子的自尊，超越了孩子的理智能够接受的范围，是对孩子人格的羞辱，会刺伤孩子的自尊心。父母采取这样的方式对孩子进行教育，往往适得其反。

相对于“打骂”对孩子造成的身心伤害，“软暴力”实际上是对孩子进行精神折磨和心理虐待。殊不知，“软暴力”会使孩子更加怯懦。当父母对孩子否定性的评价语言频频在耳边响起时，孩子会一再地得到消极的心理暗示，把这些评价不加识别地内化到自己的意识里，这就是“标签效应”。

孩子受到父母软暴力后产生的不满、烦躁、抑郁等消极情绪，一旦蓄积到一定程度，就会以失眠、神经衰弱、抑郁症等心理疾病的方式表现出来。长期处于软暴力影响下的孩子，一方面会变得怯懦、自卑，做事缩手缩脚；另一方面则产生强烈的逆反心理，对父母、对他人和社会抱有敌意。

有个姓张的女孩，今年读初二，成绩中下。她最怕的就是妈妈带她到亲友家去，因为一见面，妈妈就会数落她的缺点，如不按时完成作业、数学成绩差等，而她的点滴进步却从来得不到妈妈的表扬，她的内心充满了恐惧和自卑感。据小张回忆，从小学4年级起，她妈妈就喜欢用“成语接龙”的游戏考她，但无论能否接上，她都得不到妈妈的夸奖。记得有一次，她妈妈说到了“龙腾虎跃”，小张想了一会儿，想起“跃跃欲试”来接，当时她内心很兴奋，以为会赢得妈妈的夸奖，谁知她妈妈却说“接得这么慢”，使她心里凉了大半截。

还有一个五年级学生叫欢宁，她爸爸的脾气十分暴躁，如果表现不好，就会骂她，有时还动手打人，即使她表现再好，也得不到爸爸的表扬。她要上很多补习班和兴趣班，很少有时间休息和玩耍。当她的古筝弹得不好时，爸爸就会在旁边唠叨，拿眼睛瞪她、训她。挨训后，由于没人理解，她只好躲进房间抱着布娃娃一个人偷偷哭泣。

从这两位孩子的经历可以看出，挖苦和讽刺就是埋藏在父母和孩子之间的一颗毒瘤。经常挖苦、讽刺孩子，往往会与父母挖苦孩子的初衷背道而驰。

孩子都是有自尊心的，他们听到这些讽刺，往往产生逆反心理。他们对待父母的这种刺激，往往产生敌对情绪，时间一长更会形成“抗药性”。

孩子如果对你的讽刺、挖苦提出抗议，“你说我笨，我怎么笨了，我不笨!”这还是好孩子，他们还有自尊心。如果你整天讽刺，孩子没反应了，那就坏了。你说我笨驴，我就是笨驴，你说我蠢猪，我就是蠢猪，根本就不在乎了，这时候的问题就严重了。

因为这是对他们自尊心的伤害，这种内伤更难医治，表面上看他们对讽刺、挖苦无动于衷，可他们有苦往肚子里咽，心理负担很重，甚至形成心理疾病。所以我们在教育孩子的时候，切不要用讽刺、挖苦以免造成孩子的心病。

对于孩子的“软暴力”还有很多表现形式，例如有的父母为了让孩子有个好的学习成绩，使孩子一心扑在学习上，武断地剥夺了孩子所有放松身心的时间和机会，不许看电视、不许听流行歌曲、不许追星、不许踢足球、不许与同学交往，孩子被封闭在极其单调的环境中，过着枯燥乏味的生活，终日只是趴在书桌上，学习、学习、再学习，毫无人生乐趣，根本谈不上身心调节、张弛有度。

还有些父母不愿意用打骂的方式来处理亲子之间的矛盾，孩子没按自己的要求去做，或没能达到预期的目标，他们不愿闹得不可开交，就与子女展开长时间的冷战。他们因为生孩子的气，几小时、一两天不搭理孩子，想让孩子认识到自己犯错误使父母痛心、失望，从而自我约束，自我矫正错误。这种做法，并非不可取。但是，有的家长会旷日持久地与孩子冷战下去。整日表情冷漠，不给孩子一点生活上的关心和精神上的抚慰。这同样是对孩子的一种“软暴力”。

“软暴力”使孩子经常处于被轻视、被当众贬低或受指责的地位，会使孩子产生自卑、对自己缺乏信心，变得自卑、懦弱，影响潜能的发展。挑剔过失、说话刻薄、嘲笑孩子，会使孩子对父母产生怨恨，严重影响亲子关系，造成难以挽回的局面。父母出口成“脏”、缺乏修养的教育方式，会令训教效果大打折扣，甚至失去说服力。

父母应该怎样避免家庭“软暴力”呢？专家指出，父母首先要反思一下对孩子提出的过高要求是否合理，然后要直面现实降低对孩子的要求，从而让孩子不断地从成功激励中慢慢走上更大的成功。

要避免软暴力，父母不妨少说三种话：

第一，否定词少说。

比如“不许淘气、不要玩沙子、不能晚回来、不可以看电视”等，父母不断地向孩子亮起红灯，可是准许干什么，父母却不说。

第二，挑剔词少说。

许多父母不停地去发现孩子身上的缺点，并随时随地挑出来进行施教。其实消极的词语是一种“负信息”，由于过度强化孩子的弱点，最终只会让孩子以否定的态度对待自己，对自己失去信心。

第三，限制词少说。

“应该、必须”是一些表达主观愿望、主观想象的词，父母用这些词强调的只是自己的主观愿望，而忽视了孩子的客观存在，用一种强硬的态度让孩子进入某种规定的位置，并按父母的设计“修剪”孩子，其结果，孩子常常陷入不明就里的盲动、盲从之中。

过度表扬要不得

许多父母认为，在家庭教育中，表扬是不可或缺的一种手段，因此，在教育孩子的时候，动不动就表扬孩子，不论孩子做什么事，不论做的好坏，张口就是“孩子，你真棒”，动辄就竖起大拇指。

的确，对于孩子多表扬、少批评，这种观点没错。表扬对于增强孩子的自信心大有裨益，从某种程度上说，表扬是孩子成长的催化剂。孩子需要用表扬来鼓舞他们的信心，但是如果不管孩子是否做得对，不分青红皂白一味地表扬，对于孩子的成长却是非常不利的。

美国的儿童心理学家通过研究得出结论：赞扬自信心和行为之间的关系远不像人们想象的那样简单，因为不恰当的表扬可能引起孩子的紧张情绪。滥用表扬会宠出“后遗症”——经不起批评，心理承受能力差。

父母如果过度表扬孩子，还会使孩子易于自我陶醉，容易将失败归咎于不够聪明，更重要的是，虚伪的表扬会让孩子变得虚荣，甚至会过度期望表扬。

一位母亲向某心理学专家咨询时说：“我女儿今年10岁了，上小学三年级。女儿各方面的表现都很不错，就是特别爱听别人表扬。在家里，不管她干什么事情，如果我和她爸不及时给予表扬，或者说表扬得不到位，她就会非常不高兴，情绪一下子就从山顶跌入山谷。久而久之，我们发现，如果我们不表扬她，她干什么都索然寡味。因此，我们摸准了女儿的这种脾气，平时也就动不动就表扬她，哪怕她只做了一些微不足道的小事，或者是取得了芝麻大点的成绩。但令人担忧的是，习惯了表扬的女儿，根本无法接受我们一点点善意的批评。有时候，她在学习上，或者是在生活中做得不太好，我们耐心地提醒她，也会惹得她老大不乐意。听老师说，她在学校里也是如此。明明是她粗心做错了题，老师点名提醒她，她的反应却异乎寻常地激烈，有时候甚至还会哭鼻子。难道是我们对她的表扬太多了？”

这位孩子的问题就是由于母亲过度表扬造成的。在孩子的成长中，表扬并不总是与孩子的进步同步增长的，习惯性地接受表扬可能会导致孩子对表扬的依赖，特别是司空见惯、唾手可得的表扬，又可能会使孩子对进一步受到的表扬无动于衷，从而逐渐失去为获得某种表扬和肯定去完成各种任务的兴趣。

过多的表扬还会对孩子自信心和专心致志品质的培养产生不利影响。有关实验表明，长期受表扬的人往往会对自我行为表现的外界反应显得格外关注。因此，很多时候，为防止出现可能的失败，他们会不惜放弃一些带有挑战性的集体活动的良好机会。长大成人以后，他们在性格和心理表现方面会有一个明显的特点：既害怕自我挑战，又害怕别人挑战自己。

经常受表扬的孩子独立意识明显不如其他孩子。在回答老师提问时，他们通常难以做到干净利落、明确果断地对某一问题作出肯定或否定的回答，也不敢自始至终地坚持自己的观点。在讨论问题的过程中，如果老师对他们的观点提出异议，他们很快就会放弃自己原有的观点。在这种情况下，接受表扬在一定程度上成了他们思想意识的一种精神负担，一种足以使他们“自我窒息”的压力。为此，那些对每一次表扬都十分在意的孩子，长大以后可能会变成神经脆弱、看他人脸色行事、丧失自我标准和生活原则的人。

前面我们提到的宁铂，是中国科大少年班“第一人”。当年几乎是一夜之间，他的事迹传遍了大江南北，戴眼镜的神奇少年为许多家庭所熟知，成为人们心目中的“神童”。但是，这种过度宣扬的光环也给宁铂自己带来了很大的压力，直接影响了他以后的发展。

宁铂曾经三次报考研究生，三次都因为各种理由退出，甚至连考场大门都没踏进。究其原因，就是因为神童的大帽子让宁铂恐惧失败。

1982 年，宁铂第一次报考研究生，但报名之后就放弃了考试；第二次，他前进了一步，完成了体检，随后又放弃了；第三次，他又进一步，领取了准考证，但在走进考场前的一刻又退缩了。后来他对别人解释说，他是想证明自己不考研究生也能成功，那样才是真正的神童。但他的老师和许多人一致认为：他只是过分地惧怕失败。

如果一个人被反复告知：只许成功，不许失败，逃避失败就成了心理上的一种正当防卫。事实上，没有人能够理解宁铂当时承受的那种“光环”之下的压力。

宁铂的一位同学说：“进少年班，在别人看来是一件很荣耀的事，一个人在这种荣誉感之下，如果用得好是一种动力，用不好它就是一种压力。”

太多的鲜花和掌声，使宁铂太早地承受了巨大的压力，成年后，他一度厌烦人们的哄捧与厚望，不顾家人师友劝阻，毅然斩断尘缘，逃出自己被安排的命运，遁入空门，出家当和尚，在世人的期许当中销声匿迹。

宁铂的不幸在于，人们加之于他身上的荣耀和期望过于沉重，从而上演了一幕现代版“伤仲永”的人间话剧。他那时候毕竟还是个孩子，无法负载那么重的东西。他开始担心自己的能力，害怕失败。他觉得自己无法承受失败，因为没有人会接受一个“神童”的失败。他由此失去了“神童”身上最神奇的一个东西——自信，甚至对自己渴望得到的东西，也畏首畏尾，不敢伸手去拿。

父母教育孩子，如同培育一棵小树。给予小树以无限的自由，但一定要使其成为有用之才，如果只顾浇水施肥，不做适当修剪，甚至对其生长情况视若不见，那肯定就不是一位好园丁。对孩子也一样，如果无原则地一味表扬，继而放弃对他们必要的“修剪”，等到出了问题就来不及了，玉不琢不成器，因为为了维护孩子的自尊而对孩子大肆表扬，危害是无穷的。

那么，父母应该怎样才算是正确表扬孩子呢？

第一，表扬要具体。

要让孩子清楚地知道自己的表现优秀在哪里。表扬得越具体，孩子就越容易明白哪些是好的行为，越容易找到努力的方向。例如，孩子把房间打扫得很干净，东西都摆放得整整齐齐的。这时候父母如果简单地说句“你真棒”或者“你今天表现不错”，就不会有什么好的效果。因为孩子不知道“不错”是指什么。你不妨说：“你把房间收拾得这么整洁，爸爸真为你骄傲！”这无疑会使孩子更高兴，因为他知道自己为什么受表扬，会知道以后自己怎么做。

第二，表扬要及时。

对于孩子应该表扬的行为，父母应该及时给予表扬。如果表扬不及时，孩子会弄不清楚自己为什么受到了表扬，就会对表扬不会有什么印象，更起不到什么好的行为影响了。因为在孩子的心目中，事情的因果关系是紧密联系在一起的，年龄越小，越是如此。

第三，重“过程”不重“结果”。

孩子有时候是“好心”办“坏事”。如果孩子非常努力，结果事情没有做好。这时父母如果不分青红皂白批评一顿，孩子也许就不愿再做事情了。如果父母冷静下来说：“我知道你很努力，虽然这次没有做好，但是也不要灰心，只要付出努力总会有收获的！”这样孩子就会继续努力。只要孩子的出发点是出于“好心”就要表扬，再帮他分析“失败”的原因，告诉他如何努力，这样就会受到好的表扬效果。

注意和孩子说话的口气

说话是一门艺术。每一个人都知道在职场上，对不同的同事，要有不同的应对方式；在社会中，遇见不同的对象，要有恰当的口气与话题。但是身为父母跟孩子说话却很随便，本来是关心孩子，却因为说话的方式而弄巧成拙，最后关心不成，亲子关系反而恶化了。

作为孩子最亲近和信任的人，父母的语言无疑具有强大的力量，甚至于在孩子纯真稚嫩的心灵中留下不可磨灭的印记。然而有些父母却对此茫然不知，甚至错误地运用这种力量，对孩子造成了无法弥补的伤害。要知道，每一句错误的甚是伤人的话语都好像钉进墙里的一枚钉子，即使你能够拔掉钉子，却也难以弥补留下的窟窿。

小青今年6岁了，她的眼睛有一点弱视，经常要妈妈和爷爷带着去医院检查。医院里人比较多，在等候的时候，小青在一旁玩耍，她突然想到了什么有趣的事，就跑到妈妈身边，仰着脸，兴奋地对妈妈说："妈妈，我给你说……"

小青的妈妈可能是由于经常带孩子来医院耽误了自己的工作，没等孩子说完，就没有好气地说："说什么呀说，一天到晚尽看你那个破眼！"

听了妈妈的话，小青愣住了，她脸上的笑容凝固在脸上，泪水慢慢地流出了眼眶。她就这样紧紧地盯着妈妈，足足有两分钟。然后冲着妈妈吼了一句："你那才是破眼呢！"然后噙着泪水转身跑到爷爷的身边。

她哽咽着对爷爷说："她凭什么说人家的是破眼呀？她那才是破眼呢。一天到晚就会找事，她那才是破眼！"

说着说着，小姑娘抱着爷爷的肩头哭了起来。看得出，妈妈的那句话深深地伤害了小青的心。

小孩子自身眼睛有问题，就已经背负着沉重的压力，她渴望从亲人，尤其是父母那里得到慰藉和温暖。可是，妈妈却用如此狠毒的话来刺伤一个幼小孩子的心，就是一个大人也受不了这样狠的话，何况一个眼睛有问题、背负着沉重压力的小孩子呢？

还有很多父母在和孩子交流的时候，往往在不知不觉中，使用一些不喜欢的声调，说了一些违反自己本意的话，给孩子造成了不必要的压力。

素素是小学四年级的一名学生，有一次，班里搞文艺会演，有位同学表演的吉他弹奏获得大家的欢迎和赞赏。看到同学在台上穿着漂亮的服装，轻松自如地弹着吉他，素素很羡慕，心想："要是我也可以弹得这么好，那多棒呀！"回家后，素素就缠着妈妈说也想学吉他。

吉他买回来了，但是妈妈最近工作很忙，一直没有来得及给素素请到合适的老师。素素实在等不及了，每天放学之后在家里抱着吉他自娱自乐。由于没有受过训练，声音自然难听极了，但是素素仍然兴致高昂，乐此不疲。

这天，素素的爸爸下班回家，素素正在认真地弹着吉他。爸爸听到素素弹出的不成曲调的声音，便开玩笑地说："素素，你真是不学自通啊！你知不知道你弹吉他好难听？蚊子听见你弹吉他都不敢飞到咱们家来了！"

听到爸爸这么说，素素的吉他声立即停止了。素素心想："我的吉他弹得这么难听吗？"转念又想："尽管我弹得不好，但爸爸为什么要说我弹吉他的声音难听呢？"素素最后得出结论："爸爸一定不喜欢我了！"

从那以后，素素跟爸爸的对话越来越少，父女俩变得有些疏远，素素也不像从前那样什么都敢于尝试，性格似乎也渐渐内向起来。

孩子往往依靠父母来知道自己是什么样的人，能成为什么样的人，从父母那里获得关于人和人生的认识，所以父母给予孩子信心和信赖非常重要。可是父母们却经常说许多贬损和否定的话，而从来意识不到它的伤害和严重后果。

说话是很有学问的一件事，有的人说出来的话会让人备受鼓舞，而有的人说出来的话却让人的心里发堵。同孩子说话更需要语言的艺术，如果父母不注意，什么话张口就说，也不管效果如何，就图自己一时痛快，长此下去，会给孩子造成逆反心理，不管父母说的话是对是错，他们都会一概排斥。

懂得说话技巧的家长，不仅在跟孩子的沟通时会比较顺利，也无形之中教会孩子怎么样去表达自我，陈述想法，从沟通中取得共识。所有人际交往的起点都源自于交谈，如果在这方面培养好能力，那么对于与人交往，就有了一个好的开始。其实与孩子说话，并没有那么复杂。

第一，要注意说话的度。

父母要估量一下话题的重要性，如果是小事，就不需要持续追问，穷追猛打，让孩子有自己的空间去思考，可以自己决定说什么。当然，若是从谈话中发现问题，就得适度关心，别让孩子把话都吞进肚子里，装作一切都没发生一样。把话说得刚好，别在琐事上打转，自己不用太辛苦，孩子也不会觉得你烦人。

第二，把话说明白。

不要有模糊空间，让人摸不着头绪，当你要给孩子奖励，就得制订出标准，如果孩子犯了错，必须让他知道界线在哪，规矩为何。父母眼中的孩子总是长不大，很多人更认为跟小孩说的事情是小事，所以总是敷衍随便，但孩子可是会认真地把父母所说过的话都记在心里，当你没有清楚地表明自己的意见，导致前后立场不一，以后要说服、教育孩子就会难上加难。

第三，向孩子敞开自己的心扉。

有时父母说说自己的往事，让孩子能够分享自己的经验，会给孩子很大的启发。但是要说的不是陈腔滥调的大道理，或者是只有成功不曾失败的辉煌史。叙述从前发生过的趣事糗事，一同捧腹大笑；诉说过去伤心难过的往事，互相敞开心胸。这些话真诚，所以能感动人心，孩子听得进去，也会在分享的过程中，对父母更加了解。

第四，要有幽默趣味。

有些父母往往觉得要板起自己的脸，一般正经地和孩子说话，才能够维护父母的尊严。其实，幽默一下，不仅可以使话题能够延伸，而且可以使亲子关系更亲密。当孩子分享生活中点点滴滴时，要将心比心，从他的立场出发，体会他的处境，千万不要听到不顺耳的事情，就口不择言，怒气冲冲地训诫辱骂，试着改变用词，用幽默的语气与和缓的情绪，才能减少冲突，让彼此的沟通有进展。多一些轻松的聊天，少一些摩擦的言语，自然而然能够增进感情。

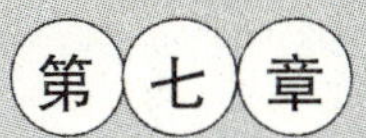

第七章 善待孩子的小毛病

如果发现孩子有什么缺点，父母不要急于去指责，要先想一想这孩子的缺点是不是由于自己的原因造成的。这样既减少了对孩子的一份指责，也减少了对孩子的一次伤害，又对自己的行为多了一份反思，从而个人多了一份进步。

——高考战神　王金战

放任孩子的错误

有些父母不能容忍孩子犯错误，在他们眼里，孩子都应该是完美的人，任何错误都不能犯。只要孩子一犯错误，就会逼着孩子立马改正，甚至采用打骂的方法。

父母的心情可以理解，不让孩子犯错误，是为了孩子更好地成长。但是，这是不是最好的办法呢？

杂志上有这样一篇文章：美国的一家幼儿园，要求家长每天按时接送孩子。但是，几乎每天都有那么几个家长来得晚，给幼儿园造成了很大的不便。在这种情况下，这家幼儿园想出了一个办法，就是家长迟到一次要交5美元的罚款。

幼儿园本来想用这个办法杜绝家长迟到的现象，但事实却出乎幼儿园的意料。自从实行“罚款5美元”的办法以后，迟到的家长不是少了，反而更多了。这让幼儿园百思不得其解。后来，经过调查，终于知道了答案。原因就出在这“5美元”上。在不交5美元的时候，许多家长都为自己的迟到而自责和内疚。可是交了5美元之后，他们认为自己已经为错误付出了代价，不应当受到指责，这种内疚感反而减轻甚至没有了，所以有理由理直气壮地迟到了。

由此及彼，想一下，孩子们在犯错误的时候是不是也有类似的想法呢？很多时候，我们面对孩子犯下的错误，都会斥责、批评，总想让他（她）受到惩罚，但一次次的事实让我们感觉到，并不是每一个孩子都接受这样的教育方式，可以说是收效甚微。“人非圣贤，孰能无过”，孩子犯错误是不可避免的。正是因为孩子有缺点、不完美，才需要父母，才需要教育。对待犯错误的孩子，最好的方式莫过于宽容甚至“放任”他们的错误，唤起他们埋藏在内心深处的爱和良知，促使他们认真反思自己的行为，从而长时间地记住这个错误，不再重犯。应该说这给孩子心灵带来的震撼力远比批评大的多。

当然，放任孩子的错误并不是对孩子的错误视而不见，听而不闻，不管不问。放任也不等同于放纵，更不是无原则的迁就，而是在掌握了孩子成长规律和懂得教育规律的基础上，对孩子的错误不大加声讨，不苛责孩子，以一颗平常心来看待这些错误，及时的教育，给孩子创造一个主动改正的机会。

一天下午，超超的妈妈利用礼拜天好不容易才把家里收拾得干干净净的，刚想坐下来喘口气，却发现超超又把书扔得到处都是，玩具也扔得乱七八糟，东倒西歪的。妈妈生气极了，想要狠狠地把这个破坏者训一顿。但是，转念之间，超超的妈妈马上冷静下来了，这样做妥当吗？就算骂超超一顿，那样的结果又会怎样呢？除了让他感到丢丑、没面子，还能有什么呢？如果有，或许就是妈妈骂他的场景，或许他会变本加厉地扔东西，沿着错误的道路越走越远……诚然，他这种做法是不对的，但是或许孩子只顾着看书，只顾着玩耍，忘了还要整理东西。况且，就其行为本身来说，它只是属于一种无意的过错行为，具有可矫正性。今天这事，如果启发引导适当，或许对他有好的作用呢！

超超的妈妈决定改变一下自己的做法，她想了一下，对超超说：“超超，你想住得舒服吗?”

超超笑着说：“当然想呀！”

“是呀，每一个人都想住得舒舒服服，可是，现在你住得舒服吗？你有什么办法让自己住得舒舒服服的呢?”

孩子听了妈妈的话，脸就红了，调皮地伸了伸舌头，就回去开始整理自己的书和玩具了。

看到超超的行动，超超的妈妈心里感到一阵欣慰，也暗自庆幸自己刚才没有发火。

放任孩子的错误，父母要把自己放在孩子的位置上，和孩子一起去感受和体验，尊重他的人格与自尊心，同情他，支持他，鼓励他，引导他和帮助他，去体验他们遇到的困难、期待及泄气的心情，去感受他们在成长过程中经历的挫折、渴望。这样父母就不会因一时的冲动或失误，给孩子的心灵造成伤害。父母要明白，孩子总会有犯错误的时候，如果对于孩子过于苛求，就会伤了孩子的自尊心，轻者，使这些孩子越发失去自信，产生自卑，不求上进；重者，则会使这些孩子对教师产生怨恨和抵触，造成师生间的矛盾。

放任孩子错误，出发点是对孩子的爱。不论他的表现是好还是差。善待孩子是以心对心去滋润孩子的心田，去包容孩子的过失，去化解孩子的不良情绪。大凡有卓识的教育家都积极主张妈妈不要盛气凌人地训斥，辱骂孩子，而要善于激励孩子、唤醒孩子、鼓舞孩子，其中最重要的是保护孩子的自尊心。一位教育专家曾经说过这样一句话：“所有难教育的孩子，都是失去自尊心的孩子，所有好教育的孩子，都是具有强烈自尊心的孩子。教育者就是要千方百计保护孩子最宝贵的东西——自尊心，这是切断后进生源的重要手段。”

放任孩子错误应以理解、尊重、信任孩子为基础，只有父母把孩子当作有血有肉的人来对待，给他们以尊重和信任的时候，才会激发他们的潜能。俗话说：“于细微之处见真情”，教育的细微之处往往能使孩子感受到父母真诚而深厚的爱。

放任是一种教育，是一种智慧，也是一种美丽，让我们学会放任孩子的错误吧!

别把孩子的热心当捣乱

有些孩子非常热心，总是看见别人干什么就要过去帮忙，不过有时候会热心干坏事，不仅没有帮上忙，反而捅了很大的娄子，越帮越乱，越帮越忙，于是有些父母认为这纯粹是一种捣乱，就会阻止孩子帮忙。

孩子为什么这么热心呢？这是因为孩子的自我意识开始萌芽，产生了较强的参与意识，常常会主动要求做一些事情。很多孩子，特别是小孩子，常常看见大人们做什么，就吵着要做什么。看见大哥哥、大姐姐或父亲骑自行车，就会哭着要骑自行车。虽然连踏板都够不着，他却总是跃跃欲试。这就是孩子参与意识的表现，也是孩子开始出现独立意识的表现，他们希望像大人一样有事情可做。

孩子热心是好事而绝对不是坏事，可很多父母认为孩子只会帮倒忙，常常不支持这种行为，往往与孩子发生矛盾。比如有的孩子看到妈妈在收拾桌子时，会帮着拿碗，可妈妈却大声斥责："别动，你会打碎碗的！"面对孩子的热心，做父母的常常说："你一个小孩子能做什么，别给我添乱，一边玩去。"

很多父母没有意识到这样会损伤孩子的自信心，或伤害到孩子独立解决问题的能力。担心孩子弄脏衣服而不允许孩子自己吃饭，得到的是孩子衣服一时的干净，却挫伤了孩子的积极性，使他对自己能力产生怀疑。每一个父母都要记住，把孩子的衣服弄干净，比树立起孩子的勇气、增加孩子的本领容易多了。担心孩子打碎碗而制止孩子收碗，你保护的是一个碗，“打碎”的却是孩子的自信，在他的信心上投下了阴影，推迟了他某种能力的发展，或许你就阻止了一个小天才的产生。与此相比，一个碗的价值是不值得一提的。

不论父母是有意识或者无意识，如果总是打击孩子的信心，压制孩子参与意识的发展。时间一长，孩子就会慢慢失去信心，失去探索的欲望，失去进取的动力。这会推迟孩子学本领的时间，不利于孩子成长，对孩子的一生都有副作用。

因此，只要孩子显示出要做事情的欲望，父母就应该放手让他们自己去做。孩子能自己做的事情要比大人想象的还多。孩子需要的是父母的帮助、鼓励和训练，而不是打击和禁止，父母没有权力对孩子该做的事大包大揽，也没有权力制止孩子做事的热心。

孩子做一件事情没有做好，只能说明孩子缺乏技巧，这种技巧有时是因为父母没很认真地传授，责任不全在孩子。此外，要培养孩子敢于犯错，敢于失败的胆量。孩子和成人一样有权利去犯错误、去纠正和改正错误。敢于犯错误和改正错误同样是珍贵的。

“妈妈，我来帮你洗碗吧。”和爸爸妈妈在一起吃饭的月月很兴奋，她急于想做点事情来表示自己高兴的心情，因此妈妈刚刚开始收拾碗筷的时候，月月便主动请缨了。“好啊！可是有一条，你今天洗碗了，以后的碗可都要归你洗了。”妈妈看到宝贝女儿愿意帮助自己洗碗，自然很高兴。

月月看着妈妈洗碗已经很多次了，但真正动起手来还是第一次。“哎呀！”手一滑，碗就落到水池边上的水泥台上，碎了。

女儿是第一次做这个事情，妈妈的注意力一直没有移开，她在关注着女儿。

“没关系！月月，你做得很好，继续！”妈妈的鼓励对月月来说是最重要的，打破碗的窘迫一下子就消失了。“第一次，谁都一样，关键要逐步掌握要领，集中注意力。”

月月洗碗越来越熟练了，渐渐地，甚至闭上眼睛，她也可以把碗洗得很干净，放得很整齐。

像月月的妈妈一样，父母要想办法维护孩子的热心，让孩子不仅可以学到很多本领，而且也能够帮助孩子树立做事的信心和勇气，不能因为孩子尝试失败而对孩子失去信心，这种情绪会传染给孩子的。因此，面对孩子的热心帮助，父母应该这样做：

第一，教给孩子一些做事的技能。

孩子要求“自己来”的时候，父母就要因势利导，教给孩子一些做事的技能，这种教育是很简单的，只要父母用心就可以了。一般来说，可以从身边的事情教起：比如，让孩子学会自己穿衣服、脱衣服、吃饭、洗手、收拾玩具等。但不能急于求成，一看到孩子做得不到位就批评孩子，要把每件事分解成若干小步，每次做一两小步，逐渐达到熟练的程度就可以了。

还可以专门为孩子准备一些小工具，例如小喷壶、小围裙、小拖把等，在你打扫房间的时候，叫孩子系上小围裙，拿上他的小工具和你一起打扫。这样，孩子的热心帮助得到了肯定，你也有了一个小帮手。

孩子掌握了自我服务的技能后，你就不用担心孩子做不好而不允许他做了。

第二，给予孩子协助和适当鼓励。

孩子可能确实太小，没有做事的能力，父母不能因为这样就给他泼冷水，能不能做事与希望不希望做事相比较，能与不能是微不足道的，有没有做的愿望才是最重要的。孩子有参与意识，有尝试的意愿，父母应该尽力从旁协助，给孩子自由发挥的机会。孩子如果成功了，要加以鼓励，增加他们的成就感。如果没有做好，不要责备孩子，更不应该禁止孩子再做这样的事，因为任何事情都有一个学习和熟悉的过程，再给孩子一次尝试的机会，他往往会做得更好。

协助和适当鼓励孩子是最可取的方法，这样，孩子的上进心才会愈来愈强，进一步向自己的能力挑战。

因此，当孩子想做某种尝试时，即使知道会遇到许多困难，预知孩子不会成功，也应该给孩子尝试的机会，让他们去考验自己的能力。有时，孩子会想出父母想不到的办法，产生奇妙的构思。如果事先就肯定孩子会失败而不许尝试，那么孩子内心潜伏着的无限可能性就会得不到发挥。

“失败乃成功之母”，没有失败，何来成功呢？任何人的成功通常都是经历了无数次的探索与失败后取得的。无论做什么事，都有一个学习与实践的过程，开始时通常都是做不好的。只有通过不断地实践，才能由做不好达到做得好。就说洗衣服这样简单的事吧，小孩初次洗衣服时肯定洗得不怎么干净。因为他没有洗过，没有经验，不知道怎样才能洗得干净。但洗了几次后，这种情况就改变了。

所以说，孩子每一次尝试的失败，都是很正常的。父母不应责备，而应帮助孩子总结经验，找出没有做好的原因，这样，下次他就会做好了。

奉劝那些怕麻烦的父母，不要再对孩子说，“就你会给我找麻烦”，“一边玩去”，“我自己动手省事得多。”要记住，你是一时省事了，可打击了孩子的信心，让孩子不敢做事，你的麻烦就会没完没了。

只有孩子希望参与，才有可能取得成功。即使失败了，也要鼓励孩子不要灰心，要敢于尝试，成功就在一次次失败之后。有这样的决心，什么事情都能做好。

著名教育家陶行知说：“幼儿好比幼苗，必须培养得宜，方能繁荣滋长。否则，幼年受了损伤，即使不夭折，也难成才。”不要把孩子的热心当做“捣乱”而加以制止，在这方面，父母唯一要做的是，不要使孩子失去对自己的信心。

理解孩子的顶嘴

随着孩子年龄的增长，突然有一天，小家伙不听父母的话了，开始鼓着嘴巴和父母顶嘴了。相信每一位父母都会遇到这样的情形。孩子的顶嘴，让不少父母感到颜面无光，心里十分恼火，恨不得揍孩子一顿。这不，亮亮的妈妈就遇到了这样的问题。

亮亮刚上一年级，平时活泼好动，学习也不错，基本上不用父母操心。可这一段亮亮妈妈有点闹心。亮亮变得爱顶嘴，给他说了要怎样做，可他就是不听，总是自己做自己的。批评他时，亮亮会说出妈妈平时教训自己的话来对付妈妈，平时妈妈说大人的事小孩子不要管，现在，他就反过来说小孩子的事大人不懂就不要管，真是让人哭笑不得。有时让他去干某件事，他会说，我不想做，我为什么要做，为什么是我做……

亮亮妈妈无奈地说，孩子这么小就会顶嘴了，该怎么办呢？

孩子顶嘴，有些父母会感到委屈，甚至会以为孩子和自己不亲了。不知道这时是该对孩子严加管教，还是冷静处理呢？

其实，问题没有父母想得那么严重。孩子会顶嘴，做母亲的应该感到高兴，因为这是孩子自我意识增强的表现，要是孩子只会唯命是从，那才真正要发愁了。父母切不可认为孩子不服从自己的教导，就是不尊重自己，因而责骂孩子。

在一定程度上，“顶嘴”是孩子心理成长的一种表象。孩子逐渐明白自己喜欢什么，不喜欢什么，想做什么，不想做什么，开始有了自己的意愿和主见，这应该是件令人欣慰的事情。只是由于这个时候孩子的自我意识是相当不完整的，他们还不懂得或还未掌握用恰如其分的方式表达自己的想法，于是顶嘴就成了孩子表达自己思想的最简单直接的一种方式。

对于孩子的顶嘴，明智的做法是给子女争辩的权利，认真地听取争辩。这样做，主要的好处有两个：其一，从孩子的争辩中，做父母的可以了解其发生某种错误行为的背景、条件以及心理动机等，针对性地进行有成效的教育；其二，让孩子争辩，也就为做父母的树了面镜子，父母通过听取子女的争辩检验自己的教育方法是否得当，说的是否在理，发现不妥之处可以及时调整。

按照儿童发育的规律，孩子一般长到六七岁时就有了独立自主的意识，形成性格的要求，所以从这个年龄段开始，孩子就会变得“不听话”，和父母顶嘴的情况也时有发生。到了十一二岁的时候，随着孩子接受外界信息的增多，这种反叛思想更加突出，顶撞父母的时候更多。明白了这一点，父母就没有必要对顶嘴的孩子大动肝火，因为孩子顶嘴有时是聪明的表现。

宝宝近一段特别喜欢顶嘴。有一次礼拜六的晚上，宝宝陪外婆看电视。宝宝妈妈说：“快去睡觉，这么晚了还不睡觉，明天又该起不来了。”

宝宝说：“明天是礼拜天嘛，不用起得早。”

外婆也说：“明天不用上学，就让孩子多看会儿吧。”

但是，宝宝的妈妈坚决不同意，宝宝没有办法，耷拉着脸回到了卧室。

妈妈在后面说：“心里不痛快呀？好孩子就是要听话嘛。”

宝宝听了这句话，回了妈妈一句：“人人都要听妈妈的话吗？”

妈妈回答说："当然了，谁都不能例外。"

宝宝说："那你为什么不听外婆的话呀？外婆让我多看会儿电视，你就不让！"

宝宝妈妈一句话也说不出来，只得尴尬地说："你这孩子！"

孩子会"顶嘴"，说明孩子已经建立起了是非、善恶的标准，因此，才会反抗父母的命令，如果父母还一味地用高压政策要求孩子于自己的观点一致，就很容易让孩子形成唯唯诺诺的性格。

父母要从孩子顶嘴中看到孩子独立性提高的积极面，而且从孩子顶嘴中还可以看出孩子的想法，这有助于帮助父母了解孩子。从这个意义上说，孩子和父母顶嘴并不是坏事。

因此，对孩子的顶嘴，切不可训斥打骂，要具体问题具体对待，当孩子顶嘴是因为父母的原因时，就要肯定孩子，鼓励他继续发扬；当孩子无理顶嘴时，要和孩子好好谈谈，找出原因有针对性地解决。

很多孩子顶嘴，是因为顾及自己的面子，所以才顶嘴，而父母往往很难容忍孩子顶嘴，常常以拳头代替教育。因为在父母看来，这种顶嘴就是撒谎。父母这样做就有点过分了。孩子会掩饰自己的过失，说明他已经开始在乎自己的形象了，为了不被认为"没有出息"，不被看做"坏孩子"，于是企图通过顶嘴来掩盖自己的过失，力图保住"好孩子"的形象。这样的情况下，要让孩子认识到，他虽然犯了错误，但父母仍然是爱他的，犯了错不要紧，勇于承认错误才是好孩子，为了掩盖错误而顶嘴是错上加错，这样做是父母不喜欢也不允许的。

面对孩子顶嘴，父母不妨试着站在孩子的角度看看他们顶嘴的理由。孩子表达的情绪很简单，如果和他们站在一起，揣测一下他们的心理，就会感到那些拒绝甚至是脏话原来都情有可原。孩子的感情是相当脆弱的。孩子也怕父母不理解他。他在形成自己独立性的同时，也渴望理解，特别是父母的理解。如果你不站在他的角度"将心比心"，孩子可能从两岁开始跟你顶嘴到长大，等到成年后，他要么与你感情冷漠——他最信任的人不是父母，要么你彻底从心理上失去了他——他根本不愿意回到家里。而许多融洽的家庭关系往往是因为孩子在小的时候就在家中得到了理解和尊重。

佳禾从小就喜欢听故事讲故事。家里来了客人，不是缠着叔叔阿姨讲故事，就是硬要叔叔阿姨听她讲故事。老师也经常夸她故事讲得好。可是近一段，老师向佳禾的父母反映，上课让佳禾讲故事，佳禾就是不愿意讲。

吃晚饭时，佳禾的妈妈把老师反映的情况一说，问佳禾为什么不讲故事了，佳禾脖子一拧说："就不讲！就不讲！"

听了女儿的话，佳禾的妈妈气不打一处来，立马火就起来了："人才豆儿大点，翅膀骨还没硬呢，就学会顶嘴了？"

接着"啪"一巴掌打在佳禾的屁股上，佳禾大哭起来，跑进屋里关上了门。

第二天，爸爸回来了，听了这件事，他心平气和地问佳禾为什么不讲故事，佳禾说："李佳讲故事结结巴巴的，老师还表扬她，说讲得好。我讲得那么好，老师还说我学老山羊的叫声不像。"

爸爸明白了，女儿是心里有"疙瘩"，对老师产生了抵触情绪。

明白了佳禾不讲故事的原因所在，爸爸把佳禾带到野外，河边的草地上有人在放羊。老山羊正"咩咩"地叫着，活泼可爱的小山羊，"咩咩"地回应。同样是"咩咩"的叫声，可老山羊、小山羊的声音中，高低、粗细、长短，差异却很大……

听到这些，女儿红着脸说："我把老山羊的叫声模仿成小山羊的了。"

爸爸对佳禾说："李佳讲故事结结巴巴的，老师表扬他，是为了鼓励李佳，让她树立信心，而你讲的虽然好，但是还有不足之处，老师指出来，是对你提出更高的要求，希望你将来讲的更好呀。"

一席话说得佳禾不好意思地低下了头，她对爸爸说："是我错了，我明天就去给老师道歉。"

对于孩子的行为，有的父母习惯用简单的办法打发这种令人头大的顶嘴，他们要么嫌麻烦，就顺从孩子的意愿，图个清静；要么就像佳禾的妈妈一样，抡起巴掌强行打断小家伙的顶嘴。其实，从儿童的角度来看，这两种解决方法都是极不可取的。对付小家伙的顶嘴，还得用巧招。

第一，先说服你自己，再说服孩子。

心理学家告诉我们，没办法有效地让孩子停止顶嘴的父母，往往自我控制能力比较差。粗暴急躁地处理孩子的顶嘴是缺乏责任心的表现，要想取得主动，就不要冲动。

父母往往很容易借题发挥，把其他怨气带进孩子的世界。想想看我们有多少时候是因为心情不好而迁怒于孩子？父母应当学会控制自己的情绪。谁都不喜欢被拒绝，但要明白孩子的顶嘴多半是由于他们还没学会恰当的表达方法时，你又何必发火呢？钱丢了可以再赚，工作辞了可以再找，一旦粗暴的言词伤害到孩子幼小的心灵，损失恐怕就很难补救了。

第二，告诉他，你不喜欢这样说话。

从儿童心理学角度分析，顶嘴实际上意味着孩子的一种心理成长，他开始逐渐明白自己喜欢什么，不喜欢什么，这应该是件令人欣慰的事情。当然，作为父母你也得明白，这时候孩子的自我意识是相当不完整的，他们不知道用何种方法来恰如其分地表达自己的想法，顶嘴只是一种简单的条件反射。

许多父母在无意中纵容了孩子的顶嘴，他们要么哄，要么顺着孩子的意思做，这是十分糟糕的——这无疑是在告诉他，顶嘴是有效的心情表达方式，他一次得逞，难保以后不会频繁地使用这个武器，甚至把顶嘴发展到幼儿园、学校。如果你不想看到孩子成为一个稍不满意就顶撞大人的没家教的家伙，我们就要明确地告诉他，顶嘴是错误的表达方法。

怎样告诉他顶嘴不对呢？与其直截了当地说“不许顶嘴”，还不如说：“宝贝，我理解你的感受，但是你能换一种口气说话吗？”或者说：“孩子，爸爸不喜欢你这样说话，但你可以慢慢用你的道理说服爸爸。”如果他正在气头上，我们也可以说："我知道你现在很生气，等你冷静下来我们再谈好吗？"父母还可以试着用肢体语言教孩子，比如，当孩子顶嘴时，把食指放在嘴唇上，做一个"禁止出声"的手势，一开始孩子可能不适应，反复几次之后，他就明白父母的意图了，没准儿还会给父母做一个鬼脸呢。

第三，和孩子沟通。

沟通是积极应对和有效预防顶嘴的重要方式。在与孩子沟通时，父母要允许并鼓励孩子表达自己的想法，倾听他们的心声。不要动不动就给孩子扣上"无理"、"顶嘴"的帽子。其实，孩子在表达自己愿望的时候，有时过于执著，就会与父母或其他人发生争执，甚至表现出一些执拗。作为父母应当充分理解孩子，如果从积极、正面的角度看待这个问题，孩子的顶嘴就是他独立性发展的一个标志。因为他长大了，有了自己的想法，对事物有自己独到的见解，所以他会说出与我们不同的观点，特别是有主见的孩子，顶嘴的现象会频繁地出现，我们不仅不要轻易制止他们，还要学会耐心倾听，在沟通中，与孩子平等对话，引导孩子学会清晰地表达自己的意愿，学会讲理，而不是顶嘴。

第四，冷落他（她）。

有时，孩子正玩儿的高兴，或看到正入迷的时候，父母如果这时强令孩子停止，去学习或睡觉等，孩子还不能一下从原来的活动中脱离出来，这就会引起孩子的不满情绪，从而顶嘴。所以遇到这种情况，不妨给孩子一个缓冲的时间，

刘霞一个人在做拼图手工，妈妈走到跟前看了一眼，发现有个地方拼错了，就提醒她仔细看看，是不是应该拆掉再重新装？刘霞的小嘴儿一撇："您不用管，您会吗？我就不拆！"听了这话，妈妈一声不响地走开了。过了一会儿，女儿拼不成了，想找妈妈帮忙，可看看妈妈的脸色，话又咽回去了。过了几分钟，实在没有办法，刘霞还是走到妈妈身边，小声地说："妈妈，我错了，刚才我不应该顶嘴，您不要生气了好吗？"孩子是很敏感的，她明显感觉到了妈妈的不高兴，找到原因之后，她还是勇于承

认的。妈妈也没有训斥批评女儿，因为孩子的错让自己找出来，效果比训斥还要好。

如果遇到孩子无理顶嘴时，适度的冷淡是必要的，因为一味的纠缠、争辩，会加重孩子消极的行为。如果父母用冷漠的方式处理孩子的顶嘴，孩子也就没有顶嘴的对象，他的顶嘴也就停止了。但平静后，父母还要给孩子讲清道理，让孩子体会到，顶嘴是解决不了问题的。孩子的顶嘴行为经常遭到冷遇，他的顶嘴频率就会逐渐降低，时间长了就会慢慢消失。

正确对待孩子的淘气

传统观念上，都喜欢规规矩矩、顺从听话的“乖孩子”，而不喜欢“淘气”的孩子。的确，“淘气”的孩子一刻也安静不下来，让人心烦。

淘淘的妈妈觉得自己快要崩溃了！这全都是因为淘淘。

淘淘可真是名副其实的淘淘，一天内能把抽屉翻腾 8 次底朝天，光盘扔得满地都是，5 分钟换一张光盘，刚买的光盘就读不出来了，小东西还一直追着妈妈问：“光盘为什么坏了？你说呀！你说呀！”

如果有什么东西找不着了，肯定是在垃圾桶里，那时只能庆幸还没有倒掉。干净的房间变成了淘淘的战场。最让淘淘妈妈恼火的是吃饭，平均每顿饭淘淘最少要起来 10 次，磨蹭半天还不肯吃完剩下的半碗饭，最后还打翻了碗筷。还有，当他兴奋地在屋里跑来跑去，一屁股坐在花盆里，把无辜的月季花砸成了一个花花绿绿的坐垫，淘淘妈妈感觉到自己的心都要蹦出来了。淘淘还有一个爱好：收藏垃圾。每次出门，他总是带回大量的石头、树叶、烂木头、碎纸片……并且当宝贝似的放在床上、沙发上、抽屉里，甚至窝藏在被子里。从此，那些无休无止源源不断来自任何一个肮脏角落的垃圾成了淘淘妈妈的心病，扔了淘淘就会大哭大闹，不扔实在是窝火。睡觉也是难题，早已过了睡觉的时间，妈妈好言相劝、三令五申，放了两遍催眠曲，朗诵了 4 遍唐诗，讲了 5 个故事后，妈妈早已疲惫不堪，淘淘却把被子蒙住全身，嘻嘻哈哈地翻腾，还精神抖擞地在妈妈头上跨过，在妈妈身上跳过，碰巧又踩痛妈妈的胳膊……

淘淘妈妈不知道自己该怎么做了。

顽皮、出格的孩子招致了不少父母的抱怨："他们跑来跑去，一刻也不得安宁。"他们调皮任性，整天和你对着干，他们胆大妄为，随时都会淘出个新花样……

其实，没有一个孩子不淘气，只是程度不同。那些看似淘气、不听话的举动常惹火父母，但是要知道，这正是孩子聪明的表现。过分听话的孩子往往是缺乏独立性的表现，千万不要认为孩子聪明就是学习成绩好、听话守纪律，而忽略了孩子的天性。淘气是任何一个孩子生理、心理发展到一定程度出现的必然现象。淘气的孩子往往比较聪明，有个人主见，意志比较顽强，父母只要善于引导，淘气的孩子更有可能成为一个极具创造力的人。

科学界大名鼎鼎的费曼，是美国加州理工学院的教授，在理论物理学界享有崇高的威望，费曼曾经参加著名的曼哈顿计划，并以量子电动力学上的开拓性理论获得诺贝尔物理学奖。然而，令这位科学家得意的并不是这些荣誉，而是他一生中率性而为的恶作剧和充满孩子气的智慧游戏。

费曼从小对科学就很感兴趣，11 岁时，他就拥有自己的"实验室"——地下室里的一个小角落：一个装上间隔的旧木箱，一个电热盘，一个蓄电池，一个自制的灯座等等。就是用这些简单的设备，费曼学会了电路的并联和串联，学会了如何让每个灯泡渐次亮起来，他后来说："那情形真是美极了。"

他还经常为邻近的孩子表演魔术，一种利用化学原理的魔术，比如把酒变成水等等。他还经常和小朋友发明各种戏法，玩得非常开心。这与其说是"实验室"不如说是"儿童乐园"，因为实验对他是一种游戏。谁能说这种玩乐和游戏不正是培养诺贝尔奖获得者的温床呢？

俗话说“淘丫头出巧，淘小子出好”。在很多情况下，“淘气”是孩子聪明、富于想象力和创造性的表现。可以说，淘气是孩子的天性，是好奇心驱使下的行为，是儿童认识世界、探索世界的起点和动力，是他们创造性思维的萌芽，应加以保护和引导。即使是出点小毛病、捅点小娄子、制造点小麻烦，也不必看得那样严重，在批评和处罚时不可过于严厉，不可将他们身上闪耀的灵性、创造性、求知欲、探索欲，以及独立自主的精神全给毁灭。

有智慧的父母，应该是懂得理解和宽容的，允许孩子淘气，给孩子发展兴趣的自由。孩子在宽松的教育环境下，可以更好地发展自己的潜能，发展自己的特长，发展自己的个性。

有一个男孩子，在好奇心的驱使下，把妈妈刚买回来的一个自动玩具拆散了。然后他多次想把它重新组装好，但终究没有成功。孩子的妈妈看到后气恼地把玩具零件锁进抽屉里，并警告孩子说：“一周内不能玩玩具，一年内不再买新的玩具。”以此作为对他毁坏玩具的惩罚。

孩子感到十分委屈，呆在自己的小屋里独自垂泪。

过了几天，爸爸出差回来，得知这一情况，立刻找出零件，把妈妈也叫来了，他饶有兴趣地指导，并帮助孩子把玩具很快地装好了。孩子高兴地跳起来，并把这个玩具为什么会自动跳起来的道理讲给爸爸妈妈听，还说他也要仿照这个玩具做一个新式样的。

这时那位年轻的妈妈才深感后悔，认识到自己的那种教育方法是多么的错误。

所以，当孩子淘气的时候，父母应该更多地了解和引导孩子，而不是粗暴地训斥和打骂。作为父母，我们应该保护孩子的“淘气”，赏识孩子的“淘气”，甚至和孩子一起淘气，让孩子在淘气中学习，在淘气中进步。

当然，孩子们的淘气，有时也会有一定的破坏性，甚至是危险的。当孩子们被强烈的好奇心驱使，一心一意地去探究时，往往是“忘我”的，不计后果的。有一个男孩为了验证动物都有心脏的说法，就把自家养的一条名贵的金鱼解剖了，母亲回来后他还乐颠颠地捧着死鱼给母亲看心脏。

一些父母可能会因此大发雷霆，轻则训斥，重则打骂。其实，孩子完全不懂得什么是重要的，什么是不重要的。好奇心强的孩子，即使对他说“不要去摆弄”，他也还是照弄不误。这个时候一味采取责骂或打孩子的办法是收不到很好的效果的，只会形成孩子叛逆的性格。这个时候父母应该加强管理和正确引导，要做到以下几点：

第一，不要阻止孩子淘气。

制止、训斥、打骂，必然会冷落孩子的求知欲望，挫伤他们探索的精神，这对孩子智力的发展、智能的提高无疑是种窒息和摧残。所以，父母不反不要干涉孩子淘气，还要鼓励孩子淘气，甚至要和孩子一起淘气。

比如：孩子喜欢玩水怎么办？在洗澡前给孩子一盆水，让孩子穿上脏衣服尽兴地玩，只是注意不要把水泼得到处都是。孩子把衣服弄湿了也不要紧，反正玩完了就让孩子洗澡，没有关系。

第二，要提前做好准备。

孩子淘气时有时候会把贵重的东西损害。对于这种不必要的损失，父母可以提前做出防范，把贵重的物品收藏好，不要让孩子拿到。可以拿一个不重要的东西给孩子拆，比如废弃的钟表，损坏的收音机等，也可以专门买一些用来拆卸和拼装的玩具，既满足了孩子的好奇心，又让孩子的动手能力得到提高。父母还可以买一些做手工的工具，让孩子自己用手做喜欢的东西。切不可对孩子的好奇心进行压制。

第三，转移孩子的注意力。

有时候孩子的淘气会影响到他人，这个时候不要强行阻止孩子淘气，应转移孩子的注意力。比如：给孩子另外一样好玩的东西，或者给孩子讲故事、陪孩子一起玩游戏等，这些办法可以转移孩子的注意力，让孩子不再坚持做不该做的事。

莫把任性当执著

很多孩子都有一种不达目的誓不罢休的劲头，只要想达到一个目的，就没有任何商量的余地，不论大人采用转移注意力、哄骗、威胁、打骂等办法统统没有用，搞得父母实在没有一点脾气。

柳依是幼儿园大班的小朋友。她有一个习惯，就是睡觉要捏着妈妈的右耳朵。如果半夜醒来，捏着妈妈的右耳朵，知道是妈妈就会安然睡去。妈妈有时候被捏得极不舒服，想要把左耳朵给她，柳依就不干，非要捏妈妈右耳朵。

妈妈想要纠正女儿的这个坏习惯，索性不让柳依动自己的耳朵，睡觉的时候，躺到离女儿远些的地方。不料招来的却是女儿极力的反抗：

柳依发现不仅妈妈的右耳朵找不到了，连人都摸不到了，她显然在梦中被激怒了，动作飞快地从小床爬到妈妈的大床上，找到妈妈，又迅速找到妈妈的右耳朵，直到确认是她认可的右耳朵，才用劲揪住，生怕妈妈跑走了，然后又带着胜利和满足美美睡去……

像柳依这样的任性在孩子们当中很常见。所谓任性，就是放任自己的性情，做事情的时候往往对自己不加约束，想怎样就怎样，爱做什么就做什么，不分是非，固执己见，明明知道自己不对还要继续做下去。任性的孩子常常用一些手段来威胁他人，如不吃饭、大哭大闹、摔打东西、离家出走等。

任性的孩子，往往刚愎自用、爱钻牛角尖，很难和他人和睦相处，觉得好像人人都有意跟他们过不去，感到非常痛苦，而他们又不能主动、自觉地对自己的心理状态进行调整，总是与周围的人和事处于一种对峙状态，时间长了，就很可能酿成心理疾病，如忧郁、偏执、狂躁。长大成人后会成为武断、专横、霸道、一意孤行的人，而这种人最终会跌跤，惨遭失败，甚至会走上犯罪的道路。

孩子之所以任性，除了有儿童意志薄弱、缺乏自控能力的原因之外，更主要的原因还在于父母不良教育的结果。

由于父母对孩子过分溺爱、百依百顺，甚至明明是不合理的要求也会迁就答应，养成了孩子以自我为中心的习惯。一旦有不顺心的事，孩子就大哭大闹，直到父母让步为止。孩子就会发现，只要自己坚持，父母总会让步，于是就养成了任性的行为。

知道了孩子任性的原因所在，就可以有针对性地来纠正孩子的任性。治疗孩子的任性先得治疗父母的“软心肠”，父母的心要“狠”一点，不给孩子要挟父母的机会。

许星非要在饭前就吃掉本预备饭后才吃的水果，爸爸妈妈没有同意，许星很生气，就哭闹起来，甚至躺在地上打滚。但是许星的父母根本就没有理睬他，吃完饭后，把碗筷收拾干净，就出去忙去了。

屋里只剩下许星自己。他哭喊了一阵后，不见回音，自己也觉得没趣，就玩起积木来了。每次许星任性哭闹时，爸爸妈妈都一点也不迁就他，也不给他当“观众”，而是事后再给他讲道理。就这样，很快治好了许星任性哭闹的毛病。

刚开始的时候，孩子可能会闹得更凶，父母的态度必须坚决，这样才能达到效果，否则，一看孩子哭得伤心了就去满足他的要求，安慰他，这反而会助长他的任性。当然，过后要给孩子讲为什么不能满足他的要求，从心里去感化他，让他产生自觉性，形成一种自我驱动的习惯。

如果每一位父母都这样对待孩子，也就没有孩子任性的烦恼。所以，对付孩子任性最好是最初时狠狠心，不迁就孩子，像许星的父母那样防患于未然。

当然，对付孩子任性，以下的方法也很有用：

第一，满足孩子的合理需求。

适时满足孩子的合理要求，也是预防孩子任性的一个方法。比如，孩子一天没见到你了，想跟你亲热一番，让你讲个故事什么的，这就是合理要求。你为什么非要等他大哭大闹犯起性子来再满足他的要求呢？孩子经常得到合理的满足，自然也不会常提无理要求。

第二，转移孩子的注意力。

在孩子表现任性时，父母可采用转移注意力的方法，分散孩子的注意力。比如，孩子要吃冰激凌时，你可以告诉他，冰激凌太凉了，吃多了会肚子疼，踢球很好玩，咱们踢球去好不好？小朋友们都在踢球呢。这样，小孩很可能高兴和你踢球去了。用另一件孩子喜欢的事情去吸引孩子，是转移孩子注意力的好方法。

第三，从孩子角度看问题。

有时候“任性”是“执著”的代名词，是孩子有主见的表现。孩子的任性，可能正是孩子敢于坚持真理的表现，不可一味指责、惩戒。要从孩子的角度看问题，而不要用成人的观点去看问题。如果从孩子的角度看是应该坚持的要求，那么这种“任性”就是一种执著，父母应该肯定。

正确理解孩子的撒谎

撒谎是父母最不能接受的行为。当父母发现自己的孩子竟然撒谎，就会感到既痛心又失望，不知道该怎么办。

清清小时候很乖，可不知道为什么，这学期开始，妈妈竟然发现自己的宝贝女儿学会撒谎了。女儿变得不爱做作业，回家问她有没有作业，她常说老师没布置作业，可到了学校，她又对老师说作业在家忘带了。原本的乖乖女一下变得又不可理喻又叛逆，让妈妈很头疼。

以前清清的成绩都还好。这学期，女儿的数学老师是新换的，女儿说挺喜欢数学老师。正是因为给这位数学老师打电话，清清的妈妈才知道女儿竟然会撒谎。

那天，妈妈发现自己的女儿带了一张同学的考卷回家抄，觉得应该跟老师沟通一下，就跟老师打电话。随后老师告诉清清妈妈，女儿上次没做作业，欺骗老师说作业本忘带了，结果老师在课堂上发现女儿其实带着作业呢，只是作业没有完成。

听到这种情况，妈妈肺都快气炸了。追问女儿，为什么要骗老师？女儿却满不在乎地跟妈妈说来不及做，所以就没交。

妈妈注意到女儿越来越爱说谎了，比如，不抄作业条回来，就说老师没布置作业。期中考试那两天，问她晚上作业多不多，她很干脆地说晚上没作业，结果妈妈悄悄问了其他同学，都说有要听写词语的作业。

随后妈妈就对清清说：刚才老师给我发短信说有作业呀，你怎么说没有呀，是不是忘了？清清一见妈妈知道有作业，就去书包里翻出一张纸片，上面写着听写词语卷上的错词，结果妈妈给她听写，她都写不出来。妈妈很生气，把卷子丢给她，叫她认真读，读会了再叫妈妈。再问，她就会用那种很可怜的眼神看着妈妈，什么都不说。

看着清清的样子。做妈妈的既痛心又失望，面对这样的孩子，真不知道要怎样沟通才好。

为了制止孩子说谎，很多父母可谓用心良苦，口舌费了不少，有的父母甚至以武力相加，可效果怎样呢？过不了几天，孩子的谎话又一套一套地跑出来了，而且说谎的隐蔽性更强，稍不留意父母还会被孩子给“忽悠”了。

那么孩子为什么要撒谎呢？

导致孩子说谎有多方面的原因，但归纳起来，孩子的谎言不外乎有以下三种情况发生：

1. 敌意性的谎言

例如，有一个小孩子觉得妈妈比较疼爱他的妹妹，于是就故意做一些坏事，再告诉妈妈是妹妹做的，希望妹妹被骂，像这类的就是敌意性的谎言。

2. 防卫性的谎言

比如小孩考试考不好，讲出来怕会被打，于是就骗父母成绩单还没发，然后自己在成绩单上签名；或者自己不小心打破玻璃杯，害怕被责骂而找一些理由或推托是别人弄破的，这都是防卫性的谎言。通常孩子在闯祸或做错事情以后，因为担心受罚而内心充满压力，以致心里产生恐惧而说谎，这也是孩子说谎的主要原因之一。

3. 补偿性的谎言

有的小孩会因为羡慕同学带新玩具、小汽车到学校，所以就跟大家说：“我妈妈要去美国帮我买很多的洋娃娃，比你们的还要好。”有时候孩子也会为了争取同伴的好感，常常自我夸张，这些都属于补偿性的谎言。

事实上，父母大可不必对孩子说谎大惊小怪。孩子说谎是成长过程中不可或缺的一种历练，远没有我们想象的那么严重。

孩子说谎，说明他的思辨能力长进了，知道如何规避当前所遇到的一些风险。孩子无论在父母还是在老师面前，都是弱势群体。说谎，正是孩子对一些强加在他们身上的束缚的强烈反抗。比如，父母要求孩子每次考试一定要九十五分以上，考好了给予奖励，考不好则训斥一顿。时间一长，考试分数对孩子来说，根本不再是自己学习成绩的反映，而是成为父母脸色的晴雨表。为了少遭些不痛快，万一哪次考得不好，就只能编个谎言应付一下了。虽然孩子说谎不可取，但这种主动规避风险的意识是应该肯定并加以强化的。再者说了，孩子被逼说出这样的谎言，自责的应该是父母而不是孩子。

从另一个方面看，孩子会说谎，说明他已经懂得了一些人情世故，开始学着慢慢适应社会了。善意的自然不必说，有时也是为了自身安全的需要。当他们路遇陌生人打听他或他家人情况的时候，懂得说谎话的人才是聪明孩子。但我们必须让他们知道说谎到底是怎么一回事，知道什么时候可以说什么时候千万不能说。

所以一旦小孩子说了谎，父母必须先冷静地面对他说谎的事实，然后客观地处理，千万别把情绪施加在孩子身上，这会使孩子幼小的心灵受到伤害。因此建议父母在处理孩子的说谎行为时，要注意下列四点：

第一，先找出说谎的原因。

大部分孩子说谎是为了逃避自己不想做的事情，或不喜欢遇见的事物，害怕被父母责骂及处罚，而编织一堆理由企图掩盖事实。另外，小孩会害怕父母可能会有的负面反应，于是便用说谎来逃避。所以父母要运用奖赏与鼓励的方式，去诱发孩子说出实话，避免孩子一错再错或需要用更大的谎言，来掩饰自己所犯下的错误。如果孩子说出实情，父母一定要遵守诺言不给予处罚，反而要赞赏孩子勇于认错的行为，让孩子明白父母对他的重视。

第二，深入孩子的内心。

在处理小孩说谎话时，首先要清楚其原因。假如孩子是为了逃避某些事情，则需要先针对他不喜欢些什么，例如：他担心功课做不好，父母可以用鼓励的方法，赞美孩子做得好的部分；或是改变学习活动让做功课变成是一件快乐的事，帮助孩子渐渐喜欢并面对它，孩子就不会用说谎来逃避功课。

第三，多聆听并与孩子沟通。

当孩子预期事情会有负面后果而说谎时，父母应了解孩子的需要，订立更实际的规则；假如孩子可以做得到而且愿意去做的，他自然不用说谎了。另外，有些孩子会因为跟父母的接触机会少，所以用说谎的方法去争取父母的关注。父母平日应加强与孩子沟通互动，多了解孩子的想法，让孩子感受到父母对他的关爱与重视。

第四，作一个好的榜样。

孩子在学习处理问题的方法，多半是受父母影响的，若父母不能有一个诚实的榜样，实在很难说服孩子要诚实。因此父母应该以身作则，在日常生活中做一个好榜样，不要不经意地在孩子面前说出做不到的承诺或骗人的话，孩子便可从中学习到好的行为。

正确看待孩子报喜不报忧

父母如果不能够正确对待孩子的成绩，就会导致孩子也不能够正确对待自己的成绩，这样就容易造成孩子报喜不报忧。

天天今年上三年级，爸爸妈妈很为天天自豪，因为她带给父母的总是“我又拿奖状了”，“我又考第一了”，拿出试卷不是九十多分就是一百分。不过，有一次天天的妈妈给他收拾书包的时候发现天天的书包里有一张小测试卷，上面用鲜红的笔写着“63”，而且老师特地在试卷上注了一个“倒4”的标志，这肯定是班里倒数第四。妈妈当时感到非常吃惊，天天考了这样的试卷，回家竟然没有说，也没有拿出来。

天天妈妈非常担心：是不是考得不好，害怕拿出来？

像天天这样的孩子很多，他们报喜不报忧的行为往往是父母的态度造成的。报喜，是因为孩子希望得到父母的赞扬和肯定；不报忧，是因为孩子自尊心强，自卑感强，为了维护自我形象，或者说为了逃避父母的批评责骂，于是，对不光彩的事隐瞒不报。尤其是性格内向的孩子，这种倾向更为明显。

每个孩子都想做爸爸妈妈心中的好孩子，他们愿意表现出自己最好的一面。但是，作为一个成长中的孩子，总是会存在各种问题。

如果爸爸妈妈听到或者看到孩子好的表现，就会表现得高兴；而听到或者看到孩子一些不好的表现，诸如，考试成绩不好、被老师批评、没有完成作业等，就会表现得很不高兴，或者生气，进而对孩子冷淡、排斥，甚至打骂，那么，孩子就会知道，爸爸妈妈只喜欢那个表现好的“他”，不喜欢那个表现不好的“他”。

这样，孩子就会为自己没有达到爸爸妈妈的要求而内疚、焦虑不安，很多孩子在没有取得好的考试成绩、犯了错误时，心里总是忐忑不安，觉得对不起爸爸妈妈，不知道自己如何回家交代，不知道如何面对“冷脸”，他们担心爸爸妈妈不再喜欢自己、不再爱自己，如果等待他们的还有皮肉之苦，就更会加重他们的焦虑。

为了减轻这些担忧，他们就会想办法降低自己的焦虑情绪，取得的好成绩或做的好事告诉父母，以换取父母的表扬、奖励。而犯了错或者成绩不理想，就会隐瞒不报以逃避批评打骂。

父母对于孩子过于严厉会导致孩子“报喜不报忧”，父母不恰当的赞美同样也会导致孩子报喜不报忧。如果一位父母总是在孩子取得好成绩来报喜时不吝赞美之词的话，孩子就会产生这样的想法：“我是最棒的”、“我是最能干的”、“好孩子是不允许失败的”等等；如果父母在平时对他们的评价总是会和孩子的成绩挂钩，那么，久而久之孩子也会用成绩的好坏作为衡量自己好坏的标准。于是，孩子面对失败和挫折时，就会在内心形成冲突，当孩子以自身的能力抵御不了这样的冲突和压力时，孩子就会采取隐瞒或是其他措施来保全自己在他人眼里的“光辉形象”了。

除此之外，我们平时在生活中所表现出的态度和做法，对孩子影响也很大。如果父母凡事总求完美，那么即使在考试前没说什么，孩子都会在思想上多背一个包袱；如果我们在生活中只允许孩子成功，那么哪怕是一点点的疏忽和失败，孩子也会不愿意面对自己的挫败。

其实，孩子需要的并不仅仅是报喜时父母的夸奖，更需要父母成为孩子烦恼时温暖的港湾。如果一个孩子只有在报喜时才能被关注被爱，而不能在遇到困难时得到父母的支持和帮助，那么这个孩子往往就会用不成熟的心灵来面对大人都难以面对的社会，这对于孩子其实是一种折磨。

让孩子敢于讲出自己的真实想法和真实做法，是父母的期望，是父母教育孩子诚实的要求。那么，父母需要怎样对待孩子才能让孩子改变报喜不报忧的行为？

第一，把握好自己的情绪。

敢讲真话，需要勇气，需要考虑讲出真话的后果是否安全，孩子需要确认爸爸妈妈不会因为他做得不好，犯了一些错误，而不喜欢他，讲出自己不太好的一些行为之后，爸爸妈妈依然喜欢他这个人，不会遭遇冷落、讽刺、打击，他才敢尝试讲真话。所以父母要把握好自己的情绪，如果大声斥责孩子，动手打孩子，会使孩子感到不告诉父母反而能逃避惩罚，慢慢他就会把犯的错误隐瞒起来。所以，只要孩子讲的是实话，不管错多大，父母也要冷静处理，分析原因，讲明道理。

第二，宽容孩子。

爸爸妈妈对孩子的小错误要宽容，孩子当前的问题，多数是成长过程中的问题，允许他们有一些自己的尝试，在尝试的过程中有一些小错误，把关注问题本身，转向帮助孩子分析问题、共同探讨解决问题上面，这样，孩子就会放宽心，知道他不是不可以犯错误，而是每次他可以从犯的错误中学习到经验，学习到如何避免再次重复犯同样错误的方法。即使又犯了同样的错误，也允许孩子有改正的空间和时间，减少犯同样错误的比率。

没有哪个孩子愿意犯错误，错误大都是无意中犯下的，一旦出现错误，他也没有必要担忧和顾虑，他知道，爸爸妈妈永远是他的安全岛，理解他、支持他、帮助他，他就不用费尽心思掩盖自己，孩子的诚实就会在宽松的教育环境中获得培养。

还有很重要的一点，父母要从自己身上找原因，看看自己是不是过于苛求孩子？是不是对孩子的批评过了头？是不是粗暴地对待孩子？如果有一个问题的回答是肯定的，你就要从自己开始改，然后才有孩子的改进。

正确理解孩子的坏脾气

每个父母都碰到过孩子发脾气的时候。如果孩子的要求得不到满足，就会大哭大闹，直到自己的愿望得到满足。

龙龙今年五岁了，非常可爱，也很听话。可在不知不觉中，龙龙竟然学会了发脾气，脾气一来，九头牛也拉不回。他想干什么，想要什么，必须立马兑现，否则，哭闹、打滚、扔东西、毁物品，甚至用头撞墙、用手打自己的头。

龙龙爸爸的性子比较暴躁，龙龙一闹他就烦躁，伸手就是一巴掌。可是，龙龙这个孩子是越打越犟，越犟越打……

有时候龙龙妈妈实在看不过去，就把爸爸拉开。之后，千方百计满足孩子的无理要求，以便平息孩子的哭闹。

龙龙的妈妈叹息着说："我简直成了夹心饼——两面挨烙。他爸爸怨我护孩子，孩子也不领情，我是两面都不讨好……"

所有的妈妈见了这样的孩子都会摇头。孩子真是管不了，有点小事不顺着他，达不到他的要求，他就会和你大闹一场，真让人头疼。这样下去，怎么能行呢？

小小的孩子，为什么脾气竟然这么厉害呢？

孩子不是天生“坏脾气”，一般来说，这和孩子以及父母都有一定的关系。

从孩子的角度来讲。孩子年龄小，情绪波动大，自控能力差，不能及时调整自己的情绪，当自己的要求得不到满足时，他就会大发脾气，发泄自己心中的不满。

四五岁的孩子正处于一个“心理断乳期”，不愿被父母事事管束，希望有自己的空间，因而对父母的包办或摆布开始产生反感，如果父母不能够满足自己的要求，他们就会毫无保留地将自己的内心愤怒倾泻出来。

不过，孩子脾气大更是和父母有关。现在的孩子，都是家里的“小皇帝”、“小公主”，如果天上的星星能摘下来，那一定有父母想办法去摘一颗给自己的孩子玩玩。父母对孩子的任何要求都尽量去满足，一旦有满足不了的时候，孩子就会受不了，当然就会大发脾气。

当孩子第一次为了实现自己的愿望，以发脾气为手段来威胁父母时，做父母的担心孩子哭坏了嗓子，或怕在公共场所丢面子，就去满足孩子的愿望，就会使孩子发脾气这一行为得到强化，即孩子懂得了他可以用发脾气方式来获得父母的搂抱或得到想要的东西。为了一个又一个愿望的实现，孩子开始一次又一次地发脾气，最终成为一个爱发脾气的孩子。

孩子爱发脾气和家庭氛围也很有关系。如果孩子的父母爱激动，经常吵架，那么他们的孩子脾气大多不稳定、容易着急。反之，如果家庭和睦，尊老爱幼，邻里团结。那么，孩子的性格也是比较稳定的，平和的，善解人意的。

孩子发脾气、耍赖，就是一种要挟父母的手段，如果父母答应自己的要求就会“鸣金收兵”。可是孩子毕竟是孩子，没有成人的那种“耐性”的修炼，脾气一发，情绪一来，过分兴奋。于是，脾气就像洪水决堤，呼啸而来，奔腾而去，理智丧失，只顾撒野，理智全无。最后，孩子也成了一个父母心目中的“蛮横不讲理”的小霸王。

孩子发脾气，无论是对孩子还是大人，都是有百害而无一利的。因此，父母面对喜欢发脾气的小孩，无论如何都要提高自己的修养，把这种事件消灭在萌芽之中。

在孩子发脾气的时候，大人的说教打骂根本没用，反而会激化矛盾。不如索性不理她，让他自己去闹。等他情绪平复了，再慢慢地跟他讲道理。这时候，他才能接受批评，听得进道理。

一天晚上，蓉蓉坐在客厅看动画片。这时爸爸下班回来，走进客厅，坐在沙发上。蓉蓉突然大声说："爸爸你出去，我要一个人看电视！"妈妈见女儿这么没礼貌，很生气。于是教训她说："蓉蓉你太没礼貌了，快给爸爸道歉！"不料话没说完，蓉蓉就大哭起来，然后坐在地上，又踢又蹬的，嘴里大叫着："出去！出去！你们都出去！"蓉蓉的爸爸妈妈又批评了几句，没想到蓉蓉哭得更凶了，还把小桌子上的玩具都扔到地上。

看到女儿闹得这么凶，蓉蓉的爸爸妈妈知道在女儿脾气上来的时候，说什么都没用。索性不再理她，离开了客厅，留她一个人在那里哭。

渐渐地，哭声平息了。妈妈走进客厅，发现她已经坐回到沙发上："妈妈，我要擦擦脸。"她一边啜泣一边央求妈妈。妈妈拿来毛巾，边给她擦眼泪边对她说："你刚才发那么大的脾气对不对？客厅是大家分享的空间，你不能一个人独占。"

蓉蓉想了一会儿，没有说话。

妈妈接着说："爸爸刚下班回来，可想你了，怎么不能坐下来和你一起看电视呢？"

"妈妈，我刚才不对，我让爸爸和我一起看电视了。"

她跑出客厅去找爸爸："爸爸，对不起。你和我一起看电视吧。"

其实，孩子发脾气并不可怕，就像蓉蓉的妈妈一样，只要细细观察，了解一下孩子发脾气的原因，父母可以采取一些有针对性的方法或措施，来预防和治疗孩子的坏脾气。

第一，从平时下工夫。

平时，从一些小事开始，加强孩子心理承受能力方面的练习。对孩子不能一味地宽容溺爱，如果做错了事情，要给孩子及时指点纠正，不能因为年龄小，就一味地迁就，舍不得孩子哭。要让他明白，无理的要求，不会得到满足，即使他发脾气，哭闹不止也没用。慢慢地，他自己就会知道哪些事可以做，哪些不可以做。逐渐地有了自己的行为准则，孩子的情商会得到很好的发展。

第二，不要惩罚孩子。

对待孩子的坏脾气，不能惩罚，也不能一味地训斥。要理解孩子、爱护孩子，给孩子更多的爱。惩罚和训斥会使孩子受到伤害，让他不知所措；而爱，会给孩子力量，给孩子勇气，让他去战胜困难。

第三，转移孩子注意力。

当孩子发脾气时，可以转移他的注意力，找一些他感兴趣的事物或东西，分散他的精力。这样，他会逐渐忘了让他着急的事，把心思放到他感兴趣的事情上来。

第四，给孩子讲道理。

要想从根本上改变孩子的坏脾气，就要标本兼治，“本”就是给孩子讲道理，这样才能让孩子意识到自己的错误。给孩子讲道理要注意策略，可以用孩子故事书上的人物或者故事来给孩子讲道理，这样孩子就容易接受。

当孩子发脾气时，父母千万不能被孩子的坏脾气传染。有的父母，孩子着急，他们会比孩子更急。结果大人孩子都是火冒三丈，根本解决不了问题。这时候，父母要静下心来，耐心地等待机会，去和孩子沟通。

第八章

如果孩子遇到了这些问题……

“犯错误”是孩子成长中的必修课，只有修够一定“课时”，他才能真正获得举一反三、自我反思、自我完善的能力。父母要理解“过失”的价值，看到在孩子成长中，他的“过失”与“成就”具有同样的正面教育功能。

——《好妈妈胜过好老师》作者　尹建莉

孩子爱看电视怎么办?

现在大多数孩子都喜欢看电视，而且一看就是半天甚至一天，不仅影响孩子的学习，而且对于孩子的身心发展都没有什么好处。怎样才能让孩子从电视机前走开，成了不少父母的难题。

吃晚饭了，咪咪仍在看她的《喜羊羊和灰太狼》，对爸爸妈妈的再三催促不理不睬，坚持要看完再吃，要不边看边吃。

可是自从咪咪上学以后，问题就来了，不是一家子看电视太晚第二天睡过了头，就是孩子做作业心不在焉，错误连连，看到女儿的学习状况，咪咪妈妈是愁容满面。

很多家长都遇到过类似咪咪爸爸妈妈的问题，但是却不知如何处理才好。

孩子长时间看电视对他们的成长是弊大于利的。所以，要让孩子少看电视。至于如何让孩子少看电视，就要讲究方法了、

让孩子少看电视，最好的办法是“疏导”，而不能够用“堵”的办法。

有的父母为了不让孩子看电视，总是强行关掉电视，强迫孩子不要看。这样的方法比较简单，但是效果如何估计实施过的父母都心知肚明。

很多孩子看电视已经成为了一种习惯，你突然让他改掉自己的习惯，他怎么能够一下子做到呢？试想一下，一个烟瘾很大的成年人，如果突然让他戒烟，他能够一下子就做到吗？

很多孩子不敢与父母对抗，被父母勒令不让看电视之后，自然是不敢看，但是，他心里想着电视，就不能安心做其他事情。

有一位孩子家长就说："我家的孩子总是隔几分钟就从他的屋子里面跑出来，找各种借口在外面待上几分钟，一会儿要倒杯水，一会要拿个什么东西，总之，就是为了多瞄两眼电视。"你看，孩子对于电视是多么的渴望呀，孩子在进入屋子里面的时候心里有多痛苦呀。

采用这种方式禁止孩子看电视的父母应该想一下，关了电视，就能够关掉孩子看电视的愿望吗？让他坐到书桌面前，他就真的能够安心去学习吗？事实上，如果不是出于自觉自愿，这样的强制手段只会使孩子看电视的欲望在压抑中变得更为强烈，他身在书桌前，心神早已跑到电视机前去了。这样的做法不仅不能使孩子远离电视，反而会使孩子的心灵受到伤害。说白了，这其实是一种父母专制作风的体现，不注意体贴孩子的情绪、自尊、能力、愿望等，把孩子当作不懂事的人来看待，这完全是错误的。

那么，父母怎样做才能让孩子少看电视呢？不妨从以下几个方面做起：

第一，做出明确的规定。

要对孩子看电视作出明确的规定，什么时候看，看什么节目，都要明确规定，父母与孩子同等对待，共同遵守。定下来后就要严格执行，不能心软。

只有给孩子定好规则，才不会让孩子养成长时间看电视的坏习惯。比如让孩子知道每天什么事情做完可以看多久的电视；吃饭不能看电视；做作业时间不能看电视等等。规则一旦规定下来就要持之以恒。可以和孩子约好，在周末、节假日，有益孩子的节目播放时，允许他多看些。此外，每次在开始看电视之前就要告诉孩子要遵守约定，约定今天是看多久，是这一个节目或者是某个动画片的一集。而且，在规定的时间到来之前，最好提前给孩子适当的提醒，告诉他看电视的时间快完了，这样可以给孩子一个心理缓冲期。

第二，给孩子找一个替代活动。

其实，很多小孩有电视瘾都是由于没有其他活动造成的。父母多带孩子参加户外活动，这样就可以转移孩子对电视的依赖。父母平时应该多带孩子到户外活动，不要让小孩闷在家里，比如晚饭后带小孩在家附近散散步或带小孩到公园踢踢足球等等，这样不仅有利于小孩的健康成长，又能让小孩摆脱电视的诱惑。

第三，父母要做好榜样。

父母要为孩子做出一个榜样。很多父母，一方面严格禁止孩子看电视，自己却看得不亦乐乎，这样难免会降低父母说话的威信，孩子看电视的欲望自然也难抑制。孩子的内心规则意识是相对机械的，他会在日常生活中寻求榜样，认为要求我怎么做，大人也应该做到。实际中，许多父母不懂这一点，认为大人应该就是这样，小孩应该听大人的。这种教育的效果往往事与愿违，让孩子难以接受。所以，父母要主动营造有利于孩子学习的家庭环境，发挥榜样和示范作用，及时鼓励孩子，帮助孩子从小养成良好的行为习惯，让孩子受益终身。比如，父母看书，或是安静地忙碌家务事或工作的事情，孩子就容易静下心来学习，而不会去看电视。

孩子迷上网络怎么办?

现在很多父母一提起孩子上网就好像遇到了邪恶的魔鬼一般，好像孩子一接触网络就会学坏，就会沉溺于其中，就会影响学习。的确，父母的担心有一定的道理，同现实社会一样，网络也不是一片纯洁的净土，网上由于缺乏必要的监督，一些不良网站对于孩子的影响非常大，如果孩子长时间沉溺于网络，就会对学习不感兴趣，心态、行为和社会格格不入。

网络对孩子的负面影响还有网上交友不慎，有时候孩子在网上乱交朋友，极容易受到坏人的教唆，走上歧途。

有位学生家长曾经无奈地说：“我是一个网瘾孩子的父母。孩子现在初二，不知道从什么时候开始接触网络的。听孩子说，一次和同学约好出去玩，结果同学没到，他感觉没意思，就去网吧玩。后来慢慢就着迷了，还和网友写信，和同学比谁的网友多，谁收到的信多。我采取过好多方法和他谈话，可好景不长，没过多久他又开始上网了。对他打也打过，骂也骂过，可根本就没有用。后来不给也零用钱，让他没钱上网，可他竟然借钱上网。后来听别人说，买个电脑在家，看着他上网，不然在网吧会学坏。我想也是，就买了，他的确不去网吧了，可效果也不明显。”

为了阻止孩子们上网，父母们可以说是采取了各种措施来防止孩子上网，努力使孩子“远离网络”。很多父母采用的方式大多和上面这位父母一样，无非是苦口婆心地劝说，然后就是采取各种限制措施来防止孩子上网：多数家长要求孩子在上网时必须有人监督，有的家长更是严令禁止孩子上网，甚至采用断绝经济来源、打骂的极端措施。事实上，这样只能激发孩子采用对立的方式来对待父母。

那么，是不是孩子真的就不能上网了呢？不让孩子上网，这似乎是让孩子远离网络侵害的最佳办法，也是很多父母的共识。但是，现在毕竟是信息时代，网络的作用已经越来越不可替代，虽然网络上存在着各种不良因素，但孩子触网给他们带来的好处也显而易见。通过上网，孩子们不但可以学到更多的网络知识和网络技能，更可以开阔视野、激发学习的积极性、增强沟通能力。同时通过各种网络教育，孩子们还可以根据个人兴趣选择适合自己的学习方式和内容，发展自己的个性化特长。当然网络上的不良内容对孩子们身心健康的影响也是不容忽视的，但是单纯的禁止显然有因噎废食的嫌疑，而且可能会导致更多的不利因素。

对于孩子的上网问题，只要能够使他们朝好的方面发展，就不必大惊小怪。曾经帮助300多个孩子戒除“网瘾”的陶宏开教授就说：“电脑不是洪水猛兽，电脑是一种工具，是给我们用的，而不是玩的；学会用的人是聪明人，只会玩的人则是愚蠢的。”不让孩子上网是一种不科学的态度，也是一种缺乏远见的做法。

所以，父母不应该完全限制孩子上网，但是也要进行有效的引导和管理，鼓励孩子通过网络掌握更多的信息和知识。给孩子们选择一些内容健康、知识性和趣味性强的网站、电子游戏，在规定时间内，让他们学习一下网络知识、上网查资料解决学习过程中的问题，与同龄人之间互相交流、沟通，玩一玩游戏以调剂紧张的学习也未尝不可。

要让孩子正确上网，父母首先要对网络和孩子上网的原因有一个正确的认识。孩子爱好上网，除了孩子的好奇心重，对于新事物比较好奇之外，情感因素也是一个主要原因。陶教授就说过：“孩子上网成瘾，主要原因是父母的教育方法出了问题。父母的爱多表现在物质的慷慨，而忽视了精神、情感上的关爱。”

为什么这样说呢？孩子喜欢上网，主要有四个方面的原因：1. 父母只重视学习成绩，忽略了孩子的特长培养，使孩子的自我表现欲望得不到展现；2. 父母缺乏对孩子的关心，孩子感觉孤独与寂寞；3. 父母不了解自己的孩子，不懂得如何与孩子沟通，不能平等地与孩子交流，使得孩子产生强烈的孤独感，有话不知道向谁倾诉；4. 父母教育孩子的方式不对，使孩子产生强烈的逆反心理。

成都某位小学生在自己写的一篇名为《网络胜过我爹妈》的日志中写道："与父母交流不多，父母最多的还是关心成绩，其他什么都不关心。所以我爱玩游戏，感觉在游戏里我就是主宰，将来长大了我还要开发游戏，做游戏公司老板。"

这位孩子的话可以说是很多孩子的心声。现在很多父母忙于自己的事业，很少关爱孩子。孩子为了寻找心灵上的慰藉，就迷上了网络。在游戏世界孩子可以做"大哥"，做主宰，但在现实世界中，孩子一切都要听家长的，家长与孩子也没有过多沟通交流，都是使用强制性要求，这就导致孩子沉迷于游戏那种主宰感觉中。而亲子关系好的家庭，孩子与爱上网这种情况的基本很少出现。要改变这种状态还是需要父母与孩子多沟通，多交流。

知道了孩子为什么上网，父母还要改变对网络的看法，正确认识网络。

有一位母亲，谈起如何使自己的孩子摆脱网瘾，颇有几分自得。她的儿子在上小学五年级的时候迷上了网络，每天都要逃学去网吧上网。打过，骂过，都没有解决问题，这位母亲后来就自己学会上网，认真了解网络，看看网络到底有什么样的魅力，能够使自己的孩子如此迷恋？通过自己的学习．她提高了对网络的认识，改变了自己对网络的看法，对儿子上网的态度也发生了改变。

为了能够帮助儿子正确上网，不至于走入歧途，她总是有意无意中问儿子几个问题，要儿子帮自己解答。儿子回答不出来，她就对儿子说："网上是不是能够查出来呀?"然后就和儿子一起上网搜索答案。就这样，她的儿子慢慢喜欢上了在网络上学习，成绩也大幅度提高，网络成为儿子学习的好帮手。这位母亲还鼓励儿子学习各种电脑知识，在电脑上制作自己的网站，很快，儿子就成了一个电脑高手，她也再不用为儿子的上网问题担心了。

我们可以学习一下这位母亲的做法。上网并不是什么坏事，关键是要孩子从网络中学会知识，来为自己的学习服务，这才是对待网络的正确态度。一味地打压孩子，甚至根本不让孩子接触电脑，不仅对于孩子的学习不利，而且会激发孩子的逆反心理，使他们利用上网来对抗父母，甚至更加热衷于上网。

所以，对待孩子上网，要引导，使他们正确上网。这才是使孩子们摆脱"网瘾"的最好办法。父母们可以借鉴一下上面这位母亲的做法，使孩子科学上网：

第一，科学利用网络。

父母要学习、了解网络，担负起指导和监督的责任，完全可以让孩子大胆地接触网络。可以和上面那位母亲一样，和孩子一起学习上网。

有位父亲就做得很好，他的女儿刚上初中，学习中遇到什么疑难问题，他们就一起在网上查资料，解决问题；有时也看新闻，玩些网上棋类游戏等。甚至还一起安装了最新的即时通讯，通过视频与远方的朋友聊天。他也在和女儿一起上网的同时学到了许多新的知识。

第二，有效管理孩子上网。

父母不反对孩子通过网络获得有益的知识，但也要告知孩子上网对身体和心理的危害，要对孩子上网进行有效的管理。

小元有段时间上网不到半夜12点、1点是不会上床睡觉的。这样不仅对身体很有害，而且一旦到不健康的网站去，后果也很严重。她的妈妈和爸爸商量后就找他严肃地谈了几次，让孩子了解痴迷网络的危害，并告诉他要适度上网。同时，也进行了一些技术控制：设置了密码，使得他只能在父母许可的范围和时间内上网；而且父母还通过“历史记录”经常了解孩子浏览了什么网站，去了多长时间等，发现问题及时指出，违规就要扣除一些上网时间作为惩罚。事实证明，这些措施都很管用。

第三，做孩子上网的支持者和引路人。

网络世界里良莠并存，而孩子又无法明辨是非，令人担心。父母要做孩子上网的支持者和引路人，引导他们跨过“聊天＋游戏”的坎，让他们在网络中汲取营养，健康成长。

有一次小雅要编一张环保小报，爸爸就鼓励她在电脑中编辑。他带小雅一起到网上查找环保小资料，下载环保图片，最后，出色地完成了作业。爸爸还鼓励她将自己编写的小报变成“有声刊物”，并让女儿将自己的作品通过电子邮件发送给远方的朋友。当小雅收到来自远方的称赞时，别提有多高兴了。

孩子玩游戏上瘾怎么办?

有些父母不愿意让孩子接触电脑，很重要的一个原因就是怕孩子迷上电脑游戏。比起上网聊天来，众多父母更是“谈‘电脑游戏’而色变”，各种媒体对于电脑游戏也是口诛笔伐，甚至连很多专家都说沉溺于电脑游戏有精神疾病的倾向。

电脑游戏真的就是潘多拉盒子中的魔鬼？就是将孩子引入歧途的恶魔吗？

其实，父母总是从大人的角度来看待孩子的事情。不妨从孩子的角度来理解一下孩子的事情。想一想我们小时候，没有电脑、电子游戏等高科技的玩意，但是，一个毽子、两个弹球都够我们玩得忘记回家、忘记吃饭。几十年过去了，我们都还清楚地记得，在寒冷的冬天，和小伙伴在冰天雪地里滚铁环，两只小手冻得像胡萝卜一样红肿，玩得不亦乐乎，甚至忘记回家吃饭遭到妈妈责骂的情景。

事实上，尽管时代不同了，玩的游戏也不同了，但是孩子们爱玩的心是一样的。从本质上讲，电子游戏也就是个游戏，和我们这些成年人在小时候玩的游戏没有什么本质上的不同，只是更为复杂一点，科技含量更高一点。电子游戏之所以受到孩子的喜爱，自然是因为他们包含着巨大的乐趣。孩子应该在属于他们的童年享受到属于他们的快乐。现在的孩子缺少玩伴，电子游戏可以使孩子享受到更多的乐趣，而且还可以熟悉电脑，同时和同伴也有了交流的话题。如果不让孩子接触网络和电脑游戏，孩子会过于“闭塞”，与小伙伴没有共同语言，就会影响到他们之间的交往。

有一位小学五年级男孩的母亲，由于害怕孩子染上网瘾，坚持不让儿子接触电脑游戏。但是新学期开学后，儿子闹得很凶，整天像着了魔似的，非要在电脑上安装电脑游戏。这位母亲不答应，孩子就连哭带闹，最多一次持续了3个多小时，甚至还以绝食来威胁！孩子哭着对妈妈大喊：“就因为你不让我玩游戏，同学们说的我全听不懂，我都成了班里的‘怪物’了！”

你看，不让玩游戏对孩子的影响有多大！

有些父母之所以禁止孩子玩游戏是担心孩子会玩游戏“上瘾”，耽误学习。玩游戏耽误学习不是电脑游戏本身的问题，而是因为孩子缺乏自控能力，才使孩子的学习受到了影响。事实上，电脑游戏已经成为了现代生活的一部分，成为孩子生活中的一部分。无论父母喜欢不喜欢，愿意不愿意，孩子们都是要玩的。不让孩子玩电脑游戏，根本就是不现实的，是根本阻挡不了的。现在是一个信息的时代，到处都会用到电脑，你总不能让孩子游离于社会之外吧。父母要做的，是提高孩子的自控能力，使孩子在电脑游戏之外依旧能够得到快乐，电脑游戏对于孩子的吸引力就会大大减小。

所以，父母不必为孩子们玩电子游戏而着急上火，只要孩子能够把玩游戏的度控制在一定的范围之内，大可不必草木皆兵。而且，玩游戏也是一种能力，现在很多大学都专门开设了游戏专业，有些人甚至把玩游戏当作自己的事业。

怎样才能让孩子既能够享受到电脑游戏的乐趣，又能够自我约束，不耽误学习呢？

第一，相信孩子。

很多父母一提到孩子玩电子游戏，就紧张得好像鬼子进村了。其实，这还是因为父母习惯用“父母作风”去管教孩子，而没有考虑到电子游戏对孩子有益的一面，完全把电脑游戏放在了孩子的对立面，孩子自然就要想方设法地去达到玩游戏的目的，你如果只是把电脑游戏当作孩子日常娱乐的一种，也许孩子就不会那么入迷了。

还有些父母，缺乏耐心，总是希望孩子能够一下子就与电脑游戏绝缘，一次也不碰。其实，站在孩子的角度想一下，如果让一个成年人把一个已经习惯的东西，比如抽烟一下子断绝掉，能做到吗？如果连一个成年人都做不到，又何以强求一个孩子呢？

作为父母，最重要的是要相信孩子，要有耐心，让孩子自己管理好自己。如果什么事情总是由父母“全盘负责”，对孩子提出这样那样的要求，提醒孩子该做这件事了，该做那件事了。最后的结果，就是孩子只有躲在网络中，去寻找自己的自尊和慰藉了。

第二，制定必要的规则。

孩子要玩电子游戏，可以，但是前提是你自己能把握得好，要有自制力。在最初的阶段，可以让孩子在规定的时间内玩，多一分钟就没有机会再玩了；第二阶段，可以在不影响其他安排的情况下玩，时间长短以及什么时候玩，完全由孩子自己决定，但如果出现一次影响学习或其他重要安排的情况，自己就要退回到只能在规定时间内玩；第三阶段，当孩子已经多次证明了自己的自制力和合理安排的能力的时候，父母就可以撒手不管了，玩不玩、怎么玩、玩多久都由孩子自己决定，父母的任务就是在需要添置设备或者购买游戏卡的时候为孩子付钱。

这样，孩子在规则的限制下，就自己能够控制玩电子游戏的时间，而且通过电子游戏，孩子就会形成良好的自我管理的能力。这样玩电子游就对孩子有益。

第三，进行有效的监管。

父母要注意，允许孩子玩游戏，并不是放纵不管，对于那些有暴力和色情内容的游戏，父母应该禁止未成年的孩子去玩。父母要注意给孩子一些正确的指导，让孩子们选择那些内容健康的游戏。但是父母也要注意暴力和色情并不是游戏的本质，不能因为这一点便过度反应，一切游戏都不让孩子玩。

最后要说明的是，现在有些父母为了戒除孩子的网瘾，会把孩子送到各种治疗网瘾的机构。奉劝父母千万不要这么做。如果孩子真的有了“网瘾”，那就不是一个简单的教育问题，而是一个精神方面的问题了，又岂能是一个学校就能解决的？这些网瘾学校只是某些人用来牟取暴利的工具，而不是真正地为孩子的成长考虑。他们要么用暴力，要么用电击的方法来摧残孩子，这对孩子的危害比电脑游戏不知要严重多少倍！前一段媒体曝光孩子在网瘾学校被打死的事件，就充分暴露了这种网瘾学校的本质。

何况，绝大部分的孩子仅仅是对电脑游戏兴趣比较浓厚，又何谈成为一种精神疾病？如果以对待精神疾病的方法来对待孩子，无疑对孩子是一种摧残，反而会使孩子陷得更深，没有问题的孩子恐怕也会被逼出病来。

要从根本上解决孩子的“网瘾”问题，只能是从孩子本身的问题出发，父母要改变自己的教育理念和教育技巧。只有父母改变了自己的观念，孩子的问题才能够得到改善。

孩子追星怎么办?

对“明星”偶像的崇拜，几乎成为每一个孩子的时尚追求。更有诸多少男少女们为“明星”偶像或喜或悲，甚至荒废学业、离家出走。这种狂热的行为着实让许多父母大惑不解。

天宇今年上初二，上课不好好听讲，回家不认真做功课，成绩直线下滑。一切原因都是因为他迷上了谢霆锋，而且像着了魔一样，这让家长担心不已。

天宇从发型、衣着再到举止言谈，无一不在模仿他的偶像。因为谢霆锋不苟言笑，一副“酷样”，原本开朗活泼的天宇也变得不爱说话，整天板着个脸，无论谁与他说话，能不回答的他尽量不回答。用他的话说：“不说话那才叫‘酷’”！

最近，天宇因为头发过长被老师规劝剪短了头发，这本来很正常的事情，却招来天宇极大的反感，一天到晚嚷着不想去学校。最让人担忧的是，自从迷上谢霆锋之后，整个人的心态都发生了变化。因为有谢霆锋的外表对照，天宇觉得自己的脸太大，不好看，总是疑心自己的样子无论到哪里，都会惹人讨厌，自卑感与日俱增。加上家长的管教方式比较激进，天宇谁的话都听不进去。

眼看天宇马上就要升入初三了，可是现在每况愈下的成绩和疯狂“追星”的行为，让父母心急如焚，但是却又无计可施。

其实，父母大可不必对孩子“追星”担心。“追星”应该说是孩子尤其是青春期孩子的一种正常的行为，是青春期不可避免的现象。青少年成长期间，社会角色意识开始觉醒，非常渴望得到自我认同和社会认同，而明星受公众追捧、风光无限，往往成为青少年模仿的榜样。通过模仿明星的服饰、爱好、习惯，想象自己也像那个被人喜欢的人，借此获得满足感；因为喜欢明星而喜欢自己，因为有一群人都喜欢某个明星，因而获得自信与归属感，是青春期孩子特有的心理表现。

想一下我们小时候，不是也崇拜领袖、崇拜劳模、崇拜战斗英雄吗？虽然时代不同，崇拜的对象不一样，但是其中的心理特征却是一样的。

大多数人追星都是从青春发育期开始的，到了一定的年龄就会自然终止。在这个时期，孩子对自己崇拜的偶像会产生“光环效应”，把偶像看得完美无缺，认为偶像的所作所为都是对的，并把偶像当作生活中的模范。

孩子崇拜偶像，是个体成长中的必然现象，要求青少年拒绝偶像是不现实的。大多数孩子的“追星”仅限于收藏几张他喜欢的“明星”照贴在床头，听这位“明星”演唱的歌曲，或偶尔花钱买票听这位“明星”的演唱会，搜集这位“明星”的一些生活资料……如果仅限于这些，父母就不要横加干涉。孩子紧张学习之余，听听流行歌曲，让生活丰富多彩些，有利于健康成长。但是如果孩子追星超过了一定的限度，就要给予一定的引导。

由于青少年的思想和心理上的发育都还不成熟，追星有可能会导致青少年心理上的偏颇。一些青少年崇拜偶像到了盲目和疯狂的地步，以至于影响了学习和正常的生活，这就是一种“心理缺陷”。要避免这种现象，关键在于要及时正确地对孩子们进行引导，最重要的就是要和孩子们交流和沟通，既不能盲目地纵容，也不应该一味地反对。一些父母或老师对于孩子追星一味地采用高压手段，粗暴地干涉禁止，这是不可取的。因为青春期的孩子内心存有叛逆心理，一味压制有可能会引起反作用。

有一位父亲提起自己的女儿就气不打一处来。他的女儿读高一，对韩国的“东方神起”情有独钟。女儿的零花钱全都用在了追星上——房间里全是这个韩国组合的海报和照片，书包上挂的也满是琳琅满目的图片，还热衷于模仿偶像的衣着，大冷天也只穿两件单薄的衣服，在父亲眼里，这些衣服“松松垮垮的，没个正型”，但女儿倒自我感觉良好。他多次为女儿的追星和女儿吵起来，但女儿仍旧我行我素，不予理睬。没有办法，他只得强硬约法三章，严格限制女儿的零花钱，除了周末，不准女儿看电视用电脑。但女儿的成绩仍无起色，反而和父母的关系越来越僵。这位父亲一边叹着气，一边说：“僵了就僵了吧，反正是为她好……”

其实，追星只是孩子满足自己情感的一种虚幻的方式，为自己的情感找个出口。如果受到父母的严令禁止，这条安全通道就被堵上了，情感的潮水很可能被逼进入非安全通道，比如，结交其他异性朋友等。严厉打压还会造成一个很不好的结果：青春少年越来越叛逆，对于父母、老师的教育，越发难以心平气和地接受。

父母都是为了自己的孩子好，但是“僵”并不能解决问题。作为父母，要学会尊重孩子，理解并坦然接受孩子对明星的崇拜，对孩子的崇拜心理和行为加以科学的干预和适当的介入。若能恰当地因势利导，则可变阻力为动力。

要想和孩子们沟通好，重要的还是要尊重孩子，尊重孩子的选择，尊重孩子的生活。最好的方法就是如果父母发现孩子追星，不妨自己也同孩子一起追星。父母只有了解了孩子追的“星”，才能知道孩子为什么会追星，才可以和孩子谈“星”，对“星”发表的评论才够客观，孩子才能够听得进去。如果只是简单采取扔掉明星的CD、撕掉明星的相片等办法，不仅孩子不愿听，也许还会将关系搞僵，甚至酿成悲剧。

有位正在上初中的女生，特别迷李宇春，还在学校里组织“玉米团”，支持心中的偶像。她的口号是“凡是玉米的歌一定要听，凡是玉米的电视一定要看，凡是玉米做的事一定要支持”。看着孩子如此疯狂，她的母亲有些不解：这么狂热地喜欢明星，是不是有点儿过头了？虽然有很多疑惑，但她并没有简单地对女儿发脾气。

有一次，女儿在看李宇春唱歌的时候。这位母亲坐到女儿身边，说：“我也来看看，我女儿喜欢的歌手一定唱得很好。”听了妈妈这句话，女儿非常高兴：“春春的歌唱得最棒了！特别感动人！”听着女儿滔滔不绝的话，母亲知道了李宇春在女儿心中的位置。于是认真地听了李宇春的歌，觉得她的唱功的确不错，感情也很真挚，这位母亲也对这个女孩萌发了好感。

从那以后，每次有李宇春的演出，她都会和女儿一起看，和女儿一起讨论李宇春，还帮女儿搜集关于李宇春的信息和各种海报，俨然成了一个“大妈级”的“玉米”。对于母亲所做的一切，女儿自然非常高兴，有一次给同学打电话说：“我妈可跟你妈不一样，我妈妈也是一个玉米！”

因为和女儿一起追星，所以这位母亲和女儿成了无话不谈的好朋友。谈论的话题从李宇春开始，逐渐延伸到女儿成长中的很多方面，包括理想、未来这些以前女儿从来不愿和妈妈谈论的话题。母亲对女儿有了更多的了解，而女儿对妈妈也更多了几分理解。

这位母亲很了不起，她尊重孩子、理解孩子，在和孩子共同了解偶像的过程中，挖掘偶像的榜样作用，让偶像的力量激励孩子成长进步。

接受孩子对偶像的热爱，并进入孩子的世界，和孩子一起讨论，可以在同一个平台上将父母正确的世界观、价值观潜移默化地传递给孩子，教会孩子正确评价明星，正确评价身边的人。父母还可以在和孩子的交流沟通中，给予孩子生活和情感方面的引导。

“追星”实际上是一种榜样认同和学习，提供什么榜样或展示什么样的榜样对青少年成长十分重要。青少年往往把崇拜的明星当作他们人生发展的楷模、参照系以及心灵寄托，父母应当引导孩子多关注明星内心积极、上进的一面，而不仅仅是外表靓丽、风度潇洒、收入丰厚、生活优越的一面。父母要对孩子的“偶像崇拜”心理和行为进行适当的干预，可以利用有学习价值的英雄形象来创造另一种明星效应，还可以为孩子的特长搭建实践的舞台，让孩子体会到成功的快乐，把孩子的“追星”转化为对成功的自我激励。

孩子早恋怎么办?

父母谈起孩子的教育问题，除了玩游戏的问题，大概就数早恋的问题让父母们最为头疼了。尤其是那些女孩子的父母，总是害怕自己的孩子由于早恋吃亏上当，最终影响了一生的前途。

男女之间相互吸引，本身就是一件非常自然的事情，而对于孩子们，尤其是那些处于青春期的孩子们来说，由于他们对于异性那种懵懵懂懂的感觉，使他们更容易陷入所谓的“早恋”当中去。在父母心目中，正需要好好学习的孩子们对异性产生好感，不能不说是一件相当严重的事情。

实际上，每位父母都静下心来好好想一下，自己当年是不是也是一样对异性怀有一种朦朦胧胧的爱意呢？我们当年都是如此，对于情感开始发育的孩子们，为什么就不能够给予更多的理解呢？

孩子其实都是非常懂事的，至少比我们想象中的要懂事得多。很多孩子之所以让父母感到担心，实际上不是孩子们的原因，更多的时候是因为父母自己心里过分担心，而父母的这种担心有时候甚至会把事情搞得更糟。

很多父母，甚至很多学校的老师都采用极端的手段来禁止学生早恋，常常根据只言片语就认定孩子在谈恋爱，不惜采用一切办法来阻止。天天唠叨、正面谈话、旁敲侧击、大会讲小会批，各种方法无所不用。这样做的结果就把孩子真的给逼到“早恋”的路上去了。

有一个女学生，由于和一个男同学相互发过几条短信，就被父母认为是在早恋。结果，父母跑到学校告诉了老师，老师没有经过调查，就将此事报给了学校。学校的领导一听有学生谈恋爱，感到事情很严重，就立即通知了各个年级的班主任，说有学生谈恋爱，要求各班加强班风建设。

这么一闹腾，本来一件很简单的事情，搞得满城风雨，这位女同学感到所有的人都用异样的眼光看自己。于是，索性破罐子破摔，真的开始“恋爱”了，光明正大地和男生开始约会，学习成绩更是一落千丈，老师父母再说也没有用了。在孩子心中，已经把自己定位为一个“早恋”的“坏孩子”了，孩子的心都伤透了，还怎么有心思上进呢？

每一个父母都希望自己的孩子能够成才，我们相信，父母所做的一切也都是为了孩子好。但是，如果用错误的方法来对待孩子，只能得到自己不愿意看到的结果。

心理学上有一个“罗密欧与朱丽叶效应”。罗密欧与朱丽叶相爱，由于双方世仇，他们的爱情遭到双方家族的极力反对和阻碍。但压迫并没有使他们分手，反而使他们爱得更深，直到殉情。所谓“罗密欧与朱丽叶效应”，就是在一定范围内，父母或长辈越干涉儿女的感情，年轻人之间的感情反而会越深。也就是说，如果出现干扰恋爱双方爱情关系的外在力量，恋爱双方的情感反而会更强烈，恋爱关系也会变得更加牢固，容易产生“越轨”行为。父母越压制，孩子陷得越深，就是这个道理。

由于传统等因素的影响，每个孩子在产生这种好感的同时，都会有一种不安和自责，甚至是一种负罪感。但是，这种自责或负罪感，不仅不会使孩子对异性的兴趣降低，反而会刺激他们对于异性的好感。如果父母和学校给他们过大的压力，他们就会觉得这种对于异性的喜欢是不洁的、不道德的，他们就会表面上任性行事，我行我素，实际上内心却是非常郁闷、非常鄙视自己。对于孩子的情感问题，只有让他们觉得和异性交往是一件很正常的事情，是人生成长中必不可少的一步，他们才会非常自信和理性，才能够有自我控制能力，才能够做得自然得体。如果父母总是用成人那种庸俗的眼光，把孩子一些本来很正常的行为看作是一种错误的行为，人为地造成孩子在和异性交往中的负罪感，就会把孩子推到不能自拔的处境。

所以，父母切不可对孩子的早恋粗暴干涉。父母要相信，每一个孩子，不管他在人们心目中的形象是什么样子的，都有自我管理的能力。如果能够以一种信任的态度对待孩子们，那么孩子就会用一种正常的透明的心态来看待自己遇到的问题。

有个女孩学习成绩优秀，而且弹得一手好钢琴，每次成绩都名列前茅，在初三的时候与同班的一个男生产生了好感。女孩的妈妈听到这个消息非常震惊，她没有想到自己整日忙于学习与弹琴的女儿也会遇到早恋问题。但是她并没有像许多家长那样翻看孩子的日记、偷听孩子的电话，也没有大声斥骂，而是用自己独特的方法把女儿引上了学习的正途。

一天晚上，妈妈静静地听完女儿弹奏完曲子，感慨地说："孩子，他将来能有时间听你弹钢琴吗?"女儿深深不解，充满童真的眼睛期待妈妈的答案。

"孩子，如果他考不上大学，就意味着没有好的工作，就意味着将来他也许会整天在外面打工，那他劳累了一天，回到家里倒头大睡，哪有时间听你弹钢琴啊，即使有时间，他靠辛苦打工的那点钱怎么有实力给你买一所大房子，放下你的钢琴呢?"

听完妈妈的话，女儿突然哭了："妈妈，我明白了。"

从此女儿断绝了与那位男同学的来往，潜心学习，最终以优异的成绩考入了名牌大学。

由此可见，你只要平等地对待孩子，孩子就会接受你的意见。事实上，不少孩子因为“早恋”而自毁前途，不是因为他们自身的问题，而是因为外界，尤其是家庭给了他们太多的“不正常”的思想，使他们产生了逆反心理，最终反而真的开始“恋爱”。我们要相信，每一个孩子都是有上进心的，你尊重孩子，孩子就会尊重你，同时也会尊重他自己。如果你粗暴地干涉孩子，孩子就会用对抗来对付你。所以，要解决孩子的早恋问题，父母心中一定要纯净，要充满阳光，当你用纯洁的心态来对待孩子的时候，孩子的心灵也会充满阳光。

第一，不要慌乱急躁。

有的父母发觉孩子有了早恋苗头，第一反应就是慌乱急躁。于是，很多父母选择了错误的方法，草率行事，将苗头变成了事实。经验告诉我们，越是在这种情况下，越需要父母静下心来查找原因，分析孩子目前的状况，再冷静地与教师沟通，一起商量对策，对症下药。

第二，态度一定要温和。

父母往往将孩子早恋视为丢人现眼的事情。发现孩子早恋后，父母们非常恼火，有的指着孩子的鼻子臭骂一顿；有的责令双方互不来往；有的逼孩子写检查、交情书；还有的甚至绞尽脑汁地让孩子休学、转学、退学……这些极端的做法极大地伤害了孩子稚嫩的心灵。其实，父母与其暴跳如雷，不如下一场毛毛细雨。和孩子平等坦诚地谈心、心平气和地沟通、和颜悦色地分析、语重心长地劝导，这些才是将孩子拉出早恋泥潭的明智之举。

第三，千万不能公开化。

将孩子早恋的事情公布于众是处理早恋问题的最大忌讳。有的父母暴怒之下会大声地宣读孩子的书信，让孩子感到很没面子；有的父母暴怒之下会跟踪孩子，以便掌握他们的行踪；还有的父母暴怒之下会甚至直接到班上公开揭露，让子女无脸见人。这些做法很容易激发孩子的逆反心理。这样一来，有的孩子认为，既然已经世人皆知了，就干脆大大方方地谈恋爱；有的孩子由于认为自己已经名誉扫地了而感到苦恼、孤独、压抑；有的孩子则变本加厉地拿早恋当儿戏，和父母对着干。父母对早恋的处理绝不能公开化，而要为孩子保守秘密，不对外宣扬。

早恋并不可怕，但越是压制，它就越膨胀，偷偷摸摸的感觉反而让孩子觉得更具诱惑力，所以要允许孩子与异性有适当的接触。父母要多读一些心理学方面的书，了解孩子在各个年龄阶段心理发展的状态，才能够正确地引导孩子对待人生道路上的各种问题，包括早恋。

孩子不愿学习怎么办？

相信许多父母和老师都为这样的现象伤过神：许多孩子整天贪玩，对学习毫无兴趣，不能自觉学习，即使是在父母老师的监督下，也总是心不在焉左顾右盼。他们对学习完全没有兴趣，把学习看作是一种沉重的负担，视学习为一件痛苦的事情。老师督促得再严厉，父母说破嘴皮子，可是对于学习还是三个字：没感觉。

“谈起我的小孩，那可真叫人心急。都三年级了，做什么都懒洋洋的，上课不认真听课，作业要么不写，要么写得一塌糊涂，考起试来总比别家的小孩差。说也说过了，骂也骂过了，我拿他真是一点办法也没有。”

这样的学生在学校中并不少见，为什么这些孩子会如此讨厌学习呢？

如果仔细分析孩子们厌学的原因，不外乎有以下的几种原因。

首要的原因是父母给予的压力过大导致的。有些父母“望子成龙”心切，往往给孩子施加很大的压力，不管孩子的感受，只关心分数和名次，不惜牺牲孩子们的休息和玩耍时间逼迫孩子长时间进行枯燥无味的学习。这种压力，使孩子们感到沉重的精神负担，时间长了，尤其是在学习遇到挫折的时候，就会导致自信心丧失，使孩子产生逃避心理，从而导致厌学。

孩子的人际关系也是导致孩子厌学的一个重要因素，有些孩子可能是由于性格的原因，不爱与人交流，导致与老师、同学的关系紧张，甚至在学校受别的同学欺负，最终因为被孤立而对学习失去了兴趣。还有的孩子对于老师的态度很在乎。老师的鼓励、欣赏和引导会让一个普通的孩子变得优秀，父母的理解、信任和支持会让孩子充满信心，但如果父母或老师经常对孩子的缺点、错误进行挑剔、讽刺甚至贬损，对孩子的行为不信任或过分要求孩子，把孩子置于一种不平等的地位，孩子也会失去信心并以不学习来与父母或老师对抗。

还有的孩子讨厌学习是因为在学习上遇到困难。无论他们怎么努力，进步都很有限，加上父母和老师不理解体谅，久而久之，自然就开始抗拒学习。

孩子不愿学习，不管是出于什么动机，都是因为心里有情绪才造成的，所以，父母不能简单地用批评、斥责、发脾气等粗暴的方法来对待孩子。越是这样批评，越会激发孩子的反抗心理，反而使问题变得更加不可收拾。

其实，从上面我们分析的几种理由中，我们不难找出对付孩子厌学的方法。只要父母能够科学地调整自己的教育方法和教育思想，孩子就会对学习充满兴趣。

第一，为孩子创造一个宽松的学习环境。

许多父母望子成龙心切，在孩子课后又安排家教和补习，想借此来提高孩子的成绩，其实这样很容易产生事倍功半的恶果。孩子在学校学习的内容已够多，如果到了家里继续加压，往往使孩子失去对学习的新奇感，开始厌倦学习。只要孩子付出努力，不必过于在乎孩子的成绩和名次。孩子的心理压力减小了，对学习的兴趣才会浓厚。

第二，培养孩子对学习的兴趣。

要培养孩子的兴趣，可与孩子的特长结合起来。其实特长与学习并不矛盾，众多事实表明，有特长的学生，他的学习成绩一般也不错，因为它们可以相互影响，由于有特长、有兴趣，他们会经常受到来自学校和家庭的表扬和鼓励，他们的兴趣劲头也会潜移默化地转移到学习方面来，从而相得促进。

第三，让孩子尝到成功的滋味。

很多孩子不爱学习的原因，多是由于学习总是失败，考试成绩总是不如人。因此，要从孩子的实际出发，恰当地为孩子确定学习目标，并给以切实有效的帮助，这样孩子就能通过努力达到他能够实现的目标，获得成功的体验。成功的体验又会激励孩子的继续努力，使他不断进步。

第四，帮助孩子改善人际关系。

如果是因为人际关系导致孩子不愿意学习，就要帮助孩子改善人际关系。有些孩子由于性格孤僻，不善交往，人际关系自然就差。如果老师和同学再对他们冷漠，他们就会更感孤独和不安，就会产生厌学情绪。因此，对这些性格存在缺陷的孩子，父母要关心他们，帮助他们。父母可以主动要孩子邀请同学们到自己家里玩，请求老师多帮助孩子。这样，孩子的人际关系得到改善，对于学习的兴趣也会越来越浓。

第五，为孩子找一个学习的伙伴。

同龄人之间的影响也是极为重要的。只要有一个好的榜样在身边，孩子就会产生争强好胜的内在动力。这种同伴的激发力量有时比家长的说教、打骂更有功效。而且有个同伴，也可以共同解决学习上的难题，使孩子对学习更感兴趣。

让孩子爱好学习的方法很多，但是真正关键的部分就掌握在父母手中，只要父母方法得当、态度认真、对孩子给予足够的关心与帮助，相信这样的问题很容易就能得到解决。

孩子做作业拖沓怎么办?

相信很多父母都有过这样的烦恼：孩子做作业的时候喜欢拖拖拉拉。要么回家以后总是先想着玩，把作业拖到很晚才完成；要么喜欢边做边玩，才写两个字就开始抠橡皮、玩铅笔……父母的情绪备受打击，他们先是耐心，转而气愤，然后心酸无奈，最终绝望地认为自己的孩子简直无可救药。小巍就是这样一个孩子：

小巍是三年级的学生。他圆圆的脑袋，大大的双眼，总是咕噜咕噜地不停转动，看上去很聪明。特别是那张一翘一翘的小嘴，总是不停地表达着什么……他活泼，很有号召力，谁见到他准会喜欢上他。

可是，小巍这孩子每天回家作业都做到很晚，拖拖拉拉，明明是少则半小时，多则一小时的功课，他每天都能写3小时以上，做家庭作业总是磨磨蹭蹭。两三道题，本应20分钟就可以做完，可他却要耗上近两个小时。从书包里拿出书本就要花上几分钟时间，翻书、打开作业本也心不在焉。做作业也是东张西望，常常做一些与作业无关的事：抠抠手指甲，拿他喜欢的东西玩上一会儿，或是突然发问："爸，妈妈什么时候下班?"有时候还要到另一个房间转一圈，要么就停下来整理一下书桌。因为写得不工整，或写错了，就要撕掉几张作业纸……这样，每天都要耗到很晚才能勉强交差。

像小巍这样的孩子为什么做作业如此拖沓呢？其实，孩子们做作业拖沓或者不愿意做作业主要有以下几个原因：

第一，由于被逼无奈而故意磨蹭。很多父母望子成龙、望女成凤，生怕自己的孩子落后，希望孩子能做完学校的家庭作业后再多做些题目，能够考到前几名。结果给孩子又增加了很多的作业，导致孩子讨厌做作业，而故意磨蹭。

第二，不会管理时间。孩子特别贪玩，心里总是想着玩，总是对父母说先玩一会儿再写。由于对时间没有概念，写作业、做事磨蹭也就是自然的事了。

第三，注意力不集中。做作业的时候小动作多，总是东看西看，磨磨蹭蹭，一会儿玩橡皮，一会儿东张西望，怎么能快起来？一个小时的作业常常两三个小时都写不完，所以每天总是很晚才能睡觉。

针对孩子做作业拖沓的这些原因，父母可以从以下几个方面入手，提高孩子做作业的积极性：

第一，让孩子独自完成作业。

父母应积极鼓励孩子独立完成作业，要求孩子做作业时一心一意，做好作业才能玩，才能看电视，才能踢球等。做作业时不做任何与之无关的事情。一旦孩子出现了边玩边做作业等现象，要坚决加以制止，帮助孩子一点一点克服不专注的毛病。

第二，从孩子实际出发。

小孩子集中注意力的时间是有限的，如果作业量比较大，可以考虑分成两次甚至三次，中间穿插休息时间，但在作业时间内，一定要集中注意力。随着孩子的进步，逐渐延长作业时间，减少休息次数。经过一段时间，孩子能按时完成作业了，就予以强化，进行表扬、鼓励、奖励，以促进良好作业习惯的养成。

第三，科学辅导孩子。

父母不要对孩子过分的“关心”，帮助孩子写作业，或直接把答案告诉孩子，要发挥孩子的主观能动性，去掉依赖性。当然，在孩子完成作业的过程中遇到了困难，父母适当辅导是必要的，但不要直接把答案告诉孩子，建议孩子自己去重新思考。可以通过提出问题的方式启发他自己去思考，去探索，去解决问题。切不可在孩子做作业时家长在一旁陪“做”。孩子一做错题，家长就咬牙切齿，急急忙忙地让孩子改正错误。

第四，不要负面评价孩子。

面对一个拖沓的孩子，多数父母无论在孩子面前还是在他人面前，经常说：这个孩子真慢。父母的本意是想通过这种表达引起孩子对问题的重视，但次数多了，孩子就会认定自己是一个拖沓的人，造成孩子心情消极，也伤害了孩子的自尊心。因此父母首先要少评价，其次要帮助孩子重新树立自我形象。当孩子拖沓时，要不带任何情绪地提醒他，当孩子某次作业做得比较快，一定要及时真诚地赞赏鼓励他，这样孩子就能以积极的心情学会重新评价自己，增强自信心。

总之，矫正孩子养成的不良习惯需要坚持和耐心。我们不能希望这些坏习惯在一夜之间踪影皆无，有了这样的思想准备，才能看到孩子的进步，才能坚持到底，有所收获。

孩子爱攀比怎么办?

很多孩子都爱和别的孩子进行攀比，这股风气在孩子当中非常盛行。

有一次上数学课，老师教千位数，请同学们在日常生活中找找实际的千位数。一位女生刚说家里的洗衣机价值1000元，马上就被一位男生“压”了回去：“我们家那台4000多呢!”其他同学也抢着说：“我们家的电脑花了6000块……”“那叫什么破电脑？我们家的是品牌机，1万多块呢!”“我们家的背投电视也是一万多!”“1万块也叫钱？我们家的别克汽车就值20多万!”“牛什么牛？说出来吓死你！我们家别墅……”

这种情景在孩子当中不算少见，你看下面这位老爸就遇到了这种情况，让我们看看他遇上了什么让他“抓狂”的事情：

我天天开车去学校门口接送儿子。以前，放学铃声一响，儿子很快就能和伙伴们一起冲出来，有时还会吆五喝六地“带”上几个小家伙，一同“塞”进车厢。可是近一段，我经常要等得眼睛都快变蓝了，全校人差不多都走光了，儿子才不紧不慢地一个人溜达出来。我问他怎么这么慢呀，哪知这臭小子竟说：“老爸，以后别把咱家‘拓拓’车停在校门口了。那边有条没人的小胡同，您就停那儿吧。我保证，一放学立马就奔过去。咱真丢不起那个人哪！我们班上有个同学，他爸开的是宝马呀，车牌号还挂了N多个8！整个人牛得不得了！再掰掰手指头数数，我们同学家里有帕萨特的，有本田的，个个风光着呢！最次的也是辆普桑（普通桑塔纳）。瞅瞅咱家的小奥拓，让我在同学面前一点脾气也没有，特没面子！”好家伙，我还没嫌弃他学习不好呢，他倒先埋怨起我来了！

将自己和周围的人作比较是很正常的现象。尤其是处在成长中的孩子，他们刚开始用自己的眼睛观察生活，难免会有迷茫的时候。所以，一旦看到别人拥有的东西，这些孩子往往不能冷静地分析“我是不是需要”，而是急切地想据为己有。正是这种迷茫的心理，让孩子看起来像是在和别人攀比。

此外，跟别人攀比也是孩子在集体生活中寻找认同对象的结果。孩子有个心理特点，就是寻找认同对象，这个认同的对象可以是他们的偶像，也可以是亲人、朋友。在这一过程中，孩子获得和认同对象一样的东西，如手机、衣服等，就会感觉自己和他们站在同一高度。如果自己的东西比别人的好，那么自然会产生优越感，内心也就得到了满足。

孩子爱攀比，还是因为担心被周围的人排斥。在他们看来，共同语言一部分是建立在共同拥有的物质之上，如果看着大家都在拿手机相互讨论，而自己没有，就觉得插不上话，感到被同学孤立了。因此，他们就要不断地追随周围人的脚步，表现出来就是攀比。

但是爱攀比也有其积极的一面。攀比心理中，其实包含着一种竞争意识。孩子爱和别人攀比，说明孩子不愿落在别人后面，如果能够抓住孩子这一点，就会促进孩子的进步。

所以，对于孩子的攀比心理，只要父母善于引导，就能够把他们引导到正确的方向上来。那么怎样才能帮助孩子改掉攀比心理，而又不伤害其自尊心，可以试试以下几个方法：

第一，让孩子进行反向攀比。

孩子在攀比时最充足的理由就是“别人都有，所以我也要有”。对付这样的孩子，最有效的办法是引导孩子反过来进行攀比。用孩子已有的玩具、物品或者特长来和没有的人比，让孩子知道自己有的东西别人没有，自己有的专长别人也没有。这样，孩子的心理会平衡一些。如当孩子说“自己的手机不如别人”时，妈妈可以反问：“你们班每个同学都有手机吗?”这样的问话促使孩子想到：有些同学还没有手机呢。

通过反向攀比，父母可以给孩子讲些道理，告诉孩子每个人的条件是不同的，所获得的东西、具备的能力也不相同，有些东西可以比，但有些东西不能比。这样孩子就容易接受。

第二，改变攀比的对象。

孩子有攀比心理，说明孩子比较有竞争意识，想达到别人同样的水平或者超过别人。父母可以利用孩子的这种心理，将孩子的攀比对象由比吃、比穿、比用的，转向引导孩子在学习、才能、毅力、良好习惯等方面进行攀比。

不过要注意的是，改变攀比对象不是一件容易事，父母要多想想办法，避免生硬转移。例如，当孩子和同学比穿着的时候，有的父母生硬地说：“人家有钱，你家没钱，有本事你就和人家比学习，将来超过他，赚大钱了自己买新衣服。”这样的话只能让孩子感到不如他人，甚至产生自卑心理。

第三，把攀比心理转化成上进的动力。

父母要找到一个好的结合点，引导孩子将攀比变成动力。比如，如果孩子觉得自己的电脑没有其他孩子的电脑先进，就可以引导孩子自己动手将功能落后的电脑，升级成功能先进的电脑。这样一方面避免了孩子和别人盲目对比，也可以让孩子从中学到知识。

第四，让孩子自己和自己比。

孩子在和他人的相处中，通常会拿自己和别人做比较，也常常会在比较中产生自卑感。此外，总和他人比较，孩子容易缺乏自主性和独特性。父母不妨多鼓励孩子自己和自己比，例如，让孩子今天和昨天比，这个月和上个月比，本学期和上学期比。在比较中，孩子会看到自己的进步：原来不懂电脑现在懂电脑了，原来数学成绩不好现在有所提高……这些比较可以让孩子获得自信，并在欣赏自己的过程中努力超越他人。

孩子没有主见怎么办?

孩子长大成人以后，无论从事什么职业，也无论是成为领导者、企业家、管理员，甚至是一个普通工人，都要有一些事情需要自己决断、拿定主意，才能开始执行。决断和拿定主意的过程，就是一个人是否有主见的过程。有主见的人在一个团队、集体或家庭中，很容易成为核心人物、核心力量，获得的机会也会更多。但是有些孩子做什么都缺乏自己的主见，人云亦云，随大流，缺乏个性和自信，让父母很是担心。比如苗苗就是这样一个孩子。

苗苗是全家的宝贝，她的一举一动都牵动着爸爸妈妈、爷爷奶奶的注意力。苗苗渴了，爷爷说让她喝白开水，奶奶说应该喝鲜榨的橙汁才有营养，而爸爸说她可能更喜欢喝可乐……结果最后，为了少引起点麻烦，苗苗什么也不喝了。久而久之，苗苗对很多事情变得无所谓，比如你问她喜欢什么，她常常会说“随便”；你问她某件事情怎么样，她常常会说“还行”；如果你追问她待会干什么，她很可能会漫不经心地说道“不知道啊!”。

孩子缺乏主见主要是由于父母过于强势，一味地要求、一味地打击孩子，这样会造成孩子心理上的自卑。从根本上说，是在慢慢毁掉孩子的自信心。要知道，孩子的成长动力，来自心理上不断做出的自我肯定，过分苛求会造成孩子失去安全感，心理压力增大，就会不敢表达自己的意见，久而久之就会缺乏主见。

还有的是父母过于关心造成的。就像苗苗的家人一样，总觉得孩子小，不能自己做决定，或者更确切地说是不相信孩子，觉得孩子不会做出正确的决定，所以干脆什么都自己做主。等到孩子长大了，父母觉得是时候让他自己决定自己的事了，可这个时候孩子已经不会做决定了。

当然也有因为经验不足而无法做出决定的时候，比如买什么样的电脑、考什么学校，在这方面孩子从来没有过任何经验，拿不定主意也是自然的事。

更为可怕的是有一部分父母还没有意识到自己的错误，认为自己什么方法都用过，孩子就是没主见，甚至抱怨自己摊上这么一个不争气的孩子。是父母真的给孩子自己做主的机会了吗？没有，父母给的只是让孩子跟自己保持一致的机会，一旦意见不一致，最终做决定的还是家长自己。

那么，应该怎样转变孩子，帮助他成为一个有主见的孩子呢？

第一，父母要学会放手。

孩子没有主见的关键因素就是因为父母包办过多，正是由于父母的过度包办，才使原本应由孩子自己做主的事情都让父母给做主了，所以，父母要学会把权力还给孩子，该让孩子自己做决定的事情就要让孩子自己做决定，这样才能够让孩子学会选择，拥有自己的主见。家里的大事、小事鼓励孩子参与决策，告诉孩子他的意见对于家庭很重要，这样可培养孩子的思考决策能力，又可增强孩子的归属感。

第二，培养孩子的自信心。

有的孩子之所以没有主见，就是因为没有自信。有的孩子看不到自己的能力，认为自己干什么都不行，总觉得不如别人，对自己力量的认识和可能达到的成就估计很肤浅，不稳定，完全从属于别人的评价。因此，做父母的要以肯定的语言评价孩子各方面的表现，切忌以怀疑或否定的语言对孩子说话，如“你看×××做得多好”，“你看×××穿的衣服多好看”等。这很容易使孩子怀疑自己的力量，对自己失去信心，从而导致孩子要向别人看齐，加重了孩子的从众心理。在孩子发表意见及有自主行为时，无论是多么幼稚和错误，不要给予批评、指责等。要允许孩子犯错，引导他思考并吸取经验，鼓励他下一次做得更好。

第三，提高孩子的能力。

父母要不断丰富孩子的知识，从各方面提高他的能力，使他有能力将事情办好。还要创造条件，使孩子有充分表现自己的机会；孩子的事情让他自己做，对他做的事情，要给予充分的肯定，增强他对自己的认识，从而相信自己的力量。

孩子有了自信心，又有能力，做事就会敢于坚持自己的见解，不盲目地追随别人。